胡雪岩的人生智慧

郭春光
李伟东 编著
李晓燕

中国纺织出版社

内 容 提 要

胡雪岩的一生，极具戏剧性。他以“仁”“义”二字为核心，凡事懂得随机应变，富而不忘本，经商不忘忧国。虽然他在生活方面极尽奢靡，但瑕不掩瑜，他的身上仍然有着许多值得我们借鉴的地方。

本书从立志、待人、谋事、诚信、心境、处世、社交等几个方面进行阐述，让读者可以全方位地认识中国式人心世态的微妙，借鉴胡雪岩为人处世的圆通与弹性，充分汲取他的智慧，并用之于实践，努力创造自己的传奇人生。

图书在版编目（CIP）数据

胡雪岩的人生智慧 / 郭春光，李伟东，李晓燕编著．—北京：中国纺织出版社，2017.11（2024.2 重印）
ISBN 978-7-5180-4000-1

Ⅰ．①胡… Ⅱ．①郭… ②李… ③李… Ⅲ．①胡雪岩（1823-1885）—人生哲学—通俗读物 Ⅳ．① K825.38-49

中国版本图书馆 CIP 数据核字（2017）第 214271 号

责任编辑：闫　星　　特约编辑：李　杨　　责任印制：储志伟

中国纺织出版社出版发行
地址：北京市朝阳区百子湾东里 A407 号楼　邮政编码：100124
销售电话：010—67004422　传真：010—87155801
http://www.c-textilep. com
E-mail: faxing@c-textilep. com
中国纺织出版社天猫旗舰店
官方微博 http://weibo.com/2119887771
德富泰（唐山）印务有限公司印刷　各地新华书店经销
2017 年 11 月第 1 版　2024 年 2 月第 5 次印刷
开本：710×1000　1/16　印张：15
字数：191 千字　定价：39.80 元

前言

现今社会有一句流行语：做事要看“胡雪岩”。胡雪岩这个名字在晚清历史上，可谓是响当当的。他不是高风亮节的圣贤隐士，也不是慷慨侠义的英雄豪杰，但他是在历史洪流中留下姓名的人。他做人处世的法则，被后人所推崇，他进退屈伸的能力，被后人所钦佩，胡雪岩精明强悍的经商智慧值得我们借鉴。

当然，说起胡雪岩，不得不说说他的成长史。

胡光墉（1823—1885），字雪岩，安徽绩溪人，中国近代著名红顶商人，富可敌国的晚清著名徽商，政治家。胡雪岩祖上，秉承安徽人传统，以经商持家。他年幼丧父，十二三岁时进入钱庄当学徒，三年期满，开始干揽存款、放贷、收账之类“跑街”的差事，为人“四海”，有头脑且有眼光。冒着血本无归的风险，私自挪用钱庄的500两银子资助王有龄上京求官，是他在这一时期投入的大手笔。随着王有龄的发迹，胡雪岩完成了政治资本的原始积累，由一个小伙计走向“官商”的道路。

1861年，太平天国义军攻陷杭州，时任浙江巡抚的王有龄自杀殉国，胡雪岩因在外筹粮得以幸免。而后，胡雪岩得到清廷疆臣左宗棠的赏识，在左宗棠的大军西征之际，胡雪岩担任上海转运局委员，一手操办借洋债、筹粮饷、购军火等后勤事宜，在大清国库入不敷出的情况下，保障了前线的供给。边疆平靖，胡雪岩也得到了朝廷红顶子、黄马褂的破格奖赏，同时，他自己也以钱庄的金融业为基础，兼营生丝、典当，一时达到事业的顶峰。

胡雪岩之所以能够在短短的时间内积累起如此巨大的财富，内在原因在于他独特的商业谋略和令人称道的“做天下人生意”的经商思想。然而，这一切都只是胡雪岩风光的一面。正如他自己所说："我是天从人愿，赌博一生，看似风光无尽，实则如履薄冰。"任何人的一生都不可能完全顺利无忧，在时代的背景下，有些悲剧是注定的。

胡雪岩一直是中国商人的偶像。他的一生充满了传奇色彩，从一个钱庄的小伙计，一跃成为了显赫一时的红顶商人。其成功的背后，源于其深奥的处世之道：圆世、交友、用势、谋划、掌控、泰然。尽管胡雪岩的时代已经过去了，但是他为人处世的技巧在今天依旧适用。所谓"他山之石，可以攻玉"，在本书中，我们将学习胡雪岩的人生智慧和处世之道。

本书通过剖析胡雪岩的人生及其成功经历，为我们提供可以借鉴的商业谋略，胡雪岩起起伏伏的一生，更是给我们以无限的反思和启迪，相信每一位读者都能从胡雪岩坎坷曲折的财富人生经历中获得启发和助益。也希望每一位读者都能从本书中汲取一代商圣的人生智慧，坚定自己走向成功的步伐。

编著者

目录

第 01 章

成事在天，谋事在人——苦心谋事的人生智慧

“成事在天，谋事在人”，有些人之所以要名有名、要利有利，并不是上天特别地眷顾，而是他们自己苦心孤诣经营的结果。种瓜者得瓜，种豆者得豆，如果我们能先打下良好的基础，然后再一步步推进实施，那么离心中的理想境地就不会太远了。

心怀大志，是一切人生规划的基础

中国古人早就说过：“取乎其上，得乎其中；取乎其中，得乎其下；取乎其下，则无所得矣。”所以当我们对自己的定位够高，信心够足时，对于我们的人生经营是大有裨益的。

一个人拥有一个怎样的人生，出身很重要，背景很关键，但是起决定作用的，还是他把自己界定在什么位置上。出身于下层的普通家庭不要紧，只是如果我们被生活磨光了棱角，消磨了锐气，自己看自己也很“下层”、很“普通”，自然也就谈不上什么长远的人生规划了。

晚清的红顶商人胡雪岩在全盛时期，几乎是在代表大清国与洋人做生意，连左宗棠西征所需要的粮草军火，也由他一手操办。至于他名下的钱庄当铺，更是遍地开花，布满全国各地。但是他的起点却很低，他所拥有的一切成就，都是在明确的人生目标的激励下，一步一步自己打拼出来的。

胡雪岩的祖上，按照安徽人的传统，以经商持家。其父胡鹿泉，母金氏，做过沙船生意。因为生意失利，家道渐渐衰落。胡雪岩作为长子，下有兄弟三人，没等他们长大成人，父亲胡鹿泉就撒手人寰，本来就不堪重负的家庭更是雪上加霜。这种情况，当然没书可读，胡雪岩在十二三岁的时候就不得不进钱庄当学徒，靠自学粗通文墨。当学徒，活计并不累，只是做一些洒扫、倒夜壶之类的杂活。要学习的业务包括珠算、习字、记账、写信等，了解商品性能，熟记银两成色。照这个途径发展下去，最高成就也不外是学成师满，成为一个有模有样的伙计。当然，凭胡雪岩的天资，最后混成一个“大伙”“掌柜”什

么的不成问题，但也就是仅此而已了。

在一次偶然的机会，胡雪岩帮助了落魄的官宦子弟王有龄。随着王有龄谋官成功，得了浙江海运局坐办的肥缺，胡雪岩有了改变现状的机会。这时候，胡雪岩起码有两个在一般人看来相当不错的选择：一是留在王有龄身边帮王有龄的忙，而且，此时的王有龄确实需要帮手，特别希望胡雪岩能够留在衙门里帮帮自己。依王有龄的想法，适当的时候，胡雪岩自己也可以捐个功名，以他的能力，肯定会有腾达的时候。胡雪岩的另一个选择是回他做过伙计的信和钱庄，以他此时的条件和关系，回信和钱庄必被重用。

这两条路胡雪岩都没有走。混迹官场本来就不是胡雪岩的兴趣所在，他当然不会走这一条路，帮王有龄他自然不会推辞，但最终还是要干出一番属于自己的事业。而回到信和钱庄，做得再好也不过做到“大伙”为止，终归不过是一个“二老板”，并不能事事由自己做主。

“自己做不得自己的主，算得了什么好汉？”胡雪岩要的就是自己做主，所以他一上手就要开办自己的钱庄。事实是，这时的胡雪岩连一两银子的本钱都还没有，他不过是料定王有龄还会外放州县，以他自己的打算，现在有个几千两银子把钱庄的架子撑起来，到时可以代理官库银钱往来，凭他的本事，定能发达。

“宁为鸡首，不为牛后”，就是要有属于自己的一片天地，就是自立门户自做老板的意识，其实这也是一种不甘受制于人的强烈的自主意识。这种自主意识，体现着一种不肯甘居人后的强烈的进取精神，也是一个人敢于冒险开拓的超常魄力的具体体现。这种自主意识也正是一个有所成就的商人必不可少的素质。一个人只有想得远、看得远，才能最终走得远。

从前有两个人，他们都想到远方去，一个人想到日本，另一个人想到美洲。他们同时从蓬莱出海，结果两人都没有到达目的地。但想到美洲去的人到达了日本，而想到日本去的人只到达了朝鲜半岛。

中国古人早就说过：“取乎其上，得乎其中；取乎其中，得乎其下；取乎其下，则无所得矣。”所以当我们对自己的定位够高，信心够足时，对于我们的人生经营是大有裨益的。

心怀大志，不甘平庸，则我们的一切人生规划就有了一种源源不断的动力。在平凡的生活之中，我们应当将眼光望向一年、三年、五年甚至十年后，设想自己是这个时代最有力量的人物：假想你拥有相当不错的收入；假想你购买了自己的房子；假想你自己正从事一项永远不用害怕失去地位的工作……专注于这些想象，你就可以把自己的每一天看作一个逐渐接近目标的过程，享受着奋斗的快乐。

圈子和人脉是最长远的投资

经营人脉好比种树，不必介意它最初的强弱大小，如果它是一棵大有潜力的好苗，只要你勤于浇水施肥，有朝一日，一定会长成一棵参天大树。那时你就可以“大树底下好乘凉”了。

对于自己的理想或者定位，可以说是我们人生规划的方向和动力。而真正要做到目光远大、深谋远虑，还要就具体事物做具体分析。古往今来，那些已经成其大业的人做事的方式，可以给我们树立一个标尺。

虽然胡雪岩的腾飞起源于王有龄，但与王有龄的结缘，则是胡雪岩目光远大、为人“四海”的典型表现。

王有龄在当时是一名候补官吏，打算北上“投资”加捐做官，可是他穷困潦倒，举目无亲，每天只能泡在茶馆里消磨时光，根本没有钱“投资”，也就得不到做官的资格。胡雪岩了解到这些情况后，心头不由一亮。他看准眼前的王有龄绝非等闲之辈，他如果进京上供，日后定有出头之日。虽然胡雪岩当时还只是信和钱庄收账的小伙计，自己不名一文，但是他手里正握着刚刚收上来的五百两银子。他擅作主张，没有将银子交给老板，而是决定在王有龄身上下注。他将一张五百两的银票递到王有龄手中，并且说“我看你好比虎落平阳，

英雄末路，心里说不出的难过，一定要拉你一把，才睡得着觉。”王有龄又惊又喜，感激涕零，将胡雪岩奉为自己的大恩人。有了这笔钱，王有龄第二天就启程北上了。

胡雪岩回到钱庄，虽有借条在手，但毕竟是胆大妄为，不合钱庄的规矩。老板盛怒之下将其扫地出门了，同行也不敢收留他。虽然一切都在胡雪岩意料之中，但是他必须要忍过这段人生中最为难熬的日子。

王有龄上任后，第一件事就是帮胡雪岩找回饭碗，洗刷名声。钱庄的同事也感到胡雪岩是个仁义之人，便愈发敬重他。自此，胡雪岩在钱庄业声誉大振，为他日后自己开钱庄打下了坚实的基础。

只有将目光放在有前途有希望的人身上，才能真正找到靠山。曾经红极一时、富甲一方的“红顶商人”胡雪岩，正是凭着背后强大的官场力量才得以财源滚滚，最终登上财富的高峰。

战国末年，吕不韦官居秦国丞相多年，权倾一时。他在发迹以前是个商人，改变他命运的是他结交的一个朋友——秦国公子子楚。他出钱把子楚扶植成了国王，显耀了别人，从而显耀了自己，光大了自己的门庭。

吕不韦有一次到赵国的都城邯郸去做生意，碰见了秦国公子子楚。当时秦赵两国为了表示和好，互相交换王子王孙做人质，子楚就在赵国做人质。吕不韦认识了子楚以后，觉得子楚不是等闲之辈，将来肯定能有所作为。

子楚是秦昭王的孙子，他的父亲是秦国太子安国君，可是安国君并不宠爱子楚的母亲夏姬，他就更是不被秦王看重了。秦国经常不守信用，派兵进犯赵国，因此赵国对秦国来的人质很是不恭。子楚不但贫困不堪，连安全都得不到保障。吕不韦决定帮助子楚，他拿出几百两黄金给子楚，作为日常开销，且叮嘱他要广泛结交朋友。又拿出几百两黄金买了许多昂贵的礼物，然后带上这些礼物去了秦国活动。

后来子楚的父亲去世，在吕不韦的帮助下，子楚当上了秦王，也就是庄襄王。他让吕不韦做了丞相，封他为文信侯，还赏给他许多土地和黄金。在秦国，没有人比吕不韦更能得到秦王的信任了。

古人云："在家靠父母，出门靠朋友。"而在现代社会分工细化、竞争残酷，单凭一个人的力量是根本无法取得事业上的任何成就的。无数事实证明：你的专业本领往往只能给你带来一种机会，而交际本领则可以给你带来百种千种机会；专业本领只能利用自身能量，而交际本领则可使你利用外界的无限能量。只有借助他人之力，才有可能创造辉煌的人生。而要获得众人的帮助，上下一心，攻克目标，那就必须拥有有效的人脉关系，这是我们人生中最宝贵的财富。

当我们羡慕某种人拥有强大的人际关系后盾时，不要忘记，这也是他们苦心经营的结果。平时不烧香，临时抱佛脚，菩萨虽灵，也不会来帮助你的，因为你平时眼中没有菩萨，有事才去找，菩萨哪肯做你的利用工具！

中国的古语说："己欲立而立人，己欲达而达人。"倘若选人得当，今生的发达才有了良好基础。如果等贵人已站在了高处的时候再去结交，就不知能否挤得进去了。而冷庙烧香，就是走在了时间的前面，等他热起来时，你们已是知交好友了。

吃亏是福，巧放人情债

吃亏是福。因为人都有趋利的本性，你吃点儿亏，让别人得利，才能最大限度地调动别人的积极性，在看似绝无可能的地方，开辟出一条属于自己的康庄大道来。

在我们的传统文化中，做人要有德，以浑厚拙诚为贵，至于具体事件的处理，用些手段也是无可厚非的。有眼光，有谋略，烫手的山芋接过来，也能变成一种可以放心享用的美味。

不放诱饵，就钓不到大鱼。"欲取先予"，为了达到自己的目的，先慷慨地四处送人情，为了做成一笔交易，先不惜大方请客送礼。这些包藏着功利目

的的脉脉温情，这些吃小亏占大便宜的处世之道，在我们的生活中司空见惯。

有一天，一位老者来到阜康钱庄门前，声称要见胡老板。胡雪岩见来人一副师爷模样的打扮，便知此人必有来头，忙请进内堂叙话。此人自称高师爷，在江宁府任职。胡雪岩察言观色，便知高师爷是混迹官场惯弄刀笔的老吏。寒暄已毕，师爷打破沉默从夹袋里掏出一张官报，请胡雪岩过目。报上有一段地方官职位变动的消息，其中有“江宁知府俞大寿迁升河南藩司”的内容，胡雪岩猜测这也许是师爷来此的原因。高师爷做出一副十分亲近的样子，压低嗓门，悄声道：“千里做官只为钱。我家老爷素来为人慷慨大方，乐善好施，在江宁任内三年，没有攒下财产，却亏空了二万银子。眼下新任已到江宁，等着交接，二万银子的亏空如不设法补上，恐危及前途。”

胡雪岩马上就清楚了。当时，吏治腐败，大凡官场之中官员升迁交接，前任亏空公款司空见惯，只要及时补足差额，在上司那里仍可落个“廉洁清正，操守可嘉”的考语。高师爷此行伸手告贷，就是为了弥补自己主子的亏空。但这种借钱方式，不早不迟，恰恰在钱庄开业节骨眼上，尤其耐人寻味。常人看来，弥补亏空钱款如填无底洞，钱扔出去就回不来。胡雪岩当伙计多年，见过许多次这种情况。有些本钱小的钱庄在官场势力的威逼下替官吏弥补亏空，以致倒闭。

但胡雪岩处事严密周全，与各个衙门搭上关系，又有知府王有龄撑腰，因此许多“吃白食”者尚不敢轻易开口要钱。胡雪岩婉言推辞，高师爷却说：“找个弥补亏空的钱庄，江宁多的是。老朽以为胡老板久居钱业，精细过人，才不远千里来结缘交友。不料胡老板拒人于外，蒙昧难教，实在可惜。”说着，起身便要离开。胡雪岩听他话中有话，再三地挽留。高师爷便直截了当说明来意。因当时正值战乱年代，朝廷规定河南地方每年筹措饷银七十万两，输送军前粮台使用。协饷一般存放在信誉良好的钱庄备用，并且从不计算利息，随时供军队取用。一则充实钱庄本钱，二来可放款以获厚利。而以后这笔官饷的主管，正是那位要上任“河南藩司”的俞大寿。

七十万对二万，好处十分明显，胡雪岩一转念间，已经打定了主意。为了可以让高师爷在藩司面前多美言几句，使自己结交一个新的官场靠山，获得协饷作本金，连忙让手下摆设上等鱼翅席，频频为高师爷斟酒，双方交谈十分投机。宴毕，他封好二万两的银票，交高师爷转给知府，又私下备了一千两的银票作为小费，送与高师爷。过了大约半月时间，河南协饷七十万两银子，果真划到阜康钱庄。胡雪岩幡然觉悟，感慨丛生：吃小亏占大便宜，古人言之不谬也！

曾经有人说过这么一段发人深省的话："福祸俩字半边一样，半边不一样"，就是说，两个字相互牵连着。所以说，凡遇好事的时候别张狂，张狂过了头后边就有祸事；凡遇到祸事的时候也别乱套，哪怕咬着牙也得忍着受着，忍过了，受过了，好事跟着就来了。相信"吃亏是福"，可以使心胸变得宽阔，心态更加乐观、积极，在面对祸事时，就能够泰然处之，沉着冷静地找到应对良策。

唐代京城中有位窦公，聪明伶俐，极善理财，但他财力绵薄，难以施展赚钱本领，没有办法，他只好先从小处赚起。

他在京城中四处逛荡，寻求赚钱门路。某日来到郊外，见青山绿水，风景极美，却有一座大宅院，房屋严整。一打听，原来是一权要官宦的外宅。他来到宅院后花园墙外，但见一水塘，塘水清澈，直通小河，有水进，有水出，但因无人管理，显得有点零乱肮脏。窦公心想：生财路来了。水塘主人觉得那是块不中用的闲地，就以很低的价钱卖给了他。

窦公买到水塘，又凑借了些钱，请人把水塘砌成石岸，疏通了进出水道，种上莲藕，放养上金鱼，围上篱笆，种上玫瑰。

第二年春，那名权要官宦休假在家，逛后花园时闻到花香，到花园后一看，直馋得他流口水。窦公知道鱼儿上钩了，立即将此地奉送。

这样一来，两人成了朋友。一天，窦公装作无意地谈起想到江南走走，官宦忙说："我给您写上几封信，让地方官吏多加照应。"

窦公带了这几封信，往来于几个州县，贱买贵卖，又有官府撑腰，没几年便赚了大钱。

郑板桥说过：“为人处，即是为己处。”意思是：替别人打算，就是为自己打算。以古喻今，这是同样的道理，目光短浅的人，只贪一时之利；手段高明的人，会让人在不知不觉之中，就落在自己的人情圈子里，心甘情愿地帮自己做事。

运气往往是合理运筹的结果

根据自己所处的环境、自己所具备的条件和优势，对自己的人生进行理智设计及运作，这就是“运”的含义。你选择得正确、把握得及时，设计和运作得得当，你就会获得成功。

对于别人在事业上的成就，人们首先注意到的是光辉灿烂的表面，他们会以为，天时地利都让那小子一个人占了，有这样的好运气，想不出头都难。其实任何一个人的成功都不是偶然的，庸庸碌碌的人很少被幸运青睐，所谓运气，就是先有预备，再遇到了机会。

胡雪岩曾经说过：“一个人如果要有所成就，一半靠本事，一半靠机会。在我这方面说，挣钱靠眼光，靠手腕，靠精神力气。”所谓精神手腕，有靠智慧赚钱之意，把那一个个被自己发现的或遇到的机会，经营成一个个实实在在的财源。

胡雪岩开始做生丝生意的时候，正是西方资本主义工业生产，特别是纺织工业大发展的时期，丝绸纺织正需要原料，洋人也需要从中国大量进口蚕丝，因而无论是做内贸，还是销“洋庄”，都能赚大钱。

有了合适的土壤，再加上合理的运作，没有不成事的道理。胡雪岩的精明与手腕，在这次生意中得到了充分的发挥。当时王有龄得到海运局坐办的官缺，上任伊始便遇到解运漕米的麻烦，便请胡雪岩帮助自己渡过难关，这使他有了一个奔走于杭州与上海之间的机会。

胡雪岩去上海，雇请的船娘一家正好做过蚕丝生意，这使胡雪岩有了一个非常方便的请教机会。

在解决漕米运输问题的过程中，胡雪岩又有机会与漕帮发生联系，且结识了十分熟悉洋场生意规矩的古应春。而且，不久王有龄又得到升迁署理湖州，而湖州恰好是最著名的蚕丝产地。这恰为胡雪岩提供了一个大做生丝生意的天地。

胡雪岩利用船娘阿珠家就在湖州且熟悉生丝生意的便利，立即出资由阿珠的父亲在湖州开设丝行；同时，他利用王有龄外放湖州知州可以代理湖州官库的便利，利用官府的资金采取“借鸡生蛋”的方法，立即着手生丝收购。然后联系洋商，结交庞二，大张旗鼓地做起了生丝销洋庄的生意。如此一来，他便顺理成章地大发生丝之财了。

这一切恰好都一环扣一环地发生了，胡雪岩这个完全不懂蚕丝生意的门外汉也就顺利地做起了蚕丝生意，进而又销往“洋庄”，从事蚕丝“外贸”。

胡雪岩的运气从何而来呢？首先，他具有一双能看出蚕丝生意大有可为慧眼，其次是具有那种当机立断说干就干的气魄。在具体的操作过程中，又从多处着眼，合理利用资金，调配人力。赚钱的生意就在他的精心谋划之下，轰轰烈烈地干了起来。

每个时代都有一些高人，他们在帷幕之中，就对周遭的环境和条件看得一清二楚，然后定下了一环套一环的对策，自导自演了精彩人生。

1989年4月20日，一场罕见的风雹席卷了整个泸州市，也让罗代榕所在单位泸州长城机电厂劳动服务公司陷入了瘫痪。罗代榕回家待岗了，时年32岁，女儿刚刚1岁。

为了生活，罗代榕做过搬运工，也卖过大碗茶，在这几年的工作中她越来越强烈地认识到：自己才是救世主。

1992年3月，善于思考的罗代榕东拼西凑借来一笔钱，伙同两位朋友尝试了人生第一次风险投资——开了一个加油站，但加油者却寥寥无几，一年下来，投入的钱全部亏进去了。雪上加霜的是，两位朋友也撤了资，罗代榕负债

累累。

为什么会这样呢？日思夜想中，一个念头闪过，要是有自己的车队来加油，不就能带动其他汽车来加油了吗？随即，罗代榕果断地找亲戚借来房产证做抵押，贷回2万多元作为开办费，租赁当地农行5辆夏利车，成立了泸州市金梦出租汽车公司。策划有方，1994年，金梦出租汽车公司有了微薄利润。

终于看见希望了，罗代榕如释重负。1995年，在泸州当地首次举行的公开拍卖出租车经营权会上，罗代榕在别人惊讶的目光中，贷款买下了20多辆出租汽车的经营权。随后，1997、1998年，罗代榕又一口气收购汽车修理厂，兼并汽车运输公司，开设汽车配件销售网点。从运输、加油到配件，走的是一条几近完整的产业链路子。精明的女人，在最关键的时刻走出了最精明的一步棋。

企业大了，罗代榕从整合开始加强内部管理。1999年，她关掉了一些规模小的企业，"组合优势资源，集中向外发展"。2000年，罗代榕与新疆油田、北京中油等企业签署了合作协议，并共同出资组建公司。此外，她还以3000万元收购了四川煤化股份有限公司。到2001年泸州金梦煤化集团成立时，罗代榕已是千万富翁。

要做大事，必须先确立"立志在我，成事在人"的思想。那些有做大事、立大业素质的人，头脑里三个重要问题必须是非常明晰的：我现在的位置在何处；我下一步的发展规划是什么；我将如何做到这一点，何时做到这一点。谋划得当，才可以避免那种被客观环境、外部影响牵着鼻子走的盲目性。

懂得舍小取大，才能谋求长远发展

目光远大，善于从长远利益考虑问题，不计较一时的赔赚，正是聪明人所特有的赚钱风格。其实在许多时候，赠予也是一种经营之道。有舍有得，只有舍去，才能得到。

一个人在面临利益考验的时刻，往往手忙脚乱，失去了分寸，最容易只见树木而不见森林。很多时候，舍不得局部的或眼前的一些小利益，很可能就会使自己损失整体的利益。有一些事情，表面上看来是获得、是胜利，但是从整体、长远看来却是损失，聪明的人不会被此迷惑，主动放弃眼前利益而保全长远利益才是明智的选择。正所谓“两弊相衡取其轻，两利相权取其重”。

胡雪岩的阜康钱庄开业之初，觉得要做好钱庄的生意，就必须要有名气，要让人感到在你这里存钱不但安全，而且还有利可图。如果能做出名气，即使刚开始成本高一点，以后肯定也能财源滚滚。于是胡雪岩把总管刘庆生找了过来，要他开立十六个存折，每个折子存银二十两，一共三百二十两，挂在自己的账上。

胡雪岩挑拣一张抚台黄宗汉的姨太太玉菡的折子，叫一长相英俊的小伙计谢青，立刻给抚台府邸送去。谢青来到抚台府邸，见了姨太太玉菡，下跪请安后，从怀里掏出折子递过去说：“禀报夫人，小的把折子送过府来了。”玉菡疑惑地打开折子，见自己名头下存银二十两，不禁惊讶道：“我从未存过你家钱庄，别是弄错了吧？”“没有错，”谢青说，“我家胡老爷吩咐，这二十两银子是敬送夫人的薄礼，夫人若要体恤我们钱庄，有不急用的银钱可存入庄里，利息优厚，取用方便。”其实，胡雪岩的这一做法就是现代社会上的上门推销。

玉菡这才恍然大悟，笑着说：“你们老板真是鬼精灵，生意做到人家闺房中来了。可怜他一片苦心，我这里正好有一笔钱不急用，索性就存入你们庄里吧。”说着，拿出一张五百两的银票，交给谢青。谢青回到钱庄，回复胡雪岩后，胡雪岩只是点头微笑。

接着，胡雪岩命伙计分头去送折子。没过两天，果然抛砖引玉，各家官眷纷纷来投桃报李，把各种私房钱都存入阜康钱庄，少则几百两，多则几千上万两。胡雪岩找的这条门路，不仅聚集到一大笔资金，而且挣得了天大的一块面子。人人都知道阜康钱庄与衙门上上下下关系密切，便都另眼相看。名气一响，生意也就自然兴旺起来了。

事情有大有小，有轻有重，是放下西瓜捡芝麻，还是放下芝麻捡西瓜，这就要看人的眼光了。长者赚大利，短者赚小利，这既可能涉及自身的利益，又可能涉及他人及整体大局的利益。所以在这样的取舍两难的选择之间，就应该掂量一下事情的分量，尽量采用舍小取大、弃轻取重的处理原则。这样，虽然丢掉了小利，但所换取的可能就是大利。

岛村芳雄是日本东京岛村产业公司的董事长。岛村先以5角钱的价格到麻绳厂大量购进45厘米的麻绳，然后按原价卖给东京一带的工厂。完全无利的生意做了一年后，“岛村的绳索确实便宜”的名声远播，订货单从各地雪片般飞来。此时，岛村开始按部就班地采取行动，他拿购货收据前去订货客户处说：“到现在为止，我是一毛钱也没有赚你们的。但是，这样让我继续为你们服务的话，我便只有破产一条路可走了。”这样与客户交涉的结果，是客户为他的诚实所感动，甘愿把交货价格提高为5角5分。同时，岛村又到麻绳厂商洽：“你们卖给我一条5角钱，我一直是原价卖给别人，因此才得到现在这么多的订货。如果这赔本的生意让我继续做下去，我只有关门倒闭了。”厂方一看他开给客户的收据存根，大吃一惊。这样甘愿不赚钱的生意人，麻绳厂还是第一次遇到，于是毫不犹豫地一口答应他一条算4角5分。如此一来，以当时他一天1000万条的交货量计算，他一天的利润就是100万日元。创业两年后，他就成为誉满日本的生意人。

目光远大，善于从长远利益考虑问题，不计较一时的赔赚，正是聪明人所特有的赚钱风格。其实在许多时候，赠予也是一种经营之道。有舍有得，只有舍去，才能得到。如果目光短浅，为小利所蒙蔽，所从事的事业也就没有长足发展。有时，为了顾全大局，保护更大的利益，需要学会暂时舍弃相对较小的利益。人生总是有得有失，有时放弃是为了大踏步地前进，放弃是真正的勇气，也是真正的智慧。向前看，才会有所发展，有所进步。

心中有谋略，就没有办不成的事儿

现实之中，有些人心思不够灵活。他们只会听天由命、随波逐流地生活，很少能够自问：在目前的状态下，我可以改变些什么，创造些什么？

我们要知道，事在人为，只要我们遇事多思虑，多尝试，有时候看似不可能的事儿，也会达到“柳暗花明又一村”的新境地。

在一个大雪纷飞的冬天，一位落难秀才已多顿未吃饭了。这天，他来到一家财主门前想讨口饭。可是这个财主是远近闻名的吝啬鬼，秀才刚到门口，他便叫家丁把秀才轰走。但是秀才暗下决心，一定要运用计谋吃到这个财主的一顿饭。于是，他就对财主说：“我不是来向你讨饭的，我已经在邻村吃得饱饱的了。我只想借盆炭火把我的湿衣服烘干走，这对你并没有多大损失。”财主眼珠子转了几圈，最后还是答应了，并叫家丁不要给他东西吃。秀才指着火盆边上的一口小铁锅，问财主：“这口锅暂时不用，可以借我用一下吗？”财主问道：“你又想干什么？”秀才说：“我看火这么旺，想熬石头汤喝。”财主惊奇地问：“石头能熬汤？”秀才说：“这你就不知道了，石头汤的味道好极了。”财主带着好奇答应了秀才的请求。

秀才开始从院子里捧回几捧雪放在锅里，架在火上烧，到水快开的时候，他从院子里捡回几块石头，用雪擦干净，放在锅里煮起来。石头在锅里发出响声，秀才还不时地用筷子在锅里搅拌几下，偶尔舀一勺尝尝味道。财主问秀才：“可以不可以放点盐进去？”秀才说：“这样当然味道更好一些。”于是，锅里的淡水就变成了盐水。秀才不着急，继续煮石头。财主还是好奇地问：“这石头汤可以不可以放点葱花、蒜苗之类进去？”秀才回答：“当然多一味比少一味要好。”于是财主便又指使家丁把厨房剩下的葱花、蒜苗、姜末、辣椒以及饺子馅都放到石头汤里去了。最后，财主索性把案板上的饺子皮、碎肉末、面渣等通通放到石头汤里，待秀才对财主说“好了”的时候，锅里已经是又稠又香的杂烩汤了。于是，秀才饱餐了一顿，烤干了衣服走了。

这是一个寓言式的故事，秀才将自己的智计用在吃饭上，使自己免于受冻挨饿之苦。其实，智谋的力量是无穷无尽的。人们在激烈的社会竞争中，单纯依靠意志、体力去拼搏是难以成为胜者的。一个成功者依靠的是灵活、敏锐的头脑和科学的、丰富的经营感觉来获得胜利。在一般人看来一片荆棘的地方，成功者一样有本事寻找出满地黄金来。

太平天国的战乱过后，很多省份都是一片荒芜，百废待举。这个时候，想做生意的人，也往往找不到地方入手。但是胡雪岩却另有门道，他开始谋划一项新的大手笔了。

这是一项长远的以钱生钱的生意，接受失败逃亡的太平天国兵将的存款，然后放给两类人，一类是因调补升迁而需要盘缠的官员，另一类则是因战乱逃难到上海而在原籍有田产的乡绅。

对于那些逃亡的旧太平天国兵将来说，只求保命保产，根本谈不到还要利息。而胡雪岩将这笔钱用来放债，则可以有可观的钱进账，实在是无本万利的好买卖。

至于放出去的款项的安全，也早在胡雪岩的掌控之内了。放款给调补升迁的官员，这些人在外放过程中需要在京里打点，上任时需要盘缠，到任以后买公馆轿马，置仪仗，这些都要花钱。一万两的借据只实付七千两，而且还不怕借债的人不还，因为一来有京官做保，二来借债人如果赖账，借据递到都察院，御史一参，赖账的人就要丢官。事实这些人到任之后搜刮地方，一般也有能力还回借款。

放款给由内地逃难到上海的乡绅，也决不会吃倒账。这些人家在原籍，依赖祖上留下的田产，靠收租过活，过的是“伸手大将军”的日子。初到上海，凭着逃难时带出来的一些现款细软过活，日子一长，坐吃山空，也就要靠借债度日子。这些人借债，表面看现在无力偿还，但放开眼光来看，这些人的田产还在。官军战胜太平军后，这些人回到原籍还是大少爷。现在可以让他们以田产做抵押，到时不怕他们不连本带利归还借款。

胡雪岩的眼光可谓独到，看得准，算得细，则何愁大事不成。

我们无论做什么事情都是一样，立足现实，着眼未来，从长计议，才是制胜之道。古人有云，“运筹帷幄之中，决胜千里之外”。这句话用在经商做事上，就是正确的判断加上适当的谋略，然后再选择正确的方法，则事业的长足发展，就指日可待了。

好饭不怕晚，冷静等待静观其变

世上许多事情的失败，是由于慌张、着急造成的，往往只要略缓一下，就会收到满意的效果。对人心世事有了深刻的了解之后，我们就会明白，做事不盲目求成，冷静等待静观其变，其实正是最明智之举。

在我们的一生中，可能会遇到各种各样的复杂情况，这时候，越着急越上火，越容易节外生枝，惹出不必要的麻烦。所以遇到棘手之事，更应稳扎稳打，一步一步按照既定的计划去做。

胡雪岩遇到为难之事时，经常以“缓”字为应对之策。确实，事缓则圆。这主要是说人们做事万不可急躁，要慢慢来。条件不具备之时，万万不可轻举妄动，机会成熟了，才能保证出手必有所得。

生丝生意做起来后，胡雪岩把在湖州收到的一大批新丝运到上海，却并没有像其他商家那样急于脱手。就当时的经济状况和兵荒马乱的时局而言，按常理，他是应该尽快脱手求现的。因为他的钱庄刚刚开张不久，实力不是十分的雄厚，并没有多少可以周转的资金，就连购这批生丝的资金，其实都是胡雪岩通过官场朋友王有龄挪借湖州解往省城的公款，是他的一种借鸡生蛋之法。

胡雪岩将这批生丝囤积了起来，以等待更好的脱手价格。究其原因，除了洋商开价不理想之外，更重要的是胡雪岩联合江南的丝业同行控制外销市场的条件还没有成熟。胡雪岩因为实力有限，还不足以与洋人讨价还价，只有联合丝业同行才能与洋商抗衡，而胡雪岩在联合丝业同行商业伙伴方面的运作只

是刚刚开始，还需要做进一步的工作。胡雪岩不会半途而废让煮熟了的鸭子飞走。压下一笔资金也要耐心等待，等待最好的脱手时机和价位。

胡雪岩一方面请熟悉洋务的朋友古应春加紧与洋商谈判，一方面由刘三才拉拢上海的丝业巨头庞二，做联络同行的工作。到这一年年底至第二年年初，胡雪岩与上海丝商大户庞二已经结成了丝业同盟，对散户的控制取得了显著成效。洋商迫于江南丝业同盟的压力，开价也开始松动，但胡雪岩认为此时仍不为最佳时机，洋商的开价还不是十分的理想。

就这样，胡雪岩与他的同行们坚持到第二年新丝上市前夕，因为朝廷决定要在上海设立内地海关，同时增加了茧捐，为情势所迫，洋人终于迫于清政府和丝业同盟压力，低头认输，最后开出了双方都可以接受的价格。胡雪岩的第一批生丝直到这个时候才最后脱手，他的一批生丝净赚了十八万两白银，利润之高超乎想象，也为他的人生赚取了第一桶金。

胡雪岩凡事权衡利弊，事缓求圆的经商之道，为他赢得了令人难以置信的非常利润，从而奠定了他在江南丝业中的垄断地位。“知已知彼，百战不殆”。只有在了解了形势的发展变化规律，才能稳座钓鱼台。想吃肉慢慢炖，火候不到不要急于出锅。同样，做事尤其是做大事要能沉住气。人们常说的“欲速则不达”是很有道理的，条件不成熟时轻举妄动，反而难以控制事态的发展。

宋代冯益是皇帝的医生，也是一名有权势的宦官，大臣们都很恨他。一天，泗州的知州启奏皇上说：“外面传闻冯益派人收买飞鸽，还有许多非法的事。”大臣张浚奏请皇上，杀了冯益。赵鼎却表示反对，他说：“冯益的事暧昧不清，但似乎有关国家威望，不是一件小事。如果朝廷不惩罚他，那么，人们会以为他干的那些坏事都是皇上派遣的，这有损皇上的威望，但事情不太清楚，处以死刑，又太重了。不如暂时解除他的职务，流放外地，解除他人的迷惑。”皇上表示同意，把冯益流放到了浙东。张浚很生气，以为赵鼎和自己过不去。赵鼎解释道：“自古以来，要排除小人，急了，小人会抱团众堆，一致对外，祸害反而更大；慢了，他们就自相排挤，彼此火拼。冯益的罪过，就是把他杀了也不足以告慰天下。但这样做，那些宦官们必然害怕皇上杀顺了手，挨到自己头上。肯定争相为之辩驳，减轻罪过。不如使之遭贬，流放外地。这样，他们见罪过不重，就不会全力营救。同时，冯益让出来的位子，将成为他们争夺和保护的对象，绝不肯再让还给冯益，这就是说，冯益再也休想返还！反过来，如果我们处死冯益，这些人视吾辈为寇仇，其勾结愈加密切，很难打破啊！”

“事缓则圆，不必急在一时”，胡雪岩的这句话实在是包含了一种深刻的商业经营乃至人生辩证的道理。看似不利的事情，有时只要耐着性子，慢慢地等，就可能会峰回路转，柳暗花明。在成功的路上需要有足够的耐心，只有耐心才能吃到那个想吃的大蛋糕。

第 02 章

看人下药，投其所好——区别待人的人生智慧

所谓做事有方法，有手段，就不能拘泥于一定之规。面对社会上不同阶层、不同背景的人，在利害之间摇摆不定的事态，就要求我们反应要快，办法要多，因人而异地对待形形色色的人，举重若轻地处理各式各样的问题。

整合各方面资源，网大了才好打渔

朋友多了路好走。无论什么时候，多一个朋友就意味着多一份帮助，就意味着多一份机会，而多一份机会就意味着多一个契机。

有些人认为人生就是战场，充满着尔虞我诈、你死我活的斗争，根本没有什么人情好讲。其实不然，要想在社会上不被竞争所淘汰，你就必须懂得广交朋友，善于用“情”，建立良好的人际关系。现代心理学和社会学的研究已证实，好人缘具有四大功能，或者说四大作用。

一是产生合力。我们常说“人多力量大”“团结就是力量”“人心齐，泰山移”，讲的就是这个道理。

二是形成互朴。俗语说：一个篱笆三个桩，一个好汉三个帮。一个人，即使是天才，也不可能样样精通。所以，他要完成自己的事业，就必须善于利用别人的智力、能力和才干。

三是联络感情。人是一种感情动物，他必须时刻进行感情上的交流，他需要获得友谊。

四是交流信息。可以说，掌握了信息就等于把握住了成功。一条珍贵的信息可以使人功成名就，腰缠万贯，而信息闭塞则可能会使人贻误战机，遗憾终身。

胡雪岩一生中能够取得别人无法企及的成功，就是靠了他的好人缘。从内部看，胡雪岩有一些可以生死相托的才智之士鼎力相助。比如古应春，也就是当时的知名买办，说着一口流利的洋文，对洋人的方方面面都了如指掌。更可

贵的是，他对左宗棠和李鸿章之间的矛盾十分了解，能准确地发现且不失时机地向胡雪岩做出提醒。古应春忠心耿耿的全力支持，对胡雪岩的一些重要的决策提供了相当大的帮助。

尤五是松江漕帮的实力派当家人，有半黑道性质。尤五具有头脑机灵、处事周到、左右逢源的本事。他拥有庞大的漕帮势力，松江至上海一路，可以畅行无阻，而且重义气、讲信用、能忍让，对朋友能以诚相待，大力帮助。比如在杭州被围时胡雪岩冒死出城到上海为杭州军民筹粮，由于胡雪岩身负重伤，行动不便，从买粮到向沙船帮求助运输，都是尤五独自承办。为了帮胡雪岩筹粮，他甚至向自己的老对头的沙船帮低头也在所不惜。如果失去了尤五和他的漕帮势力的帮助，胡雪岩的生意就不可能发展得如此顺利。

在胡雪岩创业之初，刘庆生忠于职守，为胡雪岩独当一面，全力以赴地料理阜康钱庄的生意。胡雪岩几乎可以完全放心而不必过问。这其实对胡雪岩生意的不断扩大也起到了十分重要的作用。没有刘庆生的可靠能干，胡雪岩也就不可能在钱庄业刚刚站住脚就有精力腾出手来开辟丝茶、军火等生意。

在钱庄生意上，胡雪岩获得了同行中实力雄厚的信和钱庄的大力帮助，阜康钱庄的开办启动资本的一部分就来自信和钱庄的长期借款。在生丝生意上，他得到了丝商大户庞二的鼎力相助，没有庞二作为后盾，以他自己的实力根本无法一进入生丝行业就开始垄断市场。胡雪岩的每行生意都有着极好的合作伙伴，并且他的每一个合作伙伴都曾对他的事业鼎力相助过。

对于商人，追求金钱利益绝对是第一位的。但一个没有朋友的人，是很难成就一番大事业的。朋友多了路好走。朋友，无论是最好的，还是一般的，他们都能或多或少地给予你帮助和支持，这是任何一个人成就事业的关键。事实表明，谁的朋友越多，来往越密切，谁的事业就更发达、生活得就更快乐、身体就更健康。有人经过研究后发现，朋友关系所带来的益处，仅次于婚姻关系，而大于所有其他人际关系，它不仅有助于减轻工作造成的压迫感，使生活更加丰富有趣，而且还是事业成功的助力器。

根据美国著名作家达利的说法，人际关系网络的建立绝非一日之功，它是

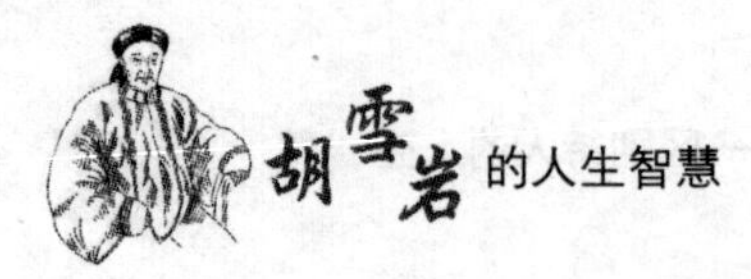

一个人数十年积累的结果。如果你到了30岁时还没有建立起属于自己的人际关系网络，那么你就有点危险了。

我们普通人要建立起自己的事业，就必须要建立一个属于自己的人际关系圈子。你要知道仅仅凭借你一个人的力量是微不足道的。只有有人肯帮你，为你提供机会或者信息，你才有可能迎来自己人生的转机。

想让马儿跑，就必须让马儿吃草

不管做什么事都要有一定的付出。你如何对待别人，大家都是心中有数的，如果你迟迟不肯拿出点儿“真东西”，任凭你说得天花乱坠，也别指望他人真枪真刀地给你卖力气。

有个笑话这么说：一位老板想找个人帮自己办事，要求那个人手脚勤快、力气大、不计较薪水、干活要多、吃饭要少。于是介绍人嘲弄他道：“真有这么个人，我自己早用了，哪里还到得了你这里？”想白白用人，那是异想天开。“又让马儿跑，又让马儿不吃草”，任凭再憨厚忠心的人也是养不住的。

作为一个商人，胡雪岩延揽人才的手腕，除了以诚相待、信则不疑、用之不拘之外，一个很重要的手段就是“以财买才、以财揽才”。他筹办阜康钱庄之初，急需一个得力的“档手”，也就是经理人。经过考察，他决定让原大源钱庄的一般伙计刘庆生来担当此任。钱庄还没有开业，周转资金都没到位，胡雪岩就决定给刘庆生一年二百两银子的薪水，这还不包括年终的“花红”。而且，一经决定，他就预付刘庆生一年的薪水。当时住在杭州，一个家道小康的人家每月吃、穿、住的全部花费也不过十多两银子。不用说，一年二百两银子，实在是高薪延聘，连刘庆生都感到这实在是太慷慨了。

胡雪岩的这一慷慨，也着实厉害得很。

首先，他一下子就打动了刘庆生的心。当他气派地将二百两银子的预付薪

水拿出来的时候，刘庆生便激动不已，他对胡雪岩说：“胡先生，你这样子待人，说实话，我听都没听说过。铜钱银子用得完，大家是一颗心。胡先生你吩咐好了，怎么说怎么好！”这意味着胡雪岩的银钱一下子就买下了刘庆生的一颗忠心。

其次，胡雪岩的慷慨也安定了刘庆生的心。正如胡雪岩为刘庆生打算的，有了这一年二百两银子，可以将留在家乡的高堂妻儿接来杭州，上可孝敬于父母，下可尽责于儿女，这样也就再无后顾之忧，自然也就能倾尽全力照顾钱庄生意了。而且，手里有了钱，“心思可以定了，脑筋也就活了，想个把主意，自然就高明了。”

就是这一慷慨之举，胡雪岩便得到了一个确实有能力，也的确是忠心耿耿的帮手。阜康钱庄的具体运营，他几乎可以完全放手了。

胡雪岩招揽人才就从来是不惜出以重金。在他看来，以财揽才就如将钱买货，货好价必高，值得重金揽得的人也必是忠心而得力的人，他曾说：“眼光要好，人要靠得住，薪水不妨多送，一分钱一分货，用人也是一样。”他说用人和买物一样，“一分钱，一分货”，话是糙点但理却不糙。同时，胡雪岩也从不以自己生意的赚赔来决定给自己手下人报酬的多寡，无论赚赔，即使自己所剩无几甚至吃“宕账”，该付出的也绝对是一分不少。

胡雪岩对于自己的另一个爱将陈世龙，也是倾力栽培的。

陈世龙原本是一个整日游手好闲、混迹于湖州赌场街头、吃喝嫖赌无一不精的小混混。这样的人，在别人眼里自然是不值得一提，但胡雪岩却颇为欣赏，认为他是一个跑外的好手，因而决意要好好栽培他。另外，陈世龙还在丝行帮过忙。丝行是最难做的一种生意，单凭手里一把秤，就要把不相识的买卖双方撮合成交易，赚取佣金。陈世龙在丝行干过，说明他很能干。胡雪岩越发中意了，便决定把陈世龙带到自己的身边，让他跟古应春学洋文，真正成为可以应付各种场面的人才。生活方面，胡雪岩发现陈世龙很喜欢自己的红颜知己阿珠姑娘，反复思量之后，他觉得与其让阿珠嫁给自己作妾室，不如让她和陈世龙一夫一妻过日子。如此一举数得，对大家都有好处。如果他们能成为夫妻，饮水思源，都是自己的功劳。结果，胡雪岩不仅终于撮合成了一对好姻缘，同时也为自己造就了一个生意上的好帮手。

胡雪岩的做法，既有人情，又有远见。生活中我们常常看到有些人，在开辟一项新的业务或做一项新的投资时，可以毫不犹豫地拿出大把的钱来，但在延揽人才上却做不到如胡雪岩一样的慷慨大方。

俗话说，"豁不出孩子套不住狼"，意思是说不管做什么事都要有一定的付出。当然这个付出不单单是物质上的，有时也需要感情上的，你给对方多少感情，对方也会给你多少感情，要想在社会上把事情办成，必须与很多人建立感情，必须学会"收买人心"。

送礼有学问，以投其所好最重要

古往今来，"利"和"礼"是连在一起的，往往是"利""礼"相关，先"礼"后"利"，有"礼"才有"利"，这已经成了商务交际的一般规则。送礼的道理不难懂，难就难在具体操作上，这是一件需要细心琢磨的事情。你送礼的功夫是否像那些高手一样到家，不显山露水，却能够送得恰到好处，不仅要满足别人的需要，而且要合乎别人的喜好、兴趣和审美观点。能做到这一点，其效果往往是超出你的意料。

在我们的心目中，"礼"应该是一种看得见、摸得着的实物，其实这倒也不尽然。只要是人们心向往之的东西，对他就是一份厚礼。

苏州有两个姓潘的大族，一富一贵。胡雪岩与家资丰厚的富潘小有来往——他的小妾阿巧姐与潘府的姨太太是要好的姐妹，阿巧姐当时在潘家暂住，胡雪岩有心与潘叔雅结交，便考虑着要置办一份礼物相送。

如果说，仅仅是还人情债，这笔礼很容易送，反正花上几十两银子，买四色礼物，情意就算到了。但要谈结纳，则必须使潘叔雅对这笔礼重视，甚至见

情。他家大富，再贵重的礼物，也未见得放在心上。或者是杭州的土产，物稀为贵，倒也留下一个印象，无奈人在苏州，无法办到。

与人商议之后，胡雪岩决定送一个面子给潘叔雅。也就是说，托请与自己极够交情的江苏学政何桂清去潘府拜访，代为转致谢意。二品大员全副仪仗去拜会一个平民，绝对是够风光的一件事。

旧时“士农工商”四民，从商的排在末位。所以凡富到一定程度的大商贾，必要去捐官，买个顶戴风光风光，但这毕竟还是个虚名，比起真正的官场人物，还是有所不同的。潘叔雅大富，金银珠宝，吃喝享乐之物自然不在话下，所缺的就是那么一点贵气而已。何桂清翰林出身，做得又是“清贵”的官儿，由他去潘府拜访，在潘叔雅的圈子里，是足以炫耀一时的大事。胡雪岩一文不费，就在苏州潘家博得个懂交情、够面子的印象，以后有什么要合作的事宜，当然会顺利得多。

结交潘叔雅，可以请官场上的人物何桂清代为致意，对何本人，胡雪岩又是如何把他打点得舒服熨帖呢？

在湖州时，胡雪岩的官场靠山是知府王有龄，而王有龄与何桂清又是故交，如果何桂清能放一任封疆大吏，到浙江来做巡抚，在他的治下，王、胡二人的事业就可以更上一层楼了。

论能力和资格，何桂清也算够分量，可如果不去争取，馅饼也不会凭空掉下来。这事要成功，就需要王有龄出主意，胡雪岩出银子，何桂清自己去京里打点。

封疆开府，主持一地的军政大事，对每个从政的人都有着致命的诱惑。何桂清出身寒门，金榜高中之后，做的都是“清贵”的官职——也就是有名分没好处的位子，当然也想尝尝放外任的滋味。现在有人出钱打基础，从他心底里来说倒是乐意的。

大方向已定，剩下的就是细节上的操作了。于是王有龄写了一封信，详说此事的始末。这封信胡雪岩亲自封缄，内中附了一张五千两银票。虽说白花花的银子谁都爱，但对这位翰林出身，可以“专折奏事”上达天听的学政大人来说，似乎有那么一点儿不恭，何桂清的脸面上也下不去。打听到何学政是云南人，所以胡雪岩特意托人淘弄了四样云南土产：宣威火腿、紫大头菜、鸡踪菌和咸牛肉干。虽然数量不多，但也正因为数量不多，便显得物以稀为贵了。

如此，送银子是主，胡雪岩却送得不动声色，让其处于从属的位置上；送土产虽为宾，却又大张旗鼓地提出来，给何桂清一个应和的台阶。

何桂清收到礼物，心到神知，竟然破例回访。首先向胡雪岩道谢："多蒙专程下顾，隆仪尤其心感，天南万里，何况烽火，居然得尝家乡风味，太难得了。"

胡雪岩这礼物选得巧妙，使何学政大有知己之感，与如此知情识趣的人相交，是可以放心地敞开心扉深谈的。

送礼不仅要懂得分寸，更要懂得艺术。送什么，送多少，何时送，怎么送，都大有学问。送得恰到好处是人情，送得不当是尴尬。不管是有意送的人情，还是无意中送的人情，都有一个让对方如何感受，如何认识的问题。如果让受礼者觉得你这人冒冒失失，不当交，也不当信，这礼就算送砸了。尤其是与位高权重的人结交，一定要突破他的心理障碍，把自己的位置摆得稍稍低一点。赤裸裸地甩出银子来，是收买；但加上一些颇具人情味的花样，就是倾心的结纳了。

如果你"现用现交"，只一锤子买卖，尽管只拿硬通货与对方交换。若想交得深，交得透，就不妨加些感情的点缀，给人一个继续往来的理由。精美的手工艺品、难得的门票、远道的土特产等，都可以淡化交易的味道，表现你的细心和周到。

中国人常说"吃人家嘴短，拿人家手短"。一旦接受了人家的好处，占了人家的便宜，再拒绝起人家的请求来，就不那么好意思开口。送礼需要精心谋划，仔细琢磨，别出心裁，送到对方的心坎里，才会激起感动的浪花，收到理想的效果。

对待朋友，要拿出真诚和义气

在我们每天遇到的各种各样的人中，总有那么一批，是可以称作朋友的人。与人相交，不是一朝一夕之事，对友要“真”，这是人际交往中第一重要的因素，也是建立正常交际并使之深入发展的基础。交朋友相互开诚布公，实实在在，才能建立信任感与安全感。因为谁也不愿意在交际中受骗上当，或者被出卖，被愚弄。一些人好出风头，喜欢在交际中炫耀自己，或故弄玄虚、摆“花架子”，常常使人生厌。

在官场上，王有龄是胡雪岩的至交好友。对于他的事，胡雪岩一向竭心尽力，完全当作是自己的事儿办。当年王有龄刚一接手海运局坐办的差使，就遇到漕米解运的麻烦。朝廷一再催促南粮北运，以解燃眉之急，王有龄刚刚踏进官场，人生地不熟，他所遇到的困难可想而知。于是胡雪岩出谋划策，打破常规，在上海的附近买粮，就地出海，解决了浙江漕米迟迟运不出去的问题。具体运作也是胡雪岩凭着他的手腕，用金钱开路，用酒肉敲门，用各种办法收买、笼络官吏、漕帮首领、钱庄老板、粮商，在生意场上精于算计，诱之以利，从而使海运一事顺利实现，也使王有龄初战告捷，巩固了他在官场的地位，他也很快升为湖州知府。没有胡雪岩的帮助，王有龄也决不会成为后来浙江官场上官运亨通的红人。真诚实在的帮助朋友的过程，实际上也是胡雪岩走向“红顶商人”的辉煌顶点的过程。

患难见真情。任何人的一生，难免会碰到失利受挫或面对困境的情况，这时候最需要的就是别人的帮助。而这种雪中送炭般的帮助会让他人刻骨铭心。

就本身而言，胡雪岩是个雄心勃勃的人物，在开拓自己的事业时，他可以说无所不用其极，在收买人心、拉拢同业、控制市场、垄断价格上可谓绞尽脑汁、精心筹划。但是对于身边的朋友，他一向做得有情有义。第一次生丝外销的生意成功之后，赚了十八万两银子。数目不能说不大，但是需要打点的地方却是更多。胡雪岩在清账后知道给参与者分红后自己不赚反赔时，他断然决定即使一两银子不赚，也该分的分，该付的付，决不能亏了朋友。在这桩生意的运作中胡雪岩显示出来的足以服众的才能，更让合作者看到他重朋友情分，可以同患难、共安乐的义气。同时，通过这桩生意，他与丝商巨头庞二结成牢固的合作伙伴关系，确立了他在蚕丝经营行当中的地位，其收益实在不可用金钱的价值来衡量。

胡雪岩在官场和商场的朋友遍天下，而他结交尤五、魏师爷、俞武松、跷脚长根等江湖之人，则是用其“勇”。勇毅之人，多讲求一个“义”字。所以使用这样的人才，需要鼓起他们的侠义之心，让他们自己觉得事情非如此办不可。

勇毅之人更需要的是氛围。比如对于尤五，胡雪岩想搬动他去和沙船帮讲和，以邀沙船帮出人护送粮来到杭州，这时单纯地讲道理，恐怕并不能促使尤五下定决心。毕竟，和自己的对头讲和，这是一件颜面无光的事。但是，身负重伤的胡雪岩在尤五面前曲膝一跪，情势就大为不同了。于公，整整一个杭州城的老百姓在盼着这救命粮，早一日运去粮食，就有可能多救活一人；于私，胡雪岩以爷叔之尊向后生行大礼，事非危难决不至于如此。既然如此了，也见得人命关天、诚心天鉴。于情于理，尤五都没有了退路，只能应下这事，把面子抛开不提，非把事情办好不可。

胡雪岩慕义，而且特别注意创造条件，为人做仗义之事。自然，在商言商，胡雪岩离开商业的利益原则去做仗义疏财之事，确实有点舍本逐末。只是在他看来，这实际上也是投资，或远或近，或长或短，这些投资都会连本带利翻回来的。交情多表明你的道路多，为蝇头小利而断交情，表明你至多能做小生意。

诚信与义气乃立身之本，在社会交往中起着不可替代的作用。古代谋略家都把坦诚当作笼络人的一个大圈套，并且非常有效。而利用坦诚作武器，几乎所向无敌。无论多么狡猾的人，他也喜欢和坦诚的人交朋友。真诚能感动人，至诚可以感动天。其实，“诚”也是相互的，只有彼此之间坦诚相待，才能建立起真正的朋友们关系，才能同甘共苦，同呼吸共命运。

对待官场人物，只能点到为止

在中国的土地上，不管什么人，当了官之后，不多久就要学会打官腔。官腔打起来，神色要凝重，语意要模糊，如此，才能在下属面前树立起威严神秘的形象。说话要半含半露，不落实处，就不落把柄，就是有人想挑毛病，也是无从下手。这是从说话的一方讲的，下面在听领导说话的人呢？更是需要一门功夫，不但要听其言，更要听懂其言外之意，尽量保证别把领导的本意领会错了。

限于身份，人们有些话是不好明说的，这时候听言辞就不如看表情了。

胡雪岩陪王有龄到上海办事，略有闲暇时，胡雪岩不经意地问他："雪公，今天晚上，逢场作戏，可有兴致？"

王有龄只当要他打牌，摇摇头说："你们照常玩吧！我对赌钱不内行。"

"不是看竹是看花！"

王有龄懂了，竹是竹牌，花则不用说，当然是"倡条冶叶恣留连，飘荡轻于花上絮"。交际场上的花朵，自然千姿百态，便即笑道："看竹看花的话，隽妙得很！"

只一句话，胡雪岩就猜透了王大老爷的真意。

两人交情虽深，结伴逛红灯区的话，却还是第一次谈到。王有龄年纪长些，又去不了一个"官"字的念头，所以内心不免有忸怩之感，只好作这样不着边际的答复。胡雪岩知道他心思有些动摇，但跟属下人一起去吃花酒，怕他未见得愿意，就是愿意也未见得有乐趣。于是，胡雪岩将当夜的活动悄悄做了些安排。

这天夜里，杭州来的人分作各不相关的三起去玩，各自找乐子去了。于是王大老爷结识了十里洋场的"红官人"畹香，一夜春风之后，从此乐不思蜀。

王有龄若真是一本正经的君子，大可严词拒绝，顺便还可以谆谆教导胡雪岩一番，让他收敛一下形迹。但是王大老爷只是称赞他辞令的绝妙，这就表示心思已经动摇了。这时候若还不知道怎么办事，那就是不开窍的榆木疙瘩了。

这些还是小事。官场之中，说话最忌平铺直叙，落人口实。大家旁敲侧击一番，相互明白了彼此的心中之事，就是一段圆满的交际过程。

浙江巡抚黄宗汉要离任，湖州知府王有龄与胡雪岩议及此事，大有患得患失之心。猛然想起，王有龄的故交，现任江苏学政的何桂清若能接任此职，则王、胡等人的前程财路便可高枕无忧了。

于是胡雪岩亲自找何桂清谋划此事。交谈之中，何桂清却另有一消息告诉胡雪岩，说江苏巡抚许乃钊有调动的消息，“今天一早，接到京里的密信。”他说，“我想等一等再说。”

许乃钊调动，何以他要等候？细想一想，胡雪岩明白了，必是何桂清有接此任的可能，不妨静以观变。

这个主意的变化，胡雪岩觉得对自己这方面大为不利，因而颇想劝何桂清仍照原来的计划，先调任仓场侍郎，然后放到浙江去当巡抚。如果何佳清去了江苏，不是同一属地，再想得到他的关照就难了。

但这只是暗中的猜测，不便明劝，万一猜得不对，变成无的放矢，是件可笑的事，叫何桂清看轻了自己，而且凡事明说不如暗示，旁敲侧击的效果最好，这是胡雪岩所深知的。于是略想一想，有了一套说词。

“江苏巡抚这个缺，从前是天下第一，现在，我看是最末等的了。”他忽然发了这样一段议论。

何桂清当然要问其详，于是胡雪岩就一条条摆出来：第一，太平军进犯江苏，如今那里地方少了，钱粮也就少了。更要命的是，战乱未平，地方官要保境安民，危险系数很大。第二，江苏的官太多，军务和政务官员同城，不是东风压倒西风，就是西风压倒东风，关系不好料理。

这些就事论事的言论打动了何桂清，他最胆小，虽然纸上谈兵，豪气万丈，其实最怕打仗。看起来，江苏真的成了末等的缺，何必自讨苦吃，还是进京去吧！

从胡雪岩一方的利益来讲，何桂清在本乡本土当官，才是最好的结果。但

在何桂清心里，本来是更中意江苏巡抚的。胡雪岩却不可以把此事说破了，一则人家并没有明确地表示，不可胡乱猜测；再说，如果明着劝，自己与王有龄找靠山的念头则显得太急切，何桂清容易产生逆反心理，这叫欲速则不达。所以，假装泛泛而谈，把江苏巡抚将要面临的困境一条条摆出来，让何桂清自己退却才是上策。

所谓“官腔”，都是表一层里一层的，其中的真意要好好揣摩。其实，人们限于身份地位、环境立场，有些话是否是可并不愿直接表示，此时，一定要眼观六路，耳听八方，千万不要会错了意。

在真正的大人物面前，卖乖不如卖力

人们随着自己事业的不断发展，周围的环境和人事也会发生一些新的变化，在某些时候，也许会有机会接触到一些位高权重的人。虽然说人都是有弱点的，几乎没有人不喜欢利益，几乎没有人不受吹捧，但归根结底，决定我们命运的还是自己的实力。如果一味在人前玩些讨好他人、笼络人心的小花样，就是低估了那些大人物的智商，结果往往会不尽如人意。

有个叫许允的人在吏部做官，提拔了很多同乡人。魏明帝察觉之后，便派人去抓他。

他的妻子告诫他说：“明主可以理夺，难以情求。”让他向皇帝申明道理，而不要寄希望于哀告求饶。因为，依皇帝的身份地位是不可能随便以情断事的，皇帝以国为大，以公为重，只有以理断事和以理说话，才能维护好国家利益和作为一国之主的身份地位。

于是，当魏明帝审讯许允的时候，许允直率地回答说：“陛下规定的用人原则是‘举尔拨右’，我的同乡我最了解，请陛下考察他们是否合格，如果不称职，臣愿处罚。”

魏明帝派人考察许允提拔的同乡，他们倒都很称职，于是将许允释放了，还赏了一套新衣服。

许允提拔同乡，根据的是封建王朝制定的个人荐举制的任官制度。不管此举妥不妥当，它都合乎皇帝在其身份地位上所认可的“理”。许允的妻子深知跟九五之尊的皇帝打交道，难于求情，却可以“理”相争，于是叮嘱许允以“举尔所知”和用人称职之“理”来消除提拔同乡、结党营私之嫌。这其中的道理，就是贴近对方身份说话的道理。

胡雪岩很多条经商的通道，是拿银子堆出来的。这条路子，甚至在当年的浙江巡抚黄宗汉和江苏学政何桂清那里也屡试不爽，但是到了左宗棠那儿，这话就得另说了。

左宗棠乃晚清一代名臣，性刚气傲，战功卓著，在胡雪岩与之初会的时候，他已是方面大员，一路诸侯的身份。胡雪岩想在他的身边办事，那些私相授受的小伎俩是没有效果的。要打动左宗棠的心，唯有把话题引向他最关心的安邦定国的大计上来。

胡雪岩表示自己有一万石米，停放在杭州城外江面上，可随时派人验收。当时清廷国力暗弱，各路官兵的粮饷多靠自筹。所以这一万石米，对左宗棠的意义非同小可，他要建功立业，肃清浙江全境，粮草乃是基础。又听说这是胡雪岩无偿的报效时，不由他不动容，于是摆出深谈的姿态来，将客人移到花厅款待。对胡雪岩，这就是允许他登台唱戏，得到一个宝贵的机会了。

此后，左、胡二人合作默契。胡雪岩在左宗棠施展抱负、建功立名的过程中给予了莫大的支持，胡通过购武器、采粮、筹饷，参与左宗棠镇压太平军、捻军、陕甘回民起义的行动，这在当时可是了不得的重大国事。胡雪岩还为左宗棠协理洋务，更难能可贵的是在左宗棠以六十多岁的高龄挂帅出征与阿古柏等分裂势力逐鹿于西北蛮荒之地时，在左的政敌冷嘲热讽，各省观望延援时，胡雪岩精心选购西洋军火，奔走筹借洋款，在帮助左宗棠收复新疆这么一件中外注目的大事中鼎力相助。

胡雪岩为左宗棠效犬马之劳的结果，是获得了对方的信任和倚重，且看左

是怎样评价他的。

左宗棠在一篇奏稿中说：“福建补用道胡光墉，自臣入浙，委办诸务，悉臻妥协。杭州克复后，在籍筹办善后，极为得力，其急公好义、实心实力，迥非寻常办理赈抚劳绩可比。”1865年4月，左宗棠在给长子孝威的信中说：“胡雪岩虽出于商贾，却有豪侠之概。前次浙亡时，曾出死力相救；上年入浙，渠办赈抚，亦实有功桑梓。”1878年3月27日在致谭仲麟的信中说胡雪岩是他“依赖最久、出力最多之员”。

而在扶助左宗棠建功立业的同时，胡雪岩自己的商业王国也迅速崛起，可谓名利双收。

对大人物，那些投机取巧的小花样是行不通的。这就像在一个公司里，你也许还可以通过一些小惠小利和迷魂汤结纳中下层，但是对真正的老板却大可不必。有句话叫作“学成文武艺，货卖帝王家”。在真人面前，只要你的才干、心胸和见识找到买主，下面自然会有好处。对真正的老板，与其给他们送小钱，不如替他们创造大的利益。有长期的共同目标，才能有长期合作的交情。

别急着把对手赶尽杀绝

我们都知道，在大自然中，弱肉强食，动物之间的竞争是生存的竞争，不是你死就是我活。

那么，人与人之间呢？在社会上，人们也时时刻刻都在上演着生存空间的竞争，出人头地的竞争。在这些竞争中，是否也是我要把你踩下去，然后我站在你的肩膀上升上来？

那种把自己的成功建立在他人的失利上的小人当然也有，他们有时候也能获得一时之利，然而从长远来看，这种作风一则会使自己的正面形象受损，二则也可能会横生枝节，使人无法顺利地品尝胜利的果实。所以即使是对手，也要留有余地，无理要让人，得理也不能不让人，这就是所谓“为人不可太绝”。

胡雪岩有一点很难得，那就是，即使在完全有理由打击生意对手，且完全有条件将对手置于死地的时候，他也不肯有了害人之心放出黑手。

胡雪岩到苏州，到永兴盛钱庄兑换二十个元宝急用，但这家钱庄不仅不给他及时兑换，还无端诬指胡雪岩的阜康银票没有信用，使他很受了一点气。

这永兴盛钱庄本来就来路不正。原来的老板节俭起家，干了半辈子才创下这份家业，但四十出头就病死了，留下一妻一女。现在钱庄的档手是实际上的老板，他在东家死后骗取那孤女寡母的信任，人财两得，实际上已经霸占了这家钱庄。永兴盛的经营也有问题，他们贪图重利，只有十万两银子的本钱，却放出二十几万两的银票，已经岌岌可危了。

胡雪岩在这家钱庄无端受气，又关系到彼此的信誉竞争，自然想狠狠整它一下。办法是现成的，浙江与江苏有公款往来，胡雪岩可以凭自己的影响，将海运局分摊的公款、湖州联防的军需款项、浙江解缴江苏的协饷几笔款子合起来，换成永兴盛的银票，直接交江苏藩司和粮台，由官府直接找永兴盛兑现。这样一来，永兴盛不倒也得倒了，而且这一招借刀杀人，一点痕迹都不留。

不过，胡雪岩最终还是放了永兴盛一马，没有去实施他的报复计划。他放弃计划，有两个考虑，一个考虑是这一手实在太毒太狠，一招既出，永兴盛绝对没有一点生路。另一个的考虑则是这样做法，很可能只是徒然搞垮永兴盛，自己却劳而无功。风声传出去，说杭州阜康的胡雪岩，手段太毒辣，苏州同业动了公愤，合力对付，阜康在苏州这个码头就算卖断了。这样一种损人不利己的事情，胡雪岩也不愿意。

这其间自然有胡雪岩对于自我利益的考虑在起作用，所谓将来总有见面的机会，事情做得留有余地，也就为将来见面留有了余地。事实上，对于生意人来说，这样考虑也是十分必要的。生意场上，没有永远的朋友，也没有永远的敌人。无论竞争多么激烈的对手，竞争过后都会有联合的可能，因此，竞争总

是存在，而见面的机会也总是存在的。生意场上有一句话，叫作“留人一条活路，等于留给自己一条财路”，不管从哪个角度看，都是有道理的。

在我们的现实生活中，做事给人留余地，也是切不可轻视的问题。

杭州的关阿龙是做电器生意的，闲暇时爱与几个朋友玩玩牌，输赢在万元以内，大家都不当一回事。有一天，一位朋友领了他的老乡来玩，阿龙与他押三张，不多时已赢了七千元。最后一把，没翻底牌之前，两人谁也不示弱，筹码翻到一万，气氛很是紧张，朋友的老乡额上不停地出汗。阿龙想了想，默默地推了牌表示放弃。其实，按他的牌点，铁定是要赢的。事后，一个在旁边看牌的好友问他为什么不跟，阿龙笑一笑说：“玩牌本为取乐，不能把人逼急了。”

阿龙赌得不精，对赌徒的心情却很了解，朋友的老乡，在头几把牌的时候，兜里已快见底了，最后那是在强撑着。既然输不起，再被人伤了面子，没准儿就会生出什么事来。见好就收，以后大家还有相见的余地。

兵法中有一条叫作“穷寇勿追”，逼得人走投无路，任谁都要付出代价的。古人攻城，四面团团围住之后，总要有意无意地留出一个缺口来。这其一是要瓦解敌人的斗志，看到有出逃的机会，不见得还会人人死守。二是防止对方在绝望之后，反而激发出更大的斗志来，孤注一掷，誓要拼个鱼死网破。

赶尽杀绝是兵家之忌，也是为人处世的大忌。当一个人被逼到穷途末路的时候，临死也要拉个垫背的，这时就没有人可以全身而退了。

第 03 章

顺应趋势，抓住机遇——借势乘势的人生智慧

“势”字的要义，一是社会的潮流和趋势，对个人而言，与其被潮流裹着走，就不如早早是察识风向，争取先入为主。同时，“势”字还包括了社会上人与人、人与事、事与事之间一种交互影响的态势，懂得“乘势”者，就是抓住了机遇。

看清趋势，做大事就要看大局

只是做些小事挣些小钱，眼明手快、吃苦耐劳就足矣了。真的要做出一番事业，除了这种基本素质之外，还要对社会的发展趋势异常敏锐，及时为自己锁定胜局。

按照经济学的观点，社会财富每隔五年就要重新分配一次。在这一次次地位更迭、财富分配的大变革中，有人得意，有人失望。改变人生的起点，就在于人们对社会发展潮流的敏锐程度如何。眼光准，动手快的，才有望要风得风、要雨得雨，成为时代的骄子。

胡雪岩教导手下总管钱庄的刘庆生："做生意怎么样的精明，十三档算盘，盘进盘出，丝毫不漏，这算不得什么！顶要紧的是眼光，生意做得越大，眼光越要放得远。对做小生意的，譬如说，今年天气热得早，看样子这个夏天会很长，早早多进些蒲扇摆在那里，这也是眼光。做大生意的眼光，一定要看大局，你的眼光看得到一省，就能做一省的生意，看得到天下，就能做天下的生意，看得到外国，就能做外国的生意。"

胡雪岩说得精彩，做得也同样漂亮。他的眼光，将整个天下尽收眼底。根据当时的形势和人心，他早就看出太平军要败，"长毛"不能成大事。所以他做生意的宗旨，就是要帮官军打胜仗。只要是能帮官军打胜仗的生意，胡雪岩都做，哪怕亏本也做。在他的心目中，这不是亏本，而是放资本下去，只要官军打了胜仗，时世一太平，什么生意不好做？到那时候，凡是出过力的，公家自会报答，做生意处处方便，还有个不发达的？

胡雪岩的这种独特的思路，在与左宗棠的交往中得到了充分的验证。

左宗棠西征，胡雪岩做的就是“后勤部长”的工作。他的功绩，一是在杭州设了一座胡庆余堂，规模宏大，声名媲美北京同仁堂的药店。历年，西征部队日常所需的“诸葛行军散”“辟温丹”“神曲”“六神丸”之类的成药，治跌打损伤的膏药、金创药，以及军中所用药材，都由胡雪岩捐解。

其次是奉左宗棠之命，在上海设立采运局，转运输将毫无延误。

再次是经手赚买外洋火器，物美价廉。各国出有新式武器，随时采购，运至军前，左宗棠认为“新疆速定，虽已兵精，亦由器利”。

最后一项最重要，即是为左宗棠筹饷，除了借洋债及商债，前后合计在一千六百万两银子以上之外，各省的“协商”，亦由胡雪岩一手经理。协饷未到，而前线不能无关饷时，多由胡雪岩代垫。湘军、淮军多曾出现过索饷哗变事件，只有西征之师从不“闹饷”。

饮水思源，没有胡雪岩筹饷及后勤支援之功，左宗棠的“西征”不可能获致辉煌的成就。左宗棠平定西部，功成名就之后，胡雪岩也迎来了自己人生与事业的顶峰。在生意上，商场助官场之力，官场也助商场之威，二者相辅相成，钱庄、生丝、典当等事业遍及大半个中国，被称为“财神”。而且，同时又获得了朝廷破格优奖，胡雪岩是捐班的道员，以军功赏加布政使衔，从二品文官顶戴用珊瑚。乾隆年间的大商贾，有戴红顶子的，戴红顶而又穿黄马褂的，只有胡雪岩一个。

不论任何国家，任何年代，跟着时局的发展趋势走，随之而来的就是收获。

第二次世界大战结束后，战胜国决定成立一个处理世界事务的组织——联合国。可是在什么地方建立这个组织总部，一时间颇费思量。地点应当选在一座繁华城市，可是在任何一座繁华城市购买建立庞大楼宇的土地都是需要很大一笔资金的，而刚刚起步的联合国总部的每一分钱都肩负着重任。就在各国首脑们商量来商量去的时候，美国洛克菲勒家族听说了这件事，他们出资870万美元在纽约买下一块地皮，在人们的惊诧中无条件地捐赠给联合国。

精彩的妙棋还在后面。洛克菲勒家族在买下捐赠给联合国的那块地皮时，也买下了与这块地皮毗连的全部地皮。联合国大楼建起来后，四周的地皮立即飙升起来。现在，没有人能够计算出洛克菲勒家族凭借毗连联合国的地皮获得了多少个870万美元。

当洛克菲勒家族这步棋走出，并且有了结果后，人们已经不再对他们的举动不可理解，而是对其拍手叫绝。洛克菲勒家族收获了满园果实，缘自他们不仅仅看到眼前的这一步棋，而是看出了整个时局的大趋势。

以普通百姓的身份而为公家效力，走的是一条“曲线救国”之路，对时事分析得越透彻，获得的长远利益机会就会越多。我们每天睁开眼睛，各种信息、各种见闻就会扑面而来，在头脑中对它们整理消化之后，就能找出对自己有价值的东西来。

嗅觉灵敏，走在潮流之先

机会对每个人来说其实都是均等的。有些人眼里没东西，脚下自然就不会有很多的路。而那些成功者，却能快速感知外界潮流的变化，尤其善于捕捉每一丝商机。

有些人智商不一定低，但在财商上，比起那些感觉灵敏、善于整合资源的成功者还有那么一点差距。培养自己对财富的嗅觉，可以从每一个时段，每一种行业开始，当你能留心他人视而不见的新增热点，并将其当成自己创富事业的契机时，财富已经离你很近了。

胡雪岩对各行生意都有兴趣，在苏州办事时，顺便到南北货名店孙春阳探底。

店虽老，却有气派，一眼望去，各司其事，敏捷肃穆。有位白胡子老者，捧着管水烟袋，站在店堂中间，左右顾盼，拿着手里的纸媒儿，指东指西，在

指挥伙计和学徒招呼客人。

于是胡雪岩亲自上柜，买的是茶食和蜡烛，也买了几条火腿，预备带回杭州跟金华火腿去比较优劣。付款开票，到货房交涉，要店里送到金阊栈。孙春阳的牌子真是“硬”，说是没有为客送货的规矩，婉词拒绝。

“这就不对了！”胡雪岩悄悄对跟随的人说：“店规不是死板板的。有些事不可通融，有些事要改良，世界日日在变，从前没有外国人，现在有外国人，这就是变。做生意贵乎随机应变。孙春阳从明朝传到现在，一直没有怎么变，现在不同了，海禁大开，时势大变，如果还是那一套几百年传下来的老规矩，一成不变，我看，孙春阳这块招牌也维持不久了。”

时代变了，人也要跟着变，这就是胡雪岩的见识。人创造了社会环境。社会环境也造就了人。但归根结底，人是社会环境的产物。没有一个成大事者，能够脱离他所处的那个时代的舞台。

胡雪岩是一个商人，思之所及，首先考虑到的是利益。在他看来，人要识潮流，不识潮流，落在人家后面，等你想到要赶上去，已经来不及了。

当时官场腐败，朝野上下在对待洋人的态度上有分歧。胡雪岩从商人的实际出发，认为洋人可以为我所用，并率先实践。胡雪岩认为，生意的气度源于一个人的眼光。正源于此，他把眼光投向了国外，知道同洋人做生意才是有前途的事业。

海禁初开之时，中国人当中懂得与外国人打交道的没几个。胡雪岩凭着自己的聪明和古应春等人的帮助，与外国人周旋斗智。在与外国人进行的丝、茶以及军火交易中大获其利，成为当时的商界第一人。

有意思的是，被誉为中国现代红顶商人之一的陈东升，也是一个敢为天下先的人。20世纪90年代初，有一段时间，他总是在新闻联播最后一条看到类似的东西：某某在伦敦苏富比拍卖行买了一幅凡·高的名画。电视画面上是一位五十多岁的长者，站在拍卖台上，“啪”的敲一下槌子。他想，中国也有五千年的文化，有丰富的文化遗产，这个一定能做得起来。于是，他创办了中国第一家具有国际拍卖概念的拍卖公司——中国嘉德国际拍卖有限公司。第一次拍卖，销售额就达1400多万元人民币。

我们身边的事物每时每刻都在发生着变化，每一天都会有新的机遇产生。发现机遇最紧要的是头脑的训练和素质的提升，如果你一时还无从入手，也不要着急，复制他人的成功模式，也是一个可行的办法。这样虽然在这个世界中你不是第一个吃螃蟹的人，但是在一个有限的范围内你又是第一人，因为世界无限大，而你生活的世界却不太大，或者说，你只需要在一定的范围内成功就可以了。

比如陈东升，拍卖公司不是他的发明，但是他接受了外来信息，并融会贯通成自己的东西，所以他成功了。有用的信息来源于生活的积累。报纸、杂志、电视、网络等都会有大量信息随时随地提供给你参考，食堂、酒会、舞会、咖啡屋等都能成为信息的源泉。善于观察生活的人，总会从中发现潮流的变化，找到自己的位置。

善始善终，不做过河拆桥的小人

人要懂得“乘势”“造势”和“用势”，为了开创自己的事业，这么做也是无可厚非的。但是应当注意，“用势”的同时，也不能忽略了情义，也就是说，我们做事要善始善终，不能自己打自己嘴巴。否则，岂不成了趋炎附势、见风使舵的小人？

人往高处走，水往低处流。不管一个人的能力有多大，都是从小处从低处，一步一步做大做强。当你走向高处的时候，就如同是一条大鱼，不要忘了当初养育你的小河沟。

左宗棠受朝廷委派筹办南洋防务，为加强实力，预计招募六千人马，需要有至少四千支火枪。招募来的新兵粮饷虽说有户部划拨，但需要的开拔费大概是二十五万两银子。左宗棠西征时，在上海设了一个粮草转运局，由胡雪岩代

领转运局的事务。这个时候，左宗棠自然又想到胡雪岩。

胡雪岩虽然答应下这两件事情，但实际做起来很有些棘手。棘手之处首先还是一个“钱”字。左宗棠此前为粤闽协赈已经要求胡雪岩拨给二十万两现银，如今又加了二十五万两，再加上相关的费用，已近五十万两之多。若在平时，这五十万两银子对于胡雪岩也并不是特别的为难，但现在情况已经大不相同了。由于中法纠纷，上海市面已经极其萧条，加之胡雪岩为控制生丝市场投入两千万两用于囤积生丝，致使阜康钱庄也是银根极紧，难于有能够调动的头寸。另外，李鸿章为了排挤左宗棠，不让他在东南插足，已经定计在上海搞掉胡雪岩，授意上海道台卡下各省解往上海的协饷。

境况如此艰难，本来胡雪岩可以向左宗棠推托这两件事，但他却不愿意这样做。他知道左宗棠虽然入了军机，但事实上已经老迈年高，且衰病侵身，在朝廷理事的时日不会太多，自己为他办事也许这是最后一次了。自结识左宗棠之后，他在左宗棠面前说话从来没有打过折扣，因而也深得左宗棠的信任。胡雪岩一生讲究信用，为自己创下牌子，最后为一件事就把牌子砸了，实在是不划算。

胡雪岩如果将左宗棠作为可以利用、依靠的官场靠山来“使用”，他也确实可以从这座靠山得利多多。但是，胡雪岩是将左宗棠作为朋友来看，现在左宗棠有求于自己，即使自己的处境再艰难，也要完成左宗棠交给的任务。宁可支撑到最后一败涂地，也要保持自己的信誉和形象。

如果仅从能力范围和是否识时务上去判定胡雪岩的做法，这的确有可商榷处。只是作为一个念旧情和讲信誉的人，胡雪岩此举却在人前树立了一面旗帜。凡事有可为有不可为，有些事必须要不计得失地去做，这才对自己的良心和方方面面都交代得过去。而那些在生活中只求跑得快，把过去种种都丢在脑后的人，还真不一定就能取得好的结果。

比如在我们的现实生活中，对现在的单位不满意，那么“人往高处走”，也算符合人生规划、社会趋势，只是如何评价旧单位，倒应当引起我们的注意。

张先生跳槽去一家新的公司应聘。面试时，招聘人员随意问起他为什么要离开原单位，想以此来了解他在原单位的工作表现和人际关系。不料他眉毛一扬，将原单位上上下下大大地数落了一番，从企业的管理混乱到同事的嫉贤妒能和分配的严重不公，大有一种命运不济、怀才不遇之感。听完他的这番诉苦般的叙述，招聘人员不禁皱起了双眉，请他“暂时回去等候通知”。

张先生自以为通过对原单位的指责、贬损和攻击能反衬出自己的能干和对新单位的向往，可是，他错了。因为所有公司都希望员工对企业忠诚，作为招聘单位，当然也是如此。今天你为了新工作可以把原单位说得一无是处，那么谁能保证你明天不会为了某种目的把本单位也说得一无是处呢？拥有这样人品的人是不受人们信任、更不受社会欢迎的。

为人在世，“热庙烧香”也没什么不好，“冷庙放屁”就不是有深度、有智慧的人的作风了。这也就是说，我们对现官、现管、上升期的事物尽可以去赶热门，只是不能把用不着的东西往下踩。

与时势“合谋”，得来全不费工夫

在每个时代，都有一批站在风口浪尖上的弄潮儿，因为掌握了先机，所以风光无限。

中国的富人绝大多数是1978年改革开放后逐步形成的，大多是白手起家，抓住机会致富的一批人。当改革的春风刚刚刮起的时候，一些没有公家饭碗的城市边缘人员，通过相对简单的倒买倒卖方式迅速获取财富，由此形成了中国的第一批高收入群体。20世纪80年代后期，在“双轨制”政策中，一些有关系有门路的人将钢铁、木材、石油、土地等在计划内外的倒腾，获取了超额利润。随着金融债务、上市公司的大量出现，中国又诞生了第三批高收入者，包括上市公司本身的工作人员，上市资格的审批者和一部分先知先觉的股民。接

着是知识与技术市场化，一些掌握了先进技术并且将之化为产业的知识分子，成了中国的第四批高收入者。

尽管这四种人的社会环境、知识结构和人生经历都各不相同，但是共同之处在于，他们都是一些思想敏锐、眼光超前的人，所以才在风气之先而动，迅速抢滩登陆。

胡雪岩是中国历史上第一个以商人的身份代表政府向外国引进资本的商人。而在他之前，政府还没有向洋人借债的先例，且有明确规定不能由任何人代理政府向洋人贷款，连朝廷总理政事的恭亲王曾拟向洋人借银一千万两用于买船，也因“中国断无此办法”而碰壁。所以刚刚筹划此事时，一向果敢决断的左宗棠也心存犹豫。

胡雪岩却认为：“做事情要如中国一句成语说的，‘与其待时，不如乘势’，许多看起来难办的大事，居然顺顺利利地办成了，就因为懂得乘势的缘故。”同样是向洋人借款，以前要办断不会获准，而这时要办却极可能获准。这是时势使然，一则那时向洋人借债买船，受到洋人多方刁难，朝廷大多数人不以为然。而此时洋人已经看出朝廷决心镇压太平天国，收复东南财赋之区，自愿借款以助朝廷军务，朝廷自然不大可能断然拒绝。二则当时军务并不十分紧急，向洋人借款买船尚容暂缓，此时军务重于一切，而重中之重又是镇压太平天国，为军务所急向朝廷提出向洋人借款的要求，朝廷也一定会听从。三则此时领衔上奏的左宗棠本人手握重兵，且因平定太平天国有功而深得朝廷信任，由他向朝廷提出借款事，其分量自然也不一般了。借助这三个条件形成的大势，向洋人借款不办则罢，一办则准成。

不用说，事实确实如此，这就是“用势”的成功。

具体来说，这种“势”也就是由时、事、人等因素交互作用形成的一种可以助成“毕其功于一役”的合力。

当然，我们更应清楚，在诸多因素中，对时机的选择与把握是至关重要的，它可以说是我们“乘势”的灵魂。在许多事情的处理与运作过程中，即使你是一个身份显赫、举足轻重的人物，即使是你的意见很富有科学理性、意见绝对正确、决策十分果断英明，如果你想让你的意见或决策起到更大更有力的作用或影响，你也必须选择恰当的时机，乘“势”而发。否则，说早了没用，说迟了徒然自误；说的场合不佳，效果不大，甚者带来副作用；这就是“势”的作用。

胡雪岩能够成就一生，在许多场合、事件中游刃有余，就是因为他是一名“乘势”之高手。

卡耐基曾说：“在某种意义上，时机就是一种巨大的财富。”机遇是世界富豪成功路途上不可缺少的一个部分。俗话说，“时势造英雄”。这个“时势”从某种意义上来说便是机遇。其实机遇无处不在，就看你是否能把握住。有时也许只存在万分之一的可能，但是毕竟它存在着，只要有锲而不舍的毅力去争取，就一定能有所收获。

下等的人才做事不看时机，胡打乱撞，所以四处碰壁；中等人才只看表面上的时势，所以屡有失误；上等的人才能看清时、势、人的交互作用，不动则已，一击必中。

懂得借势，化“势”为利

社会是人群的集合，每个人都在孜孜以求，奋力拼搏。但单独的个人力量与整个社会的力量比较起来，如沧海一粟，高山一草，毕竟太微不足道了。要做一番像样的事业，就不能仅仅局限于自身，必须借助第三者的力量，为自己的事业打基础、造声势，这也是利害成败的决定因素。

胡雪岩借取的第一个“势”是官场中的“权势”。胡雪岩认识到当时商人即使有钱，社会地位也十分低微，必须寻找官场势力作靠山。在借取官场“权势”方面，胡雪岩十分有远见，他不惜丢掉自己的饭碗挪用钱庄银票资助王有龄；能够忍痛割爱送爱妾给何桂清；在西征时协助左宗棠筹饷运粮购买军火，

镇压太平天国等。胡雪岩给予那些官场中拥有权势的官员最需要的钱财、美人和功名，赢得了他们的信任和感激，视胡雪岩为朋友，使得胡雪岩在官场中有了超常的“权势”。

胡雪岩所要借取的第二个“势”是“商场势力”。胡雪岩想方设法垄断上海滩的生丝生意，以控制出口价格的绝对优势取得在商业上的主动地位，他联合丝业同行的商人想办法把外销权抓在手里，让他们跟着自己走。胡雪岩在利益问题上态度很大度、胸怀十分宽广，显然不是为了一己之利，多挣几个小钱儿而奔波。胡雪岩坚持有生意大家做，有利益大家分，不能中国商人自己互相拆台，好处给了洋人。胡雪岩的这种办事方式和态度深深地打动了丝业巨头庞二，最终做到了垄断丝业。

为了促成生意，胡雪岩借助的第三个“势”是“江湖势力”。胡雪岩借助江湖势力是从协助王有龄筹运浙江漕米结交尤五开始的。由于胡雪岩待人宽容、仁厚，在解决漕米问题上，胡雪岩能够与漕帮诚心结交，处处照顾到漕帮的利益。尤五也利用漕帮在江湖中的影响给胡雪岩提供了极大方便。胡雪岩通过浙江巡抚王有龄做了多批军火生意，又为左宗棠的西征大军源源不断地输送新式枪支弹药。有了漕帮的交情，胡雪岩做生意就算在乱世之中有了强硬靠山，寻常的江湖帮派迫于漕帮的强大势力，谁也不敢轻易打他的主意。

胡雪岩借取的最后一个“势”就是“洋场势力”。胡雪岩做生丝生意与洋人打交道时，遇见了洋买办古应春，二人一见如故。两人准备齐心合作，充分利用洋场势力，好好做一番大生意。胡雪岩在洋场地位的确定，是因为他主管了左宗棠为西北平叛而特设的上海采运局。这样一来，逐渐形成了胡雪岩在兴办洋务过程中的买办垄断地位。而洋人看到胡雪岩能够在官场之中呼风唤雨，是大清疆臣左宗棠面前的第一红人，生意一做就是二十几年，钱庄、丝业、军火、药店，无所不能，经济实力非常雄厚，就格外巴结。这也促成了胡雪岩在洋场势力的形成。

人生如棋，布局已经展开，有了咄咄逼人的来头之后，还需要稳扎稳打，把优势变成胜势，把胜势变成实实在在的事业和财富。论起具体的操作手法，胡雪岩也有他的过人之处。

比如说依靠官场势力做事，好处是信息灵、渠道广，人人都买面子，但是不利因素也有，那就是容易招人眼目，给官场上的朋友带来不好的影响。当年胡雪岩要自立门户开钱庄，靠山当然是他的官场知交好友王有龄，为了不让外界议论王有龄动用公款，营商自肥，胡雪岩提出一个绝妙的计划。

他认为，开钱庄最大的一项好处，就是给官府做代理。公家的银子没有利息，等于白借本钱。此时王有龄在官场上有节节上升之势，做州县的行政长官是迟早的事儿。那么不如现在先把钱庄弄起来，没有大批的银两打底子也不要紧，只要弄出点儿声势来，让外人看着红火热闹就行。等王有龄一旦放了州县，这家钱庄代理它的公库收支，征缴的公款，源源而来，空的也就变成实的了。

等钱庄这个“虚好看”变成了实实在在的事业，胡雪岩又变了一次借鸡生蛋的戏法。

王有龄此时已经得到了外放湖州任湖州知府的肥缺，马上就要走马上任，而胡雪岩的阜康钱庄也已经立起来了。王有龄一到湖州，第一件事当然就是征收钱粮，将有大笔需要解往省城杭州的现款存到胡雪岩的阜康钱庄。胡雪岩当即用湖州收到的现银，就地买丝，运到杭州再脱手变现，解交“藩库”。如此，公家的银子不损一毫一两，自己却做成了无本求利的买卖。

势和利是不分家的，有势就有利，因为势之所至，人们必然会马首是瞻，这就没有不获利的道理。一个成功的人，就应善于从社会生活中发现各种各样的力量积蓄成势，然后充分利用这些资源。有这些资本在手，不管是求官求财做事业，都将有事半功倍的效果。

重视“名声”和“场面”的效果

“势”是外界的影响力，但是光有顺风，没有好船也是走不远的。如何把

自己手中的事业经营得红红火火、有声有色，这是每个做大事的人首先应当考虑的问题。

想让人们都来支持我们的事业，有名儿、有影儿是首要的条件。现代的广告，多是密集的立体轰炸法，耳中所听如是，眼中所见如是，定要把一个个名称灌输给我们。其实，在大众传媒不那么发达的年代，一种润物细无声，不动声色地提升自己身份的做法，在今天仍有其借鉴意义。

胡雪岩做生意，特别注重做场面，以他的意思，做生意首先就要做出一个热闹的场面，而且，“场面总是越大越好”。因此，一项生意投入运作之前，他也总要在如何做出一个特别的场面上动很多心思。

如何把场面做大，做热闹，不同的人当然有不同的招术。寻常做法，不过也就是装修剪彩、送花篮、放鞭炮、摆宴席、送礼品、请名人题字作画之类，敲锣打鼓地热闹一场。胡雪岩的阜康钱庄开业之时，这些场面上的事情他也是着实费了一番心思，比如他要刘庆生去选钱庄铺面，就要求房子轩敞气派，装修也要富丽堂皇，不能小家子气。甚至连堂上悬挂的字画，他都想到了，要求第一不能是赝品，惹行家笑话，第二名气不能太小，名气太小配不上“阜康”的招牌，撑不起场面。钱庄开业当天，阜康张灯结彩，柜台里四个伙计一律簇新蓝布长衫，笑脸迎人，请来了杭州城里官商两界几乎所有的名人。胡雪岩亲自接待，摆酒款客，一直吃到午后三点多钟，也着实热闹了一把。

场面场面，首先自然是场上面上的事情要做好。生意场上，这些场面上的事情常常是必不可少的。堂皇的门面，不凡的气派，往往是赢得客户信赖的一个很重要的外部条件。一眼看去就给人一种小家子气的商号，一开始就不会被客户重视。从这一角度看，这些场面上的事，其实并不只是打肿脸充胖子的一味摆阔，它实际上也是在树立自我形象，在向公众显示自己的实力和优势，以吸引人们的注意，唤起人们的信任。

胡庆余堂是做药材生意的，关乎世人的健康和生命，宣传的重点应该是“货真价实”四字。虽然“修合虽无人见，存心自有天知”，但光天知还不够，还要让人知。

在布局上，胡庆余堂先声夺人。“以方砖对角砌成的高于墙，势若重关；两扇兽头铜环大门，气度不凡。跨进门，是曲折朱漆回廊，栏杆外栽有名花异卉，廊壁悬有红木板联，刻有名家书法，一看内容却是丸散膏丹药名及其药性，变俗为雅，令人驻足细赏。再进去，才显出个石库雕花墙门，颇有藏舟于壑之妙。再进去，是个两厢护卫、中堂宽敞的花厅，雕栏画栋，金壁辉煌，才见它分明是个店堂，红木柜台，分列左右，两柜之间，放有红木几椅，上面悬有重瓣花形大吊灯。”来人至此无不顿足翘首，对所售之药自亦另眼相待。

中药最讲用料地道，这一点虽然摸不着看不到，但是胡庆余堂另有办法使之深入民心。比如“大补全鹿丸”，需用鹿身上三十多种珍贵药材，而且必须选用梅花雄鹿。为了保证原料质量，胡雪岩在杭州涌金门外的胶厂内辟设鹿园，养了一群东北梅花鹿，成为西子湖边的一个独特景点。胡庆余堂制作全鹿丸往往选黄道吉日，抬着披红戴绿的鹿，敲锣打鼓，游街一圈，之后又回鹿园，在众目睽睽之下宰杀、剥皮、放血，除鹿毛、鹿粪外，其余都送进制药工场，以示取材顶真。

无论什么年代，做生意都需要信任感和知名度，若是悄无声息，无人关注，离坐以待毙已经不远了。

做事需要做场面，做人其实也一样。

大文豪巴尔扎克本是学法律的，他父亲想让他成为一名律师，但大学毕业后，他偏偏想当作家，因此弄得父子关系十分紧张。最后，父亲不再给他提供任何费用，巴尔扎克本来指望靠稿费养活自己，可是他的稿件又不断地被退回来，哪还有什么稿费呢？

巴尔扎克的生活陷入了困境，开始靠借债度日。尽管他的生活异常窘迫，可他居然花了700法郎买了一根镶嵌着玛瑙的粗大手杖。即使是对于有钱人来说，一根镶嵌玛瑙的手杖也是一件奢侈品，而一个连温饱都不能解决的人，花这么多钱买一根手杖，简直是疯了！可是巴尔扎克买手杖的目的不是炫耀，而是提醒自己不要放弃自己的目标。他在手杖上刻了一行字：“我将粉碎一切障

碍。”就是这句赌气般的豪言，使巴尔扎克在艰难困苦中仍坚持着自己的理想，最后终于取得了巨大的成功。

一根手杖里，包含的是巴尔扎克的生活宣言：虽然还在困窘之中，但是我是强大的，我相信自己，你必须也相信我。

一个人在别人眼里是不是一流人物，来自于他自己给自己贴上的标签。我们从衣着、用品、言谈举止方面打造自己，并不仅仅是为了表面上的好看。一种有品位、有实力的形象，可以吸引许多相同层次人的注意力，拓展关系、发掘机会都是无可置疑的。“造势”造得再热闹，我们所关注的重点，还是它能带给我们的最终价值。

行善举做善事，树立好形象

每个时代都有其佼佼者，他们有智慧，有胆识，风云际会，建立起万人瞩目的事业王国来。而成功之后，如何做人与行事，最能考量一个人的心胸气魄。事实上，我们历代都不乏十分重视义利两立的极为明智的商业经营者。他们非常善于用余财热心资助慈善、公益事业。这往大里说，是取之于民，用之于民，慈善为怀，体恤众生之苦；往小里说，是在慈善中扬名，在事业中得到更大更高的回报。

胡雪岩作为清末的红顶商人，富甲一方，他也沿袭了历代良贾的优良传统，具有扶危济难的美好品德。

胡雪岩的家乡钱塘江，古称浙江、罗刹江或之江。

一个多世纪前，钱塘江每逢梅雨季节，水流湍急，疾驰直下，如离弦之箭，同时海潮从鳖子门涌入，二者交汇形成汹涌澎湃、气势磅礴的钱江潮。急流与海潮相遇使得钱塘江的水文异常复杂，江中流沙多变，历来为航旅畏途。晚清时，钱江两岸的人们靠渔舟过江，出门必须选个天气晴朗、风平浪静的好日子。有人要渡江，家中亲人常常事先祭祖求神，祈祷平安。不过，即使是这样，也无法保证平安渡江。

为了解决钱江两岸旅客渡江的困难，胡雪岩捐银十万两，主办钱江义渡，并立下誓言说："此事不做则罢，做则一劳永逸，至少能受益五十至百年。"

当时，由于钱塘江杭州段没有一座桥，浙江绍兴、金华等上八府一带的人进入杭州城都要从西兴乘渡船，在望江门码头上岸。当时的叶种德堂设在望江门直街上，由于过往的行人特别多，所以生意非常兴隆。而胡庆余堂则设在河坊街大井巷，顾客主要来自杭嘉湖等下三府，很少有上八府一带的顾客上门。

为了能够吸引更多的顾客，胡雪岩曾亲自到码头向船工们调查。当时一位船工冲口而出："要让上八府的人改道进杭城，除非是你把这个码头搬个地方！"言者无意，听者有心，胡雪岩决定要把码头搬到胡庆余堂的店门口，改变地理劣势。

胡雪岩又沿江实地考察，了解到从西兴上船过江，航程远，并且江上风浪大，容易出危险。于是他选择了三廊庙附近江道较窄之处，决定在这里投资兴建"义渡"。码头修好后，胡雪岩又出资造了几艘大型渡船，不仅可载人，还可以载车和牲畜，全部实行免费渡江，又快又稳又省钱，上八府的人闻讯无不拍手称好。这一来，胡庆余堂在上八府顾客中的知名度提高了。由于上八府的旅客改道由鼓楼进城，胡庆余堂的地理劣势转为优势了，而叶种德堂的生意随着"义渡"的开通迅速冷落。

至于在平日开门做生意的过程中，胡雪岩更是常有慈善之举。他的大经丝行在门口搭有一座木架子，上面是两口可容一担水的茶缸，竹筒斜削，安上一个柄，当作茶杯，茶水中加上清火败毒的药料。另外门上贴一张簇新的梅红笺，写的是："本行敬送辟瘟丹、诸葛行军散，请内洽索取。"

胡雪岩的徒弟兼助手陈世龙是最得其真传的，他的建议是"我们送的药要定制，分量不必这么多。包装纸上要红字印明白：'大经丝行敬送'。装诸葛行军散的小瓷瓶，也要现烧，把大经丝行印上去。"胡雪岩表示满意："世龙，你的脑筋很好。说实话，施茶施药的用意，只有你懂，好事不会白做的，

我是借此扬名。不过这话不好说出口，你倒猜到了，实在聪明。”

用现代的商业眼光看，胡雪岩的送药举措，其实也就是一种特殊的广告宣传方式。而且是一种一箭双雕的绝招。第一，为自己挣得了热心公益的好名声；第二，取悦了官方，得到了官方的支持；第三，利用逃难灾民为自己做了大规模的“活”广告，创下了自己的品牌，立定了脚跟。这些条件一经具备，可不就能财源滚滚？

事实上，历年各地有灾荒发生时，胡雪岩都踊跃向朝廷捐赠赈济。想当年，山东大水灾，胡雪岩一次就捐出了二十万两银子，而且还捐粮食、捐棉衣、捐药品。浙江收复后，胡雪岩谒见左宗棠，报告朝廷说自己已经采置粮食万石，运抵杭州。左宗棠当时讲明军饷有困难，战乱刚刚平定，官府财库亏空，恐怕采购粮食的费用一时不能兑现，需要拖欠。胡雪岩听后，随即表示，购粮所垫的十万两银子，全部报效朝廷，不用官府再还。这一行动使左宗棠大为吃惊，为一介商人能够在关键时刻，舍私利而取大义，慷慨捐赠军粮而感动和佩服。他在上奏朝廷的折子中称胡雪岩“实属深明大义不可多得之员”，语多褒扬，恳请朝廷对胡雪岩进行“破格优奖”。

胡雪岩虽然捐献了十万两银子，但却赢得了朝廷的嘉奖和封疆大吏左宗棠的信任，拥有了左宗棠这位官场中的靠山和朋友，并为他事业的不断壮大奠定了基础。

要行善举、树形象不但要舍得花钱，而且要花得是时候，是地方。“花一文钱能收到十文钱的效果，才是花钱能手。”胡雪岩行善求名，以名得利，“先做名气后赚钱，”只要名气一响，黄金万两自然不成问题。

第04章

坚守底线，力求稳健——长久发展的人生智慧

胡雪岩自称是在“钱眼里翻筋斗”，在他的崛起的过程中，自然是屡出奇招、险招，甚至也玩过“空手道”。这种作风，往往成得快也败得快，但是胡雪岩的可贵之处在于，不管戏法变得如何花巧，都严守两条原则：一是不违背朝廷的法规律令；二是够朋友，讲信义，不做坑蒙拐骗之事。以此为底线，才能保证事业的稳健发展。

想清楚一切细节再开始做事

胡雪岩出身卑微一手创立了自己的商业王国，看他平日的行事作风，一向是雄才大略、出手不凡，是晚清的一位奇男子。但凡事只具备豪放的气概不行的，胡雪岩的可贵之处在于，他既能抬起头来看大局，又能沉下心来做繁难之事，越是面临紧要关头，越是胆大心细，不出乱子。

他曾经说过："做事不能碰运气，要想停当了再动手。"

当年，在杭州被太平军围困之后，知府王有龄依然率军顽强地坚守孤城，最后是弹尽粮绝。一个多月没有粮食，百姓饥饿难忍，吃糠，吃草根，吃树皮，城中百姓最后甚至到了吃人的死尸的地步。

王有龄实在不忍看到城中军民受饥饿的折磨，派胡雪岩冒着生命危险出城，到上海寻亲访友千方百计买了一船救命粮，运至杭州，无奈此时太平军将杭州围得水泄不通，城内城外相望却无法将粮食运到城内。因为自己是熟面孔，胡雪岩就让学徒萧家骥冒险进城，向王有龄通个消息。萧家骥出发之前，胡雪岩详细地告诉他如何到对岸，如何进得杭州城去，遇到敌方又如何应对，等等。为了防止万一碰到守城的士兵搜身，胡雪岩不敢给王有龄带书信。为了让王有龄确认萧家骥的身份，他把出城前给王家小儿子起的名字"天佑"告诉了萧家骥。原来，胡雪岩离开的时候，和王有龄有过一次密谈，王有龄有死国之心，只是对自家刚出世不久的孩子放心不下，让胡雪岩取名，有托孤之意。这件事只有他们两个人知道，别人无论如何也假冒不得。

已历尽辛苦，将救命大米运至城外，成功在望，即使有再大的危险，也必

须进行最后一搏。但是要想成功，不仅仅是敢冒险就可以的。越是大事当前，越是要拿出严密的计划来，每一个细节，都要考虑清楚了。

我们做事的时候，最大的成效和最小的危险应该是追求的目标。这就需要做事之前一定要周密筹划详细部署，把实际运作中会出现的情况都考虑到，如果只凭一腔热血想到哪里做到哪里，教训往往是残酷的。

史玉柱立志要创建中国的IBM，要做“东方巨人”。如果抛开现实，单从理想的角度来看，确立这样的目标未尝不可，IBM、因特尔、微软等大公司也不是神创造的，但是，这些公司所处的环境和实际情况与史玉柱的创业处境完全不同。从实际情况出发，史玉柱所树立的目标是不可能实现的，或者说不是短时间内可以实现的。

巨人大厦是史玉柱有生以来的第一个重大投资失误，他根本没有足够的条件盖一座全国最高的大厦，但是他偏要这样做。更让人瞠目结舌的是，大厦从1994年2月动工到1996年7月，史玉柱没有申请过一分钱的银行贷款，全凭自有资金和卖楼的钱支撑。巨人大厦抽干了巨人产业的血，史玉柱把生产和广告促销的资金全部投入到大厦上，结果导致给企业带来大部分利润的生物工程一度停产，资金补给戛然中断。从1996年11月，史玉柱开始控制从巨人产业流向巨人大厦的每一分钱，一刀切下，巨人大厦与巨人产业瞬间泾渭分明，但为时已晚。在错误的决策之下，巨人集团全面崩溃。

做事求稳健，这就要求我们不但要明白自己前进的方向，找得到前进的道路，而且要把前进道路上的每一个小沟、每一个转弯都了然于胸。孙子说：“不知彼，而知己，一胜一负；不知彼，不知己，每战必败。”这句话虽然很容易理解，实际做起来却颇难。处于现代社会中的人，均应以此话来时时提醒自己，无论做何种事均应做好事前的调查工作，切实客观地认清自己的具体情况，才能对事情有一个全盘的把控。不做事前的调查研究，只凭一腔热血，说做就做，不计后果，最后只能是以失败告终。

所以，我们无论做任何事，都要认真地做出周密的计划，不要盲目，更不要急于求成，要量力而行，一步一个脚印，才能不摔跟头或者说少摔跟头。也唯有这样才能走向成功。

不轻举妄为，要守住人生的底线

为人死板，不知变通，不讲攻守腾挪的人不容易做大自己的格局。胡雪岩有种说法耐人寻味，他主张：犯法的事，我们不做。不过，朝廷的王法是有板有眼的东西，它怎么说，我们怎么做，这就是守法。它没有说，我们就可以照我们自己的意思做。

打“擦边球”可以使自己在激烈的竞争中保持主动的和领先的地位，但这也是一柄双刃剑，要注意凡事不可超过一定的“度”。这个“度”就是底线，也就是做人的标尺和原则，可以帮助我们判断什么事能做，什么事不能做。没有规矩不成方圆，只有给自己定下心中的规矩，才能走正确的道路，不去做蠢事坏事，不去做违法乱纪的事。

胡雪岩的生意开始于太平天国起义由盛到衰的时期，但他决不和太平军做生意，这是他确定的一条决不逾越的大原则。他的钱庄从不向太平军放款，甚至不向与太平军有联系的商人放款。他也不在太平军据守的地区做其他生意，比如粮食、军火都决不运往被太平军占领的地方。因为无论如何当时天下仍然是大清的天下，与太平军做生意就是违反朝廷王法。通融方便可以，但违犯法条不可以，这在他看来，就是照规矩来。

胡雪岩与官府联系过于紧密，人们不免会想到，这里边会有猫腻、弯弯绕。其实胡雪岩经商，自有他的一套经营思路，有他的一套处事原则。

在官款问题上，胡雪岩的原则就是：互相利用完全可以，官私不分绝对不可。

在胡雪岩看来，因为官款有它的含混性且款目大，用起来很方便，但它不像私款，双方明确了定息、手续，随我怎么用都无所谓。而且官款犹如君，伴

君如伴虎。依照商人对与“官”有关的东西所特有的谨慎态度，胡雪岩是不会犯糊涂的。胡雪岩向来对官款持一种若即若离的态度，所以。终其一生，你可以说他利用官款借机为自己赚了一把，却绝对不会发生侵吞公款的事情。

常在河边走，怎有不湿鞋。但因为心中有准绳，胡雪岩和官府合作数十年，甚至在左宗棠西征时，所需粮饷军火都由他一手包办，却从没发生中饱私囊、违背律令的尴尬事儿。

做事从正路去走，往往可以名利双收，即便一笔生意失败了，也有东山再起的希望。而违背法律道义，不走正路，必将遭人唾弃，一旦失败往往一败涂地，名利两失。

一个外国人到海外旅行，回来时将一颗宝石藏在鞋里企图不通过纳税入境，结果被当地海关查出扣留。与外国人同行的犹太人看到这种情况时，非常奇怪地问道：“为何不依法纳税，光明正大地入境？”按照国际惯例，像宝石之类装饰品的输出费，一般最多不超过8%。如果照纳输出费，光明正大地进入国境，若想在国内再把宝石出卖时，只要设法提价8%就行了。因此说，犹太人的依法纳税实在是一个明智之举。从侧面来说，这也反映了犹太人照规矩办事的优点。

在世界上，犹太人是最会做生意、最富有的人种。他们做生意非常灵活，几乎可以用无孔不入来形容，但他们非常重视规则，认为规则是神圣不可侵犯的，更不可毁坏。在他们心目中，一个人如果不守规则，那他的人格是卑鄙的，他的事业必然失败。

其实做人，也同样需要讲究原则。原则是为人处世的底线，没有这条线，不知在什么时候开始，也不知道在什么时候结束。前进没有了目标，后退也乱了分寸。人的轻举妄为、胡作非为、无效劳动、搬起石头砸自己的脚，以致自讨苦吃的种种行为，无不是在丧失原则，乱了分寸，没有守住自己人生的最底线而发生的结果。

底线是我们做事的准绳，是一种约束，但它同时也可以造就我们，是我们赢得社会的认可和其他人支持帮助的有力的武器。

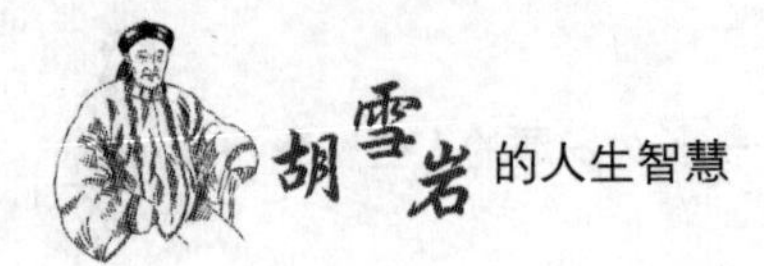

求长久利益，就不能出损招儿

生意场上，经商就是为了赚钱，目的就是要把别人口袋里的银子“掏”到自己的腰包里来。商人图利，对于生意人讲，千来万来，赚不到钱不来，赔本买卖更不能做。不过，赚钱要走正道，要光明正大地从别人口袋里“掏”来银子，并且要做到让别人心甘情愿地让你来“掏”。这当然并不是一件容易办到的事，里面也肯定需要许多必需的技巧和诀窍，这也就是所谓的“生财之道”。不懂得生财之道，“君子爱财”终归只能是爱爱而已，绝对是取之不来的。

这里的“道”，应该是指取财而不违背良心，不损害道义的正道。在一定程度上我们可以这样认为，商道实际上也就是人道。经商之道，首先是做人为人之道。具体来说，也就是要完全依靠个人的胆识、能力和智慧，依靠自己勤勉而诚实的劳动去心安理得地“挣”取，而不是怀着发横财的心思靠歪门邪道、坑蒙拐骗去“诈”取。

“做生意还是从正路上去走最好”，这是胡雪岩对自己身边的人经常提到的一句话。

胡雪岩所说的正路，也就是能按正常的方式、正当的渠道办的事情就不要用歪招、损招去做。什么钱能赚，什么钱不能赚，要分得清清楚楚，不能一心只想赚钱而不顾道义，烫手的钱决不拿。

为了确保药材质量，原料进来后，先要拣去其中的杂质。胡庆余堂药工宁精毋滥，即使像麝香之类的贵重原料，他们也十分认真地把混在麝香粉里的细毛、血衣一一剔除。虽然这样做使胡庆余堂的原料损耗往往高于其他药店，但确保了药品的质量和药效。为防止药材霉烂变质，胡雪岩不惜花银子购地四亩，造起东、西、南三个药材仓库。他还专门建造了一个设计独特、阴凉通风、温度适宜的胶库，在此贮藏的驴皮膏历时近百年也不变质。中药贵在纯，胡雪岩要求药工在药品生产过程中严格遵循“修制务精”的准则，就是在原

料加工到成品制作的全过程中要精工细作，绝不允许偷工减料，以确保产品质量。

药店档手除能干之外，更要诚实、心慈。药品的产品质量，只能靠卖药人商业道德的自我约束。不诚实的人卖药，尤其是卖成药，用料不实，分量不足，药品质量不可靠、疗效甚微。病人用过，不仅不能治病，相反还会坏事。

有一句俗语，说是“马无夜草不肥，人无横财不富。”其实，这对于人们是一种误导。真正做出大成就的成功商人都明白这样的道理：商业运作是最需要讲信义、信誉和信用，最应该讲诚实、敬业和勤勉。也就是说要于正途上“勤勤恳恳去努力”，生意才会长久，所得才是该得。所谓飞来的横财不是财，带来的横祸恰是祸，说的就是这样一个道理。

一个跟头跌进钱眼里，心中只有钱而没有做人的基本原则，为了钱不惜坑蒙拐骗，伤天害理，便是奸商，奸商与奸诈无耻等值。这种人即使拥有的财富再多，也为人们所不齿。

在胡雪岩崛起的过程中，他屡出奇招、险招，甚至也玩过“空手道”，但是从不使用坑蒙拐骗的下三滥手段挣钱，纵观胡雪岩数十年经商历程，可以发现他始终遵循着以下五条基本原则：

第一，可以为了钱“去刀头上舔血”，但决不违背朝廷的律令和明文规定去赚黑钱；

第二，可以捡便宜赚钱，但决不去贪图于会损害别人利益的便宜，决不为了自己赚钱而去敲碎别人的饭碗；

第三，可以借助朋友的力量赚钱，但决不能够因赚钱去做任何对不起朋友的事情；

第四，可以寻机取巧，但决不背信弃义，靠坑蒙拐骗等一些左道旁门赚昧心钱；

第五，可以将如何赚钱当作所有事情中的重点，但该施财行善、掷金买乐时向来不吝啬，钱不可不赚，但决不做守财奴。

胡雪岩有句话：“没本事的人才去做坏事”。有本事的人，要赚钱也会循正途，坑蒙拐骗乃左道旁门，既不会长久，也成不了大气候。

关于权利利益的事，不能稀里糊涂

生意场上仅有感情是不够的，还需要有感情之外的按规矩来的保证，把一切都说清楚了，必要的时候，可以通过法律手段规范一下。这样才能避免事先好好好，事后撕破脸的事件发生。

做人处事要责任清楚、权益分明的道理，我们人人都知道，大家常说的“丑话说在前头”“先小人，后君子”等俗语，就是这个意思。但是说起来头头是道，做起来稀里糊涂的事儿，在我们身边时有发生，这都是做事不周全、不明白的表现。

胡雪岩与南浔的丝业世家的二少爷联手做生意，在合作过程中，胡雪岩的眼光和品性使庞二大为折服。因此，他想让胡雪岩完全加入自己的生意，帮自己全权照应上海的丝行。庞二想出的办法是由他送胡雪岩股份，算是胡雪岩跟他合伙，这样胡雪岩也就有了老板的身份，可以名正言顺地为他管理上海的生丝生意了。

能够彻底与庞二合伙，就当时的情况而言，当然是胡雪岩求之不得的。但胡雪岩表示他不赞成吃“干股”这一套花样，既然庞二同意让他入股，他就必须拿出现银做股本。他的实力不如庞二，可以只占两成，庞二拿四十万两银子，他拿十万两银子，而且还要立个合伙的合同。胡雪岩的想法很明确，感情是感情，生意是生意，不能一概而论搅在一起纠缠不清。因为由于照顾朋友的情分，一时做出慷慨的决定，以后也许后悔而且还有说不出的苦。朋友相交，如果到了这个地步，也就一定不能善始善终，而生意上的合作也不会有好结果。

这样处理这件事情，自然是高明的。从合作的角度，胡雪岩拿出这十万两

现银的股本，他与庞二之间订立了合伙的合同，双方也就有了明确的责任和信用关系，而这一种朋友关系之外的责任信用关系，正是他们长期合作的保证。

胡雪岩的高明之处，在于他深刻地抓住了“钱财账”与“人情账”之间的辩证关系，不重此轻彼，而是完全根据不同的事件，不同的条件去区别对待，处理好二者的相互关系，有取有舍，能宽能严，能做到这一点，也是这个盛极一时的“红顶商人”的不同凡响之处。

生意场上仅有感情是不够的，还需要有感情之外的按规矩来的保证，中国有句老话做“亲弟兄，明算账”，说的就是这个道理，而这句话中透出的人们由生活经验而来的智慧，也的确是商场中应该遵循的至理名言。

在合伙生意中，特别是好朋友在一起合伙时，往往会因为权益问题而生出种种矛盾。大家当初在学校时，或在某单位共事时，彼此好得跟一个人一样，不仅钱财不分，连衣服都没有分过彼此，一旦合伙做生意，自然也不好意思提议把钱财分清楚，谁要是在这方面太计较了，便显得他太不够意思。朋友有通财之义，斤斤计较，岂不伤了和气？反正有钱大家花就是了，谁花多点，谁花少点，又有什么关系。

这种隐患，时间一长就会发作。到了月尾、年终结账时，发现生意是赚了钱，但赚的钱全部都稀里糊涂花光了，大家的心里就会开始计较了，你认为他花的多，他认为你花的多。一开始，大家基于过去的友情，还不好意思公开指出来，等到了忍无可忍提出来时，必然会严重地伤害了彼此的感情。好朋友一旦决裂，那比不是朋友还严重，他觉得你不够朋友，你认为他不讲交情。到了这种地步，除了大家分手，再也没有更好的办法。

就在我们身边，因为责任和利益的问题，知交好友甚至是夫妻、父子对簿公堂的事儿并不少见。这里面的原因，多是由于大家在心里各算一份账，在算账的过程中，总会有意无意地向自己这一方倾斜，所以算来算去，总是自己吃了亏。彼此协商不了，也就不惜去撕破温情的面纱了。不论结果如何，已经弄得大家都很受伤。

与其走到这种地步，还不如一开始就未雨绸缪，把一切都说清楚了，必要的时候，可以通过法律手段规范一下。当大家都明白自己的职责和权限的时候，相互牵连不清的事儿自然也就消失了。

必要的时候，要学会夹起尾巴做人

做人要懂得谦退。从个人修养上说，这是正确地估量自己，山外青山楼外楼，水平高的人多的是，一个人无论如何神通广大，也不过宇宙间一粒尘埃而已。从为人处世的角度论，自谦也是最实际的。夹着尾巴做人不是虚伪而是诚心，自谦招福，自傲招祸。夹起尾巴做人，看起来似乎软弱，有时还会让小人得志，但笑到最后的一定是你。

胡雪岩的钱庄事业正做得轰轰烈烈之时，受时局影响，挤兑风潮从上海一蔓延到江南大部分地区。胡雪岩的钱庄，本是以代理官府的库银为基础的，大量的现款被提走之后，就会误了国家正用，单这一项罪名就能压死人。

为了先与官府通气以求庇护，胡雪岩决定晋见浙江巡抚刘秉璋。刘秉璋翰林出身，很讲究官场上的礼节秩序，胡雪岩循规蹈矩，按照道员三品服色穿戴整齐，带着从人上轿到佑圣观巷巡抚衙门。为了表明态度，保持低调，他特意撤去了朝廷赏给有功之臣的红顶和花翎。

手本一递进去，刘秉璋即刻在西花厅延见，胡雪岩照官场规矩行了礼，刘秉璋很客气地请他“升炕”。平时他来看刘秉璋，本是在炕床上并坐的，但这天却再三谦辞，只坐在西面椅子上。胡雪岩本身有从二品的顶戴，平日与巡抚也是可平辈论交的，但此时是待罪的身份，姿态尤其重要。

做人以识时务为第一，遭遇困厄，就要暂时彻底伏低，表现出一副逆来顺受的可怜样子，这叫置死地而后生。如果控制不好情绪，会给自己招来进一步的灾祸。

面对难以抵挡的迫害，一个人知道屈忍保全还下够，还要忍得像样子，忍

得让对方感到高兴，才可能彻底逃脱难关。否则，虽然你做出了逆来顺受的样子，却又表现出另外的不在乎，就显出了对对方的藐视，还可能招来危害！

西汉的杨恽，为人重仁义轻财物，为官廉洁奉法，大公无私。可是好人很难一路平安，他正官运亨通，春风得意之时，有人嫉妒他，在皇帝面前说他对皇帝陛下心怀不满，表现得那么廉正只是为了笼络人心，以便图谋不轨。

皇帝虽然不喜欢贪官，但更害怕有人和他唱对台戏，哪怕你才干再突出，品德再好，你如果敢对他稍有微词，便会招来灾祸。经人这么一告发，皇帝勃然大怒就把他贬为平民。看来没有让他身首异处，就已经是大慈大悲了。

杨恽本来官瘾不大，又乐得清闲，虽丢了官却也并不感到十分难过。原先做官时，置办家产多有不便。现在，添置一些家当，与廉政并无瓜葛，谁也抓不到什么把柄。于是他以置办财产为乐，在每天忙忙碌碌的劳动中得到许多平凡生活的乐趣。

他的一个好朋友，听说这件事后，预感到他这样下去可能会闹出大事来，就连忙给杨恽写了一封信说："大臣被免掉了，应该关起门来表示心怀惶恐，装出可怜兮兮的样子，以免别人怀疑。你这样置办家产，搞公共关系，很容易引起人们的非议。让皇帝知道了，不会轻易放过你的。"

杨恽心里不以为然，回信给朋友说："我认为自己确实有很大的过错，德行也有很大的污点，应该一辈子做农夫。农夫虽然没有什么快乐，但在过年过节杀半宰羊，喝酒唱歌，来犒劳自己，总不会犯法吧！"

怪不得杨恽做不好官，他竟连"欲加之罪，何患无辞"的常识也不懂，有人把他视为眼中钉、肉中刺，又向皇帝诬告说，杨恽被罢官后，不思悔改，生活腐化，而且最近出现的那次不吉利的日食，也是由他造成的。皇帝不问青红皂白命令迅速将杨恽缉拿归案，从大逆不道的罪名将他腰斩了，他的妻小也被流放到酒泉。

即使是最凶恶的老虎，看到它的对手已经表示屈服，也会停止攻击。本来杨恽戴罪免官之后，应该听从友人的劝告，装出一副甘于忍受侮辱的逆来顺受的可怜样子，这样皇帝和敌人还不会注意他。但杨恽没有接受教训，他还要置家产、搞活动、交朋友，这不是明摆着唱对台戏？好吧，治你一个大逆不道之罪，杀了，你还能不满吗？因为杨恽不能忍住自己的不满情绪，不会提防皇帝和敌人抓住自己不满的把柄，终于酿成了自己被杀、家人遭流放的悲剧。

以上我们所说的，是古人的现实主义。虽然在现代社会，我们的人身安全还是有保障的，但为自己的仕途与事业着想，也没必要一味与当权者唱对台戏，退就退个彻底，态度好了，才不会落人口实，或许前面还会有机会。

一味招摇炫耀，是给自己找麻烦

人一旦出了名，除了风光无限，还有麻烦不断。适当地掩藏起真本事或者是财富，是少受骚扰的一种必要手段，更是一个聪明人应当具备的护身之道。

人若不知道自己的斤两，一味招摇炫耀，危机其实已经悄悄地潜伏在他身边。

北方某大城市，有一个在黑白两道都如鱼得水的大人物。在那座城市里，他的车队横行无阻，不但所有相遇车辆都自动让道，就是交警们也不敢去管。有一天，一位中央政治局委员到此地视察，两个车队正好碰上了。那个人的司机马仔们，早就被惯得不知天高地厚，竟然不顾交通规则，抢道先行。在中国的土地上，竟有如此嚣张的人物，可见他平日也不是遵纪守法的好良民。于是中央直接组成了专案组，一查到底，他的种种劣迹都暴露在光天化日之下，自然也逃不脱法律的制裁。

这个故事里，有些市井传言的成分，但依然可以给我们一些警示：人一出头，不知道有多少双眼睛盯着，老老实实做人，尚不能完全保证不遭波折。自己没事再乱抖威风，自然是“天作孽犹可违，自作孽不可活”了。

清朝末叶的洋务运动中，真正与外国官商打交道的第一线衙门有两个，一个是设于天津的直隶总督兼北洋大臣，另一个则是设于南京的两江总督兼南洋

大臣。

朝廷派左宗棠到南京，当起南洋大臣。左宗棠目空一切，到南京后就决意和北洋大臣李鸿章势不两立，极力铲除李鸿章在江南地区的势力。李鸿章也不好惹，当然也出计谋回击左宗棠。两雄相争，先斩对方羽翼。毫无疑问，胡雪岩是左宗棠最大的羽翼，也成了整个北洋系最显著的靶子。各种麻烦不打一处来，胡雪岩十分机警，见招拆招，一一应付。就在这个节骨眼上，胡家正赶上办喜事，他家三小姐要出嫁了。

胡雪岩让他宠信的姨太太，带着大笔现银赶到上海，采购钻石珠宝，作为女儿的嫁妆。这姨太太很能干，在租界里的一家德国洋行，买到了极为珍贵的一批钻石首饰。这德国洋行的经理久仰胡雪岩“财神”之名，希望把这批钻石首饰在店里陈列一个星期，让店里大做广告。

德国经理这份请求，却让胡雪岩这边颇伤脑筋，一方面，现在外面整个北洋系人马都在等机会找胡雪岩麻烦，胡雪岩有从二品的朝廷官员身份，在上海滩这样招摇，很容易落人话柄。所以公开展览首饰并不妥当。可是，要是拒绝对方要求，自然有话传出去说是胡雪岩现在不比从前了，财力大为缩水了，连嫁女儿都拿不出像样的首饰。如此，对胡雪岩的信用是一大打击，以后做起生意来，场面就要大打折扣。经过考虑，最后决定既是在德国洋行里，首饰旁的说明，就以英文、德文表示，不准写中文。这真是最有智慧的主意，既撑得住场面，又不会引起不必要的非议。

明朝朱元璋的大将徐达，儿时曾与朱元璋一起放过牛，但他并没因此为所欲为，混淆了兄弟与君臣的关系。徐达每次挂帅出征，回来后立即将帅印交还，回到家里过着极为俭朴的生活。朱元璋为了奖励徐达，就想将自己的旧邸赐给他。朱元璋的这些旧邸，是其登基前当吴王时居住的府邸，可徐达死活不肯接受。万般无奈的朱元璋请徐达到旧邸饮酒，将其灌醉，然后蒙上被子，亲自将其抬到床上睡下。徐达半夜酒醒，当知道自己睡的是什么地方后，连忙跳下床，俯在地上自呼死罪。朱元璋见其如此谦恭，心里十分高兴，命人在此旧邸前修建一所宅第，门前立一牌坊，并亲书“大功”二字。

徐达是中国历史上著名的谋将帅才，深得朱元璋器重。但徐达深谙为人处世之道，不论做了多大贡献，也不邀功，不请赏，视自己如平常一样。因为他懂得，不管官有多大，自己有多大本领，都不能太招人眼目，引人猜忌，否则，就有可能落得兔死狗烹的下场。徐达病逝后，朱元璋非常悲痛，将其肖像陈列于功臣庙第一位，称其为“开国功臣第一”。

在这个世界上，无论你怎样标榜自己，充其量都是个普通人。今天所拥有的一切，都来自于自己过去的奋斗，如果不兢兢业业地看守好了，就可能被后来者冲上来取代了位置。在我们的周围，自然有朋友，有同盟军和支持者，但是同时也有大把等着看你笑话的对手。你不乱说乱动，他们轻易也找不到你的空门，若一招摇一放纵，就等于开了一道被人攻击的口子。

人要往前走，也要给自己留条退路

我们做任何事情，必须事先做好最坏的打算，拟好对策，务必使损失减至最低限度。如此一来，即使失败了也不会有致命的伤害，这就可以使自己虽败不倒，还有从头再来的机会。

人在社会生活中的地位和处境是在不断地发展和变化的，在这些变化中，有些是可以预见、可以把握的，但更高更深的变化并非如此。因此，人在考虑问题时就应该多做几手准备，为自己留下一条能够保全自己的退路。

给自己留条退路，便不会因为意外的出现而把自己逼向绝路，尽可以从容转身。

在胡雪岩的生意由创业而至鼎盛的过程中，他既敢于冒险，也特别注意为自己留下一条保存自己的安全的后路。比如钱庄生意主要是通过兑进兑出以获取商业利润。兑进，自然是吸收客户的存款以作资本，而兑出则是放款，也就是现在的发放贷款。兑出是赚借贷人的利息，自然是利息越高越好，兑进要钱

庄向客户付出利息，自然是越低越好，最好是不要利息。表面看钱庄可以稳稳当当坐收渔利，但很难赚取更多的利润。而要赚取大钱，兑进兑出都会冒很大的风险。

从兑出说，如果钱庄放出的款要高利收回，就要找大主顾。大主顾做大生意要大本钱，因为大主顾的大生意能有大利润也就不在乎借款利率的高低，向这样的主顾放款，自然收回的利也就高。只是借贷者的生意获利越大，所承担的风险也就越大，放款给他们，钱庄也要担风险。万一对方生意失手，血本无归，放出去的款不但收不回利息，甚至连本钱也无法收回。

在兵荒马乱的年月米商借款贩运粮食，获利就极大。获利极大，风险也极大，朝廷与太平军交战，土匪出没，运粮途中险恶，米商随时都可能血本无归，放款给他们就必须考虑清楚。胡雪岩首先要知道米商的米要运到什么地方去，途中是否较为安全，将风险降到最小，然后决定是否放款。如果风险极大，就要为自己的钱庄发展着想，留下退路，不能放款。

太平天国失败之际，胡雪岩的阜康钱庄私下接受太平军逃亡兵将隐匿私财的存款。太平天国被镇压之后，朝廷自然要追捕逆贼，按惯例要抄没他们的家产。如果有人与阜康钱庄为敌，走露代理太平军存款的风声，万一朝廷追查逆产到钱庄，钱庄就必须报缴官库，还有可能被以“助逆”之名治罪。但是如果被捕的太平军遇赦开释，来钱庄要取回自己的存款，按规矩钱庄必须照付，而存款又上缴官府，这样一来对于阜康钱庄来说也就必然要鸡飞蛋打，只能赔钱了。

反复权衡利弊之后，胡雪岩决定不管什么人的钱，一律照收照付。只是他叮嘱钱庄的伙计们，要严格按照行业规矩办事，不问客人身份，不打听钱的来历，即使客人有什么异常，也要视而不见。这样，即使以后有人拆阜康钱庄的台，向官府打了小报告，也能以“一个钱庄之力，无法辨别全部客人的身份”为理由，把责任推脱出去。只要没有切实的凭据，再加上胡雪岩在官场上的深厚根基，也就不会出什么问题了。

胡雪岩做生意深谋远虑，注意未雨绸缪，时时给自己留条后路，以保全自己，实在是高人一等。

生意场上瞬息万变，许多事情都难以预料。因此，再有本事、实力再强的人，都无法保证自己做生意从不会失手。每一桩生意都需要参与者承担一定的风险，并且生意中获利多少与所冒风险的大小成正比，生意规模越大，获利越大，风险也就越大。在任何情况下，都要预先设想万一失败的情况，事先准备好应对之策。万万不能看到高额的利润就眼红心跳，把风险意识完全丢在一边。有些投资我们是输不起的，所以凡事留有退路，就可以使自己虽败不倒，还有从头再来的机会。

其实我们做任何事情都一样，必须事先做好最坏的打算，拟好对策，务必使损失减至最低限度。如此一来，即使失败了也不会有致命的伤害，这一点至关重要。而且，如果我们有了心理上的准备，情绪上就会放松，遇到问题就会从容不迫地解决。

第 05 章

因人而论，因事而定——灵活应变的人生智慧

会办事的人，能把很难办成的事变得易如反掌，这就叫作门道。而有些人直来直去，不太懂得迂回战术，结果怎么干怎么不灵。会办事，就必须懂得灵活之道，可明可暗，可伸可缩，不必霸王硬开弓，也不必总来弯弯绕，一切皆因人而论、因事而定。

用对了人，就是找到了最好的解决办法

要想做对事，首先要交对人。如果对于朋友、合作者或者下属的人品才干，一时不能摸得清楚，那么，一种灵活处事、不动声色的观察人的方法，可以给我们一些启发。

世事复杂，一个人再机警灵活，也不可能把所有的情况了如指掌，处理得毫无挑剔。但是所有问题的本源，基本上还是人的问题。当我们交对了朋友，用对了人时，就算是找到了处理事情的最好的门径。

中国古代，诸葛亮提出考察知人的七个方法。“然知人之道有七焉：一曰，问之以是非而观其志；二曰，穷之以辞辩而观其变；三曰，资之以计谋而观其识；四曰，告之以祸难而观其勇；五曰，醉之以酒而观其性；六曰，临之以利而观其廉；七曰，期之以事而观其信。”即是说，了解一个人的本性还是有七个办法的：询问他对某事的看法，以考察他的志向、立场；用激烈的言辞故意激怒他，以考察他的气度、应变的能力；就某个计划向他咨询，征求他的意见，以考察他的学识；告诉他大祸临头，以考察他的胆识、勇气；利用喝酒的机会，使他大醉，以观察他的本性、修养；用利益对他进行引诱，以考察他是否清廉；把某件事情交付给他去办，以考察他是否有信用，值得信任。

胡雪岩不是读书的人，却凭着自己的眼光和阅历，把这些识人的法则发挥得淋漓尽致。

在杭州，胡雪岩要给自己新开的钱庄寻个称职的经理，亲自到原大源挖墙脚，找到正在做伙计的刘庆生面谈。

“庆生兄府上哪里？”

“余姚。”

“噢，好地方，好地方。”胡雪岩很感兴趣地说，“我去过。”

于是胡雪岩开始谈余姚的风物，由余姚谈到宁波，再谈回绍兴，海阔天空，滔滔不绝，把刘庆生弄得莫名其妙，好几次拉回正题，动问有何见教。而胡雪岩总是敷衍一句，又把话扯开了去，倒像是长夜无聊，有意找个人来听他讲《山海经》似的。

刘庆生的困惑越来越深，而且有些懊恼，但他也是极坚忍的性格，心里想：“找我来，必有所为，倒偏要看看你说些什么？”就由于这一转念，他能够忍耐了。

胡雪岩就是要考验他的耐性。空话说了一个钟头，见刘庆生毫无愠色，胡雪岩认为满意，第一关也是最难的一关，算是过去了。

这才谈到刘庆生的本行。胡雪岩是此中好手，借闲谈作考问，出的题目都很难。刘庆生照实回答，大都不错，第二关又算过去了。

“庆生兄，”他又问，“钱庄这一行，我离开得久了，不晓得现在城里的同业，一共有多少家？”

“‘大同行’八家，‘小同行’就多了，一共有三十三家。”

“噢！哪三十三家？”

这下才显出刘庆生的本事，从上城数到下城，以兑换银子、铜钱为主的三十三家“小同行”的牌号，一口气报了出来，一个不缺。这份记性，连胡雪岩都自叹不如。

这是面试，以后的考察，却也是随时进行的。

跑完码头回杭州，胡雪岩却不忙回家，一乘小轿直接来到阜康，他事先并无消息，所以这一到让刘庆生颇感意外。胡雪岩原是故意如此，叫他猝不及防，才好看出刘庆生一手经理之下的阜康，是怎么个样子。

因此，他一面谈路上和湖州的情形，一面很自然地把视线扫来扫去，店堂里的情形，大致都看清楚了，伙计接待顾客，也还客气，兑换银钱的生意，也还不少，所以对刘庆生觉得满意。

更重要的探试还在后面，胡雪岩问及总账，刘庆生翻看账簿，说结存的现银，包括立刻可以兑现的票子，一共七万五千多两银子。于是胡雪岩借口有急用，当时就要提七万两银子，说好只用一天，不会耽误了店里的周转。刘庆生毫不迟疑地开了保险箱，点齐七万两的客票送到他手里。胡雪岩这才完全满意了。

就这么片刻的工夫，他已经神不知、鬼不觉地把刘庆生的操守和才干，都考察了一番。

对于朋友、合作者或者下属的人品才干，我们不一定能摸得那么清楚，只是那种咄咄逼人的盘问和正襟危坐的面试，不但得不到本质的东西，常常还会惹人反感。那么胡雪岩式的灵活处事、不动声色的观察人的方法，是可以给我们一些启发的。从另一方面说，我们平日的言行举止之中，无不随时体现着自己的品性素养，说不定，有时候就有一双眼睛在暗暗地观察我们呢？

让每个人的能力都发挥得恰到好处

每个人都有自己的长处和短处，看人用人应长短兼顾，扬长避短。使每个人的能力都发挥得恰到好处，是用人的关键所在。

有这样一件事，在一次工商界聚会中，几位老板谈起自己的经营心得，其中一位说：“我有三个不成才的员工，准备找机会将他们炒掉。一个整天嫌这嫌那，专门吹毛求疵；一个杞人忧天，老是害怕工厂有事；还有一个经常摸鱼不上班，整天在外面闲荡鬼混。”另一位老板听后想了想说：“既然这样，你就把这三个人让给我吧！”

这三个人第二天到新公司报到，新的老板开始分配工作：喜欢吹毛求疵的人负责管理产品质量；害怕出事的人负责安全保卫及保安系统的管理；喜欢摸

鱼的人负责商品宣传，整天在外面跑来跑去。三个人一听职务的分配和自己的个性相符，不禁大为兴奋，兴冲冲地走马上任。过了一段时间，因为这三个人的卖力工作，居然使工厂的营运绩效直线上升，生意蒸蒸日上。

水不激不跃，人不激不奋。如何使人才发挥最大效能，老板起着至关重要的作用，扮演着乐队指挥的角色。百人百样，不同而异，又各具所长。懂得这个道理，老板就应该用人所长，容人所短，因才而用，让智者尽其谋，勇者尽其力。是人才，就让他发出光来。

胡雪岩二夫人芙蓉的亲叔叔，叫刘三才，因嗜赌成性，又大肆挥霍，弄得倾家荡产，人称外号“刘不才”。这样一个人，胡雪岩也将其招至麾下，这不仅仅是因为看了夫人的面子，更重要的是胡雪岩看中刘三才的可用之处。刘三才对吃喝玩乐样样精通，以此应酬生意场上的达官阔少、纨绔子弟是再合适不过了。

胡雪岩想不断地扩大自己的丝业生意，但由于自己在上海势单力薄，无法在整个行业中产生意义深远的巨大影响。于是他有意与上海丝业巨头庞二进行商业合作，这样就可以在上海丝业市场形成垄断局势，操纵整个上海的丝业行情，控制生丝的价格。然而，庞二自恃在上海丝业首屈一指，财大气粗，一般人难以接近，更难于合作。胡雪岩了解到庞二的性格和脾气之后，他认为通过刘三才来拉拢庞二的关系，将是一个非常好的办法。胡雪岩找到刘三才并安排丝业商会会长张老板出面请客，邀约了庞二和另外两位商界朋友。

三人如约前往，在张老板安排下，大家很快在牌桌前坐定。刘三才因为手中有胡雪岩给的四万两银票壮胆，心里颇为踏实。他开始并不急于和牌，而是认真琢磨每位牌友的打法路数。前四圈打下来，庞二输了三万多两银票，嘴上不说，可心里还是很心痛的。这时刘三才开始完成胡雪岩交给的任务，尽量压住另外两位，帮助庞二和牌，庞二的牌风也顺起来，并接连和了几次大牌，打得另两位额头冒汗。最后那二位惨败而归，庞二大获全胜。

对于刘三才在牌桌上的暗中相助，庞二早已是心领神会，心中感激。大家稍作休息，准备回府。离开之前，庞二对大家说后天请客吃饭，再找几位商界的朋友好好玩一场。庞二热情地一再关照刘三才，后天务必光临，刘三才当然慷慨应允。两日后的牌局上，刘三才再次暗中大力协助庞二，使他再度大赢特赢，大获全胜，心满意足。趁庞二牌局上得意之时，刘二才趁机把胡雪岩准备与庞二联合垄断上海丝业生意的意思向他转告，庞二慨然应允。

如果没有精通赌技的刘三才，能不能搞定庞二这样高兴时什么都好、不顺心什么都不行的富家公子，实在难说。

尺有所短，寸有所长。招揽人才，就好比拿在手里的一副牌，每一张牌都有特定的用途，到什么时候出哪张牌，大小兼顾，认真考虑，最终各尽其能，才能战胜对手。

建安二十年（公元215年），魏、吴两军在合肥进行了一场激战，曹操要领兵出战。这次战役的三个主将张辽、乐进、李典三人，都是曹操手下的大将，立有赫赫战功。论资历和能力，三人相差无几；论地位和职务，三人也不相上下，可是三人一直都不合。安排这样三人谁守城，谁出战，的确是一种考验。

曹操让张辽和李典领军出战。这两个人都有鲜明的特点，在别人看来办不成、不敢办的事上，张辽屡有独见，敢于一搏，所以多次得到曹操的赞赏。经历和实绩表明，这是个文武职务都担任过、有胆有识的人物。要他起组织和协调守军的核心作用是没有问题的。李典跟随曹操的时间虽长，但独当一面的经历很少，李典是个爱学习、有修养、善与人周旋、顾全大局的人才。按照用人常规，让李典守城较适宜，而让乐进与张辽一块出战则更加合适。曹操偏偏将二人倒用，细分析，这正是曹操用人上的超常表现。三驾马车，绝无战斗力可言，如把互不和睦的三人拧在一起，必先有两人携手。

大敌当前，张辽置个人得失于度外是没有问题的，李典素有“不与诸将争功”的品格，如见张辽以大局为重，配合张辽行事也没有问题。令他二人出战，自然容易统一思想，相互支持，完成任务。有了这二人的团结和统一，就不愁把乐进带起来了。

这件事也充分体现了曹操“仁者用其仁，智者用其智”的用人之道。招揽人才固然十分重要，如何用人才是关键，只要物尽其用，人尽其才，就不愁大

业不成。

根据对方的身份选择说话方式

西方有句格言，“如果你不懂得与人沟通的技巧，就别做出人头地的梦了！”这话有些绝对，但是如何把话说到人心里，的确是一门功夫。

同样一件事，总有一个更中听的说法，举一个简单的例子，比如你对邻居说：“我家有一盆花，你帮我修剪一下吧？”对方一定会让你滚到一边去。但如果你换一种说法：“我发现你家的花修剪得特别漂亮，你在这方面造诣很高。哎，我家有一盆花，你能不能教教我，看怎么剪才漂亮？”对方一定就会高高兴兴地帮你修枝剪叶了。同一件事情，说话的方法不同，导致的结果就截然不同。这就是语言技巧的作用。

人生于世，往大了说是都有自己的方针目标，往小了说是都有自己的利害喜恶，对了心思的话，人们才更容易听进去。

胡雪岩要做军火生意，托熟悉洋务的古应春拟个可行性计划递交官府。古应春洋洋洒洒地写完，递到了胡雪岩手里。

胡雪岩目光锐利，他知道像这些说帖，最要紧的是简洁，要几句话就能把那些大官儿说动心，才是上品。古应春的文笔无可挑剔，虽流畅有余，但不免啰唆。他把洋枪、火药的好处，原原本本谈起，好虽好，看起来却有些吃力，有些官员有没有耐心看完，都很难说。

于是他给古应春提了一个绝好的建议——看似无理，却颇有实效：说英国人运到上海的洋枪、火药有限，卖了给官军，就没有货色再卖给洪秀全的军队及各地其他人，所以这方面多买一支，那方面就少得一支，出入之间，要以双倍计算。换句话说，官军花一支枪的钱，等于买了两支枪。

“你这个算法倒很精明，无奈不合实情。英国人的军械，来了一批又一批，源源不绝，不会有什么卖给这个，就不能再卖给那个的道理。”

“是的。应春兄，这种情形，我清楚，你更清楚，不过做官的不清楚，京里的皇上和军机大臣，更不会清楚。我们只要说得动听就是。”

这正是胡雪岩的世情练达之处，要彻底说服人，就要揣摩他人的心思行事，一语中的，干净利落。否则，即使洋洋万言，也不啻对牛弹琴。

这是对清末昏庸腐败官府的一套说辞，对洋人则可另换一种说辞。

一次成功的交易之后，与胡雪岩合作的洋人哈德逊要开一瓶香槟酒庆祝。古应春心想，胡雪岩对那种带点酸味的淡酒，未见得会感兴趣，而开一瓶香槟很贵，让哈德逊破费还是小事，回头胡雪岩端起杯子一喝，皱眉摇头，浅尝即止，那就是件很不礼貌的事，不如辞谢了的好。

于是他告诉哈德逊，说胡雪岩喝不惯洋酒，不能领受他的好意，表示抱歉。哈德逊便问，胡雪岩是不是不会喝酒？及至听说他的酒量很好时，哈德逊便表示奇怪，说桌上那瓶酒，来自苏格兰，不但是最有名的牌子，而且窖藏甚久，为何胡雪岩不喝？又说，他跟好些中国人有过交往，凡是会喝酒的，都欣赏苏格兰的酒，何以胡雪岩独异？接着又表示，如果胡雪岩不介意，他很想知道其中的缘故。

古应春想敷衍一下，就算过去。倒是胡雪岩看哈德逊不断指着酒瓶和他的酒杯，滔滔不绝地在说话，猜到是谈杯中物，便自己先问起此事。古应春自然照实回答。

“饮食一道，萝卜青菜，各人自爱，好像女人一样，情人眼里出西施，没有什么道理好讲的。”

古应春把他这一段话译给哈德逊听，洋人大点其头，没有道理好讲，这就是道理。

人说饮食男女几字，中国人重饮食，西洋人重男女，用男女之事打比方，哈德逊自然心领神会。如果我们办事的时候，能认清对方的身份和所处的环境，并据此采取不同的说话方式，则可以直接进行有效的沟通，省掉不少不必要的枝节问题。

1954年，周恩来总理出席日内瓦国际会议，为了向外国人宣传中国人爱好和平，决定为外国记者举行电影招待会，放映越剧艺术片《梁山伯与祝英台》。为此，工作人员专门准备了一份厚达16页的说明书。周总理看了后批评说："不看对象，对牛弹琴。"后来周总理建议说："你只要在请柬上写一句话：'请你欣赏一部彩色歌剧电影，中国的《罗密欧与朱丽叶》。'"这一句话果然奏效，赢得了外国朋友的赞赏。

若真有对牛弹琴一事，那么不是牛的错误，而是人的错误，让人听进你的话，应从对方熟知的、喜欢的东西入手。否则，即使洋洋万言，也是不得要领。

要管住人，最好让他自己管自己

人心难测，我们每天要和形形色色的人打交道，如果要看着这个，琢磨着那个，那么就算不是急死，也要累死了。胡雪岩认为，"用兵之道，存乎一心"。为人处世跟带兵打仗的道理是差不多的，只有看人行事，看事说话，并从变化中找出机会来，才是一等一的本事。

胡雪岩此话并非纸上谈兵，在收服朱福年一事中，就得到了足够的验证。

在丝业上，胡雪岩最大的合作伙伴庞二的经理人朱福年做事不地道，不仅在胡雪岩与庞二联手的生丝外销生意上作梗，还拿了东家的银子"做小货"，也就是说做他个人的那一摊子买卖。发现了一些蛛丝马迹之后，他的东家庞二自然不能容忍。依庞二的想法，他是一定要彻底查清朱福年的问题，狠狠整他一下然后让他滚蛋，但胡雪岩觉得不妥。他以为，火烧藤甲兵不足为奇，要烧得他服帖，死心蹋地替你出力，才算本事。

胡雪岩的做法是：先通过关系，摸清了朱福年自开户头、将丝行的资金划拨"做小货"的底细，然后再到丝行看账，在账目上点出朱福年的漏洞。然而他也只是点到为止，不点破朱福年“做小货”的真相，也不再深究，让朱福年感到自己似乎已经被抓到了把柄但又不明实情。同时，他还给出时间，让朱福年检点账目，弥补过失，这等于有意放他一条生路。最后，则明确告诉朱福年，只要尽力，他仍然会得到重用。这一下朱福年真就感恩不尽，彻底服贴了。

胡雪岩的做法，确实十分高明也十分有效。俗话说，人怕破脸，树怕剥皮。人做了坏事，既已被老板揭穿，虽然不给处罚，他也心存感激，但终归落下痕迹而无法相处。如此一来，自然无法再做下去。从这个角度看，既然还当他是个人才，同时还有不能请他走路了事的原因，那还不如为他留下面子，同时又让他心存感激。这样既达到堵漏补缺的目的，又等于救下了一个人，于己于人，都善莫大焉。

春秋时期，楚国令尹孙叔敖在苟陂县一带修建了一条南北水渠。这条水渠又宽又长，足以灌溉沿渠的万顷农田。可是一到天旱的时候，沿堤的农民就在渠水退去的堤岸边种植庄稼，有的甚至还把农作物种到了堤中央。等到雨水一多，渠水上涨，这些农民为了保住庄稼和渠田，便偷偷地在堤坝上挖开口子放水。这样的情况越来越严重，一条辛苦挖成的水渠，被破坏得遍体鳞伤，面目全非，因决口而经常发生水灾，本是水利却为水害了。

面对这种情形，历代苟陂县的行政官员都无可奈何。每当渠水暴涨成灾时，便调动军队去修筑堤坝，堵塞漏洞。后来宋代李若谷出任知县时，也碰到了决堤修堤这个头疼的问题，他便贴出告示说，今后凡是水渠决口，不再调动军队修堤，只抽调沿渠的百姓，让他们自己把决口的堤坝修好。这告示贴出以后，再也没有人偷偷地去决堤放水了。

有些时候，人们干些损公肥私的事儿，多是由于制度不明确，监管不力。但是有时候，我们也会碰到一些素质不高、私心太重的人，置法纪于不顾，一心往有利的地方扑，这怎么办？

当制度都不能发挥作用的时候，就只有利用李若谷的办法，使其以已之矛攻已之盾。当他发现这样做获得的好处还不如他损失的多时，他自然也就不会

再去做这样的事情了。

管人最成熟的方法还是靠制度，但是对于那些惯会钻空子的人，就只好“以其人之道，还治其人之身”，暂时把他架在监督者的位置上，让他不能自己去挖自己的墙脚。当他掂量明白了其中的轻重利弊之后，一般情况下，就不会一意孤行，去打自己的小算盘了。

什么时候，都不要把话说到绝地上

回绝别人的时候，我们的态度要明确，但要注意口气不可太生硬，不要刺激对方的情绪。这样，既尊重对方又不会使其产生误解。

在我们与他人的交际和交谈中，由于彼此的立场、观点和利益不同，所以我们常常必须拒绝或回绝对方的一些要求和想法。这种拒绝或回绝对我们而言是不能不说，不能不做的。但是我们也会因为这种拒绝或回绝，而让对方受不了或吃不消，弄得很尴尬。对于这种立场、观点和利益的问题，乍看起来似乎是一些无法回避的问题，似乎双方受损。其实也不尽然。遇到这种情况，我们也可以不直接回话，不直接做事，我们可以用一种比较委婉的方式和说法，让对方比较容易接受一些，情绪较少受到刺激。

清代末叶，江浙的养蚕人家，大部分是产销合一的。茧子固然可以卖给领有“部帖”的茧行，但茧行估价不高，而且同行公议，价格划一，不卖茧则已，卖茧子一定受剥削。再则收茧有一定的日子，或者人等不及，急于要钱用，或者茧子等不及，时间一长蚕蛾会咬破茧子，所以除非万不得已，人们总是自家养蚕，自家做丝。这就能养活许多人了，因为做丝从煮茧开始，手续繁多，缫丝以后捻丝、拍丝，进练染房练染，纬丝捻成经丝，还有掉经、牵经等名目，最后是接头，到此方可上机织绸。

一旦出现了机器缫丝厂，茧子由机器这头进去，丝由那头出来，什么拍丝、牵经都用不着了，这一行的工人也都敲破饭碗了。更为严重的是，江浙农村，几乎家家户户都有缫丝的纺车，妇女无分老幼，大都视此为副业，孤寒寡妇的“棺材本”，小家碧玉的“嫁时装”，出在一部纺车上的，比比皆是，如果这部纺车一旦成为废物，那就真要出现“一路哭”的场面了。

因此，早就不断有人向胡雪岩陈情，要求他出面控制机器缫丝厂，就因为他的力量太大，手头经常握有价值三百万两银子的一万包丝在手里，可以垄断市场。而在洋人那里，当然也不愿放弃中国这块大市场，所以怡和洋行竟搬动了中国通赫德来谈条件。

赫德开出的条件很好，“市价以外，另送佣金”，这便是两笔收入。坐享厚利，于他人求之不得，而胡雪岩只能放弃。江南是他的大本营，若只为自己眼前的利益，被失业的百姓千夫所指，以后在这地面上就不好发展了。

另一方面，赫德以洋人的身份久居中国，极受朝廷的重视，主持海关事宜多年，并赐了二品的顶戴，他的面子胡雪岩也不能不买。在这种情况下，就要寻找一种能让人接受的说法。

于是胡雪岩从从容容地答道：“中国人有句话，叫做‘在商言商’，怡和这样好的条件，在我求之不得。不过，鹭翁总也晓得广东的情形，因为当地人砸了饭碗，一气之下，缫丝的机器都打坏了。如果我同怡和订了合同，起了风潮，不是我一个人的损失，地方上也要受害。如此一来，从我们浙江巡抚到军机处，到总理衙门，岂不都要怪我？‘都老爷’的厉害，您在京多年，总也晓得，他们会饶得了我？”看看是水都泼不进去了，胡雪岩突然一转：“不过，您不是替怡和做说客，您是为了我们中国富强，这件事情，一定要弄它成功，等我同各方面筹划出一个妥当办法出来，只要不起风潮，不弄坏市面原来靠养蚕缫丝的人家，让他们有条生路，我一定遵您的吩咐，只跟怡和一家订约。至于额外的佣金，是您的面子，我决不敢领。”

这番话说得很漂亮，但赫德是有名的老奸巨猾，对中国的人情世故摸得透熟，心想不起风潮，不坏市面，还要养蚕人家有生路，要避免这三点的“妥当办法”，花十年的工夫也未见得能筹划得出来。然则什么“只跟怡和一家订

约”，额外佣金“不敢领”，无非是有名无实的“口惠”而已。

话虽如此，他仍能体谅胡雪岩的苦心，明明是办不到，或者说他不肯泯灭良心，不顾利害去做事，有他刚才前半段的话，也就够了，而还有后半段“不过”以下的补充，是一种很尊重客人的表现，其意还是可感的。

做大事的人，当然要有自己的主见，不能做好好先生，对方说什么是什么。但是如果答应了做不到，或者做得虎头蛇尾、一塌糊涂，倒不如一开始就有句明白话，表示自己实在无能为力。当然，这不是让我们做一个冷面无情的机器人，“买卖不成仁义在”，即使是拒绝他人，我们应该注意口气不可太生硬，不要刺激对方的情绪。在赞同中转折是基本技巧，再表示一下你的诚意则是锦上添花。

有本事的人，决不和人挤独木桥

有些人思想狭隘，做任何事情都喜欢多吃多占，拼了命也要打压对手。其实世界之大，路是走不尽的，钱也是赚不完的。与其和对手打内耗战，不如独树一帜，强化自己的优点。只要定位得当，自可达到不战而胜的目的。

在太平天国兴起的形势下，江南各地纷纷招兵扩军，开办团练以守土自保。从政府到百姓，人心惶惶。胡雪岩认为，加强防守的办法是大办团练、扩充军队，有了兵就要有兵器，因而各地急需大批洋枪洋炮。在兵荒马乱之中，做军火生意是一个利润十分丰厚的行业。胡雪岩决定充分利用自己在官场的靠山和势力，大做军火生意。

胡雪岩从生意伙伴古应春那里了解到，英国人有一批枪支近期运抵上海，正在与太平军商量价格，准备卖给太平军。这是赚大钱的机会，胡雪岩当然不会放过，他给朝廷上了一份有理有据的说帖，鼓动官府抢在太平军之前做这笔生意。向英国人购买枪支的计划批准之后，胡雪岩自然就成了清廷与洋人交涉的总代理。买枪的生意大获成功，古应春认为应当乘胜追击，继续做大炮的生意。

胡雪岩却认为，此事应当从长计议。当时，浙江有个龚振麟发明了铸炮铁模，对铸炮技术十分有研究，而且他的儿子龚之棠，继承了父亲的技术和经验，并对比多有创新。父子二人，都很得浙江巡抚黄宗汉的欣赏和重用。胡雪岩认为，自己一旦买进西洋炮，必然要替换浙江炮局制造的土炮，因而也势必侵害炮局的利益。炮局龚氏父子本来就得浙江巡抚黄宗汉的欣赏，他们为维护自己的商业利益，肯定会利用自己多年在官场中建立起来的影响，大肆挑剔洋枪洋炮的弊端，攻击自己的军火生意，反对浙江购买洋炮洋枪。如此一来，必然会对胡雪岩的军火生意产生极坏的影响，不仅洋炮买不成，恐怕以后连洋枪也买不成了。

胡雪岩取枪舍炮的做法，缩小了自己的市场，实际上他却是为了开辟另一洋枪市场而作出的必要让步。在洋枪这一新市场上，他不会遭到同行的妒忌和反对，也没有人与他竞争，从而营造出良好的经营空间，赢得更大的利润。正是“不与人争，天下无人与之争。”

在美国，有许多高速公路都从荒无人烟的沙漠中穿过。如果发生汽车抛锚或油被耗尽等状况，司机就只能在沙漠中苦苦等待其他车辆经过，载自己一程。目睹这种状况，一个叫格林的人在一条高速公路旁投资修建了一家小型加油站，提供加油、修车等服务。由于沿途只有这一家，格林的生意自然十分兴隆。

邻居汉克见状，非常眼红，他跃跃欲试，准备在格林的加油站旁再开一家，希望也能大赚一笔。可是他父亲却极力劝阻，并建议他改开一家小旅馆，也许更能获利。父亲解释说：“格林的加油站已经能满足过往车辆的需要了。你与其模仿他再开一个，无疑是展开恶性竞争。而开家小旅馆，则是和他互利，并会开发出另一个新市场。”

汉克听后，觉得父亲所言极是。于是，在这条沙漠中的高速公路旁，司机们可以去格林的加油站为车加油，同时，也能到汉克的小旅馆吃饭、洗澡，甚

至住上一晚，十分方便。格林和汉克的生意都越做越兴隆。

千军万马过独木桥，常常会挤得人仰马翻。其实无论做人还是做生意，都要以和为贵，如果都去挤那座狭窄的独木桥，太拥挤的结果，就是有人从桥上掉下来，有可能从此站不起来。争的结果只能是两败俱伤，双方都元气大伤，谁也不可能获取更多的利益。

条条大路通罗马，当我们面对难以解开的局面时，要学会突破定式、打破常规的思考方式，在生活的其他方面，也可以出其不意、独辟蹊径地解决问题。

没有机会，向别人“借”一次机会

在许多人坐等机会的时候，有些目光敏锐、头脑灵活的先行者，已经通过合理的运筹，借助别人的力量，完全了自己事业的积累。

我们应该相信“成事在人”，也就是根据自己面对的实际情况，灵活选择自己的对策，不失时机地开创自己的事业。

第一笔生丝生意交割之后，胡雪岩立即着手于药店、典当的开办，其实他仍然没有足够的资金。因为这笔生丝生意做下来，表面上赚了十八万两银子，但算下账来，该付的付出去之后，不仅分文不剩，其实还落下了万把两银子的亏空。在资金不足的情况下，他又要上两个大“项目”，不能不让人捏一把汗，就连对他的能力十分信服的尤五、古应春也提出疑问，认为他现有的钱庄、生丝就是两桩要大本钱的生意，哪里还有余力去开药店、典当？

胡雪岩有自己的打算。胡雪岩的打算是凭他的信誉、本领，因人成事。阜康的进一步发展，有已经结成牢固生意伙伴关系的庞二的支持，做生丝生意，仍然由大家集股，药店可以打官府的主意，而典当业，他则看中了苏州潘叔雅那班富家公子。

胡雪岩在苏州时结识了当地富家公子潘叔雅、吴季重、陆芝香等人。当时正是太平军大举进攻苏、浙之时，苏州地界极不平静，一方面官军打仗，保民不足却骚扰有余，另一方面太平军步步逼近，使这帮富家公子都有心避难到上海。这些富家公子在苏州的房屋、田产自然是不能带到上海去的，但他们却有大量的现银。他们知道胡雪岩是钱庄老板，因而想借胡雪岩的钱庄，把这些现银带到上海用出去。

这笔现银一共有二十多万两。

胡雪岩当场就为这些阔少将这二十多万两现银如何使用做了筹划，他建议将这些银钱存入钱庄，一半作长期存款，以求生息，一半作活期存款，用来经商，存款的钱庄以及生意的筹划，都由胡雪岩一力承当，总的原则是动息不动本，以达到细水长流的目的。胡雪岩等于给自己又吸纳了一笔可以长期运用的资金。

胡雪岩精心筹划，为这班公子们置办了足以安身立命的产业之后，就安安心心地用他们吃息的款子开创自己的事业。按当时的情况，有五万两银子作本，就可以开出一家不大不小的当铺，有这二十多万两银子，能开几家当铺，大家自然会算这个账。

于是，胡雪岩的典当业，也就这样开办起来了。

胡雪岩曾说他自己就知道“铜钱眼里翻跟斗”，因人成事大约也应该算作是“跟斗”的一种“翻”法。它不是那种从少到多慢慢积累的被动等待方式，而是充满一种积极主动的精神。因此，它也是体现一个经营者才干、眼光、智慧的一个重要方面。

改革开放初始那些年，张清做了两个小生意，攒了点积蓄，可是把原来的三间平房翻造成楼房后，积蓄就用完了。这时他已不再满足于街头的小打小闹了，他想办一个公司，或开一家工厂，他把自己的打算告诉了许多朋友。一天，有位朋友专程来告诉他一个信息，本地的盛源商业信托公司属下有一家游乐厅，内有大型游戏机、碰碰车、酒吧等资产，价值400万元，现因管理不善，盈利甚微，而信托公司想转向投资开办有高额利润的保险公司，因此准备把这

家游乐厅卖掉。张清得到消息后感觉到这是一个难得的机会，就立即前去洽谈，以380万元的价格成交。合同订下后允许一年内分三期付清款项。第一次先要付220万元。“天哪！这么多钱到哪儿去借？”张清的妻子听了大叫起来，因为她清楚，自家的全部财产，包括房子算在内也不过十几万元而已，这220万元简直是个天文数字。可张清却沉着地说：“有办法！”

张清找了一家关系较好的银行，他用买下的游乐厅为抵押品，贷到220万元资金。对这家银行来讲，有价值380万元财产作抵押，又能得到220万元业务的贷款利息，也是一项有利可图的业务，所以很顺利地就把款贷给了张清。

张清贷款买下游乐厅后，由于经营得法，夫妻二人勤勤恳恳，吃苦耐劳，精打细算，游乐厅办得很兴隆。两年后，他付清了全部欠款，又过两年他成了百万富翁。

有些人的思想瓶颈是：做什么事情应该先积存了足够的资金，然后才可以起步。这种思想看起来很稳妥，其实最容易坐失良机。机会不是天上的雨点儿，会均匀地洒在每个人头上。实际上机会就像从半空落下来的一只篮球，跳得高的人会先抢到它，不主动出手的人到终场也一无所得。在我们的生活中，有人喜欢说这样的话：“别看咱们穷，可咱一不该二不欠，活得踏实。”不欠债当然不是坏事，但是借助债务，抓住机遇，以钱生钱，赢得自己人生事业和财富的双丰收，那么这种债务也是欠得有价值的，值得夸耀的。

事在人为，动脑子总会找出办法

古人云：“识时务者为俊杰。”作为一个成功者，一定要看清形势，随机应变，在不断发展变化的态势中寻找到自己的立足点。

胡雪岩遇事思路开阔，头脑灵活，不墨守成规，而是拨开迷雾看本质，能够准确地看到事情的关键，从而把不可能的事情变为可能。

当年王有龄在胡雪岩的帮助下，上京城求官成功后，不多久就谋得了浙江海运局坐办的实缺。王有龄上任后，漕米已改为海运，由浙江运到上海，再由上海运往京城。漕米是上交的公粮，每年都必须按时足额运到京城。所以，能不能及时完成这桩公事，不仅关系到王有龄的官场前途，甚至事关生死大事。如果按常规办，这桩公事几乎就无法完成。因为往年运送漕米走的是河道，这是漕帮赖以为生的饭碗，如今动了他们的根本利益，他们定要千方百计地阻挠。而且如今太平军已经占领了江南大部分地区，兵荒马乱，运粮的船只，不一定在什么地方就会出些闪失。

在王有龄一筹莫展之际，胡雪岩出了一个绝妙的主意。他认为，朝廷要米，看的是结果，并不管你的米是哪里来的。只要王有龄能按时在上海将漕米足额上交朝廷，也就完成了任务。既然如此，浙江地区就可以在上海当地买米，差多少就买多少。这样省去了漕运的麻烦，问题也就算解决了。

在我们做事的过程中，往往会受到思维定式的束缚。这就像一个人站在河边过不去，他通常只考虑涉水不安全，我能不能坐船呢，或者从旁边的那座独木桥上走过去？事实上，他完全可以换一种思维方式，那就是：我的目的地是哪里，我现在走的路是不是到达终点的最短的距离？当我们真正能够用自己的头脑做事时，就算找到了随机应变的门径。

清朝咸丰年间，太平天国运动发展到江南各省，占领了浙江省城杭州，巡抚王有龄以身殉职。胡雪岩因出城筹粮未归只身得免，逃至上海。胡雪岩的主要生意如最大的钱庄、当铺、胡庆余堂药店都在杭州，杭州被太平军占领，等于胡雪岩将会变得一无所有，经济损失惨重。不仅如此，胡雪岩老母妻儿依然留在失陷的杭州城内。同时还失去官场中王有龄这座靠山，几乎被逼入绝境。由于胡雪岩平日里有王有龄关照，虽然白手起家做起生意却红红火火，很是遭人妒忌。如今战乱之中，他的靠山王有龄已死，顿时谣言四起。胡雪岩筹粮救杭州未能成功，即使不被朝廷治罪，胡雪岩也不能顺利返回杭州。

胡雪岩面对这一变故并不惊慌失措，而是冷静地思考如今的形势，把有利的因素找出来。因谣言四起，胡雪岩决定暂时不回杭州，避免与这些人正面交

锋，毁坏自己的名声。胡雪岩特意走门路请人写了一纸公文，以他“浙江候补道兼团练局委员”的身份，上书闽浙总督。公文里这样陈述：“我因为人在上海，不能回杭州，已经派人跟某某人、某某人取得联系，请他们竭尽全力地保护地方百姓，并且暗中布置，以便官军一到，可以相机策应。这批人都是地方公正士绅，秉心忠义，目前身陷城中，实属万般无奈，不由自主，将来收复杭州，不但不能论他们在长毛那里干过什么职司，而且要大大地奖励他们。”

胡雪岩派人将公文副本带到杭州城，交给地方士绅。胡雪岩的这封公文可说是将不利转化为有利极高明的一招，进可以攻，退可以守。既保护了家人，又借用官场势力保护了自己，达到自己打破谣言的预期目的。

做事有章程，能随机而变，就要求我们越到危急关头，越要沉着冷静。全面分析所有的不利因素和有利因素，一方面最大限度地利用一切可以利用的有利因素，使有利因素的效力得以全面发挥；另一方面则要不放过任何一个机会，因势利导，才能够在困窘这中甚至陷入绝境时，沉着应对，化不利因素为有利因素，由被动变主动，由此找出反败为胜的机会。

第 06 章

敢想敢做，不怕挫折——有勇气有担当的人生智慧

要成大事，心理素质要过硬。在风云际会之时，要敢想敢做，不放过一切机会。即使遇到任何重大的波折事故，也要沉得住气，要有赢得起也输得起的心态。怨天尤人解决不了问题，知道现在该做什么，怎么做，这才是至关重要的。

善于用人，且做到用人不疑

天下不是一个人打的，事业也不是一个人做的。一个有政治谋略的人，对于自己选定的人才，会给他一个平台让其大展身手，决不会因为一些枝节问题来干扰他的行动。上面放手放权，下面放心放胆，这样才能形成良好的互动，把每个人的能力都最大限度地发挥出来。

俗话说：用人不疑，疑人不用。一个善于用人的人，不仅不会轻易怀疑别人，而且能以巧妙的处理，显示自己用人不疑的气度，消除可能产生的离心力，使得“疑人”不自疑。

有一年，胡庆余堂负责进货的阿二不畏路途遥远，到东北采购大批药材。当他历尽旅途艰辛地回到杭州后，药号阿大见采购的人参质量不如往年，价格却比往年高出许多，就埋怨阿二不会办事。阿二以质次价高是因为边境有战事人参生产受到影响为由而据理力争，两人找胡雪岩去评理。胡雪岩了解情况后，留他们吃饭。酒席上胡雪岩特意向阿二敬酒，感谢他万里奔波不辞辛苦，在货源短缺的困难时期为胡庆余堂采购到大量紧俏药品。胡雪岩的这些话打动阿大的心，他也向阿二举杯敬酒，两人的矛盾在敬酒中化解了。胡雪岩告诉他们以后凡采购的价格、数量和质量，就由阿二负责。任命阿二为“进货阿大”。从此，胡庆余堂便有了两个“阿大”，两位阿大各司其职，把生意做得更红火了。

商场如战场，竞争激烈，危机四伏，机遇稍纵即逝。要抓住机遇，就要丰富的知识和经验，敏锐地判断，果断地决策，迅速地出击，以高效率的工作

占领生意场上的有利山头。但这种高效率的取得并非易事，除去才识眼光的因素，还存在心理素质的问题。就老板而言，要冒蚀本破产的风险；对伙计来说，不能不看老板的脸色、考虑老板的愿望来行事。老板伙计各有顾虑，这是一般的常情。但如此一来便会放不开手脚，也便容易失去许多很好的机会。所以，作为老板，就要给予下属充分的职权，让他们能独立发挥自己的能力。

胡雪岩与众不同，他敢于开拓，敢于出奇招，做常人不敢想、不敢做的生意。然而光有他一个人的高效率是不行的，他还必须带出一批人，这批人的工作要能与他的作风相适应，能在生意场上摸爬滚打、独当一面，具有独立判断决策的能力，并能迅速付诸行动。

在阜康钱庄开办之初，当胡雪岩认定自己延聘的钱庄档手刘庆生可以料理生意事务之后，就几乎是完全放手让他去做。刘庆生果断认销二万官票就是一例。官票是朝廷新发行的纸钞，目的是购粮征饷镇压太平天国。官票的发行可能造成通货膨胀、使自身贬值。但朝廷、衙门强行向杭州各钱庄派销价值二十五万两银子的官票。三十三家小同行和包括阜康在内的九家大同行在一起议论此事，各钱庄纷纷推诿叫苦。而刘庆生此前已与胡雪岩谈过关于官票的事情，胡雪岩没有明确表示态度，但告诉了他自己做生意的一个宗旨，即只要能帮朝廷的忙，即使赔本买卖也做。有了这一宗旨，刘庆生也就放开了，首先主动为阜康钱庄认销面值二万两的官票。这一行动，使阜康这块招牌，在官厅、在同行中，立刻就响亮了起来。胡雪岩得知也极是高兴，觉得自己完全可以将钱庄的生意交给刘庆生了。这就是他用人不疑的结果。

不仅如此，至于生丝销外销的生意，他也差不多将找买主、谈价钱、签协约等一揽子事务都交给了古应春，而自己则把精力投入到刚刚开始的军火生意上。

胡雪岩作为一名在市场的风险与竞争中谋求发展的商人，需要人才，也离不开人才的使用。事实上，胡雪岩特别善于调动自己手下人才的积极性，尽可能让他们发挥自己的能量。用他自己的话说，他在用人上，确实有许多奇计，而奇计之一，就是对下属给予充分信任，放手使用。

做到用人以信、用人不疑并不是那么容易的，除了能运用自己的权力给人创造发挥才干的条件外，还要能在流言如矢的情况下，信人不疑；并且在遇到困境时，能与下属同甘共苦，共患难，并不只是以消极的态度等待其发挥才干、创造佳绩，而是以积极的态度参与其中，增强其信心，扶助其毅力。因此，这种用人以信的品德，同时也体现为宽广的胸怀、临难不苟的气度以及高瞻远瞩的眼光。

沉住气，危机面前不能乱了方寸

人有喜怒哀乐，七情六欲，这是很自然的现象。但是作为一个成熟的人尤其有理想有抱负以担当大事为己任的人，就应当有意识地锻炼自己，控制自己的情绪，当好事临头时，不要太轻狂；遇到危险和麻烦时，也不要惊慌失措，以至于弄出更大的漏洞。

在胡雪岩晚年的时候，他的支柱产业钱庄出现了大麻烦，事情十分危急。这一方面，是因为国际国内形势的影响，很多地方都发生了挤兑风潮。另一方面，是因为胡雪岩请的管理人宓本常偷挪钱庄的资金做生意，谁知一场风暴，他运货的船队全军覆没，惹下了天大的娄子。内外交困之中，胡雪岩依然面不改色地到店里巡查，关心询问伙计们的生活细节。

后来宓本常在阜康彻底陷入谷底之后自杀身亡，在胡雪岩看来实在是“犯不着”——这时候他其实已经原谅了宓本的过失和不义。他特别嘱咐古应春料理宓本常的后事，虽然宓本常确实不厚道，但朋友一场，他的后事也不能不管。即使是往年冬日里施粥、施棉衣等善举，今年也照常进行。胡雪岩觉得发了财就应该做好事，就好比每天吃饭，应该的，至于个人的成败荣辱，那则可以另外想办法。在困境之中，胡雪岩曾经豪迈地说过：“我是一双空手起来的，到头来仍旧一双空手，不输啥！不仅不输，吃过、用过、阔过，都是赚

头。只要我还有一口气在，我照样一双空手再翻过来。”这就是能担大事的豪迈。

就在胡雪岩想要保住杭州阜康信誉，以图再战的时候，又传来宁波通裕、通泉两家钱庄同时倒闭的消息。胡雪岩决定放弃维持通裕、通泉这些已经是可维持又难以维持的商号，而投入全部力量保证目前还可以正常营运的杭州阜康钱庄，也就是竭尽全力“保住还没有裂开的地方”。通过他的多方运筹，终于把损失控制在最小的范围，既没让一向支持钱庄的杭州百姓吃亏，也没影响了当地的财政运转。

胡雪岩认为，处在危机关头，就如一个人在舞台上顶着一个石臼做戏。对于做戏的人来说，石臼压在头上，既是负担，也是弱点，但越是如此，越要尽力把戏做好。如果能够做得让台底下的观众看不出自己头上顶了一个石臼，戏就可以做下去，只要能够维持到换幕转场，那就不要紧了。

这个“顶着石臼做戏”的比喻，其精义就在于，越是艰难的时候，越是要注意，不能将自己的弱点暴露给自己的对手。这也正如战场用兵，危急关头，大兵压境，自己清楚地知道自己一方守备空虚而弱点太多，但这些弱点只有自己知道，这时如果能镇静，不使对手知道自己的弱点，不让对方摸透自己的虚实，问题也就还有化险为夷的希望。如果自己先就气馁起来，甚至一不留神将自己的弱点暴露给对手。那就无异于在加速自己失败的进程了。

商场上没有常胜将军。任何一个驰骋商场的人，都要做好输的心理准备，都要有赢得起也输得起的心态。遇事要能沉住气，不能乱了分寸，要泰然处之。其实任何事都是因果关系，没有曾经的原因就不能出现此时的结果。胡雪岩就是一个个遇事不惊很能沉得住气的人。当他的生意一败涂地的时候，他知道事业不是他一个人创下的，出现现在的局面，当然也不是他一个人的过失，这个时候如果不能自拔，不仅于事无补，甚至更加坏事。他告诉自己，不必怨任何人，甚至连自己都不必怨，只想现在该做什么，怎么做，这才是至关重要的。事实上，他由自己沉得住气而来的冷静，使他在危机到来的时候采取的措施手段，大体都还是有效的。

“得而不喜，失而不忧，知分之无常也。”得到了荣宠财富不必狂喜狂欢，失去了也不必耿耿于怀，忧愁哀伤，这里面有一个哲理，即得与失的界限不会永远不变。一切功名利禄都不过是过眼烟云，得而失之，失而复得，这种情况都是经常发生的，意识到一切都可能因时空转换而发生变化，就能够把得失成败看开了，也就能在任何时候都不会乱了自己的步调。

在人生的舞台上，上台或下台都很正常。当时机成熟，轮到你上台。你就要尽情演好你所扮演的角色，要在台上尽其所能发挥你的才华，但不要沾沾自喜，自高自大，要清楚你站的可是台上，已经高出地面，如果跳得太高，就有摔下来的危险。所以要谦和，要随时有下台的心理准备。当你下台的时候，也不要沮丧，你要心平气和，要看得开，要有一颗平常心。既然是舞台，不可能有人永远地留在台上，对于任何人，机会永远都在。

一味回避风险就是回避成功

那些赤手空拳打天下，并最终确立了自己成功地位的人，大都是一些敢作敢为的冒险者。人生要想取得成功，必须有胆量。胆子有多大，路子就有多宽。

当然，胆子只是创造价值的条件之一，和“胆量”相匹配的是“识见”，也就是说要想做一番事业，不但在于“看准了就去做”，更重要的是要“看得准”。对于有心机有胆量的人，往往能在别人视为畏途的地方，找到自己的立足点。

这一年，王有龄要去湖州府上任。启程那天，胡雪岩和一帮朋友，定下了五艘大官船，满载礼物，带着陪唱戏子，在船上开桌子摆酒，风风光光，给王有龄送行。船行至湖州境内，两岸的桑林引起了胡雪岩浓厚的兴趣。他仔细观看河边，见桑林连绵，无边无际，如此广大的桑林地带一定是养蚕的好地方。

胡雪岩怦然心动，经过询问，得知湖州丝质量上乘，畅销海内，连上海外国洋行的丝厂，也要到湖州采购生丝。

说者无意，听者有心，胡雪岩当即就决定着手做生丝生意。

当王有龄在湖州府衙大堂坐定时，胡雪岩的丝行也在湖州城开张了。他原以为凭借知府大人的权势，湖州百姓自会源源不断将生丝送到丝行。可是几个月下来，自己却无丝可收。于是派了一个贴心伙计四处打听其中的原委，小伙计满载而归，告诉胡雪岩湖州的丝行，统归顺生堂调遣。顺生堂虽是民间会社，势力却非同一般。

顺生堂在湖州的主要财源，乃是垄断生丝收购。湖州盛产生丝，每到收丝季节，顺生堂派出人员，保护商道安全，维护丝行秩序。丝行同业按一定比例缴纳保护费，大家相安无事，各不侵犯。胡雪岩贸然开设丝行，触犯了顺生堂的利益。顺生堂慑于知府权势，并不公开同他作对，暗地里却传令养蚕人家，不得卖丝与胡雪岩。顺生堂的命令，在湖州百姓心目中有如圣旨，违抗不得。若有违反，便是违犯了洪门家法，轻则棍打、挂铁牌，重则活埋、凌迟、三刀六洞。

顺生堂堂主尹大麻子，是湖州洪门的首领。他好勇斗狠，武艺不凡，性情暴烈倔强。一次，因官府缉拿顺生堂弟子，尹大麻子挺身而出，力保弟子无罪。他用刀尖从两颊剜起，一共剜下十五块蚕豆大肉块，鲜血淋漓，知府大惊失色，只得放了洪门弟子。对于这种人，胡雪岩身边的人都感到很棘手，有人劝他反正可做的生意多的是，湖州的生丝生意，即使放弃了也没什么大不了。胡雪岩却不这么认为，他认为人有性格不要紧，只要不是鼠目寸光、夹缠不清，就没有说不通的理儿。

胡雪岩亲自来到顺生堂见到尹大麻子，按帮规对了暗语，说明来意，尹大麻子带领胡雪岩来到香堂，胡雪岩从容地对答尹大麻子提出的各种问题。胡雪岩开诚布公，胸怀坦荡，并非刺探。他向尹大麻子建议，两人一块儿合作，共同对付外洋，把洋人挤出湖州地面，垄断生丝收购。这既保护了商人的利益，又保护了桑农的利益。胡雪岩对局势的分析，以及他做事的眼光和手腕，使尹大麻子感觉如遇知音，愿意携手垄断生丝市场。

胡雪岩正是凭借自己的胆识和真诚才获得了尹大麻子的认可。而且在以后的许多年里，顺生堂成了胡雪岩打击洋商和垄断丝行的有力助手。

敢于冒险，并不是一意孤行，而是经过缜密的思考，并制定相应的计划。人生就是把你所计划的事情付诸实施的一系列过程。没有人在未做一件事之前就知道它的结果，如果你经过了冷静的思考，认为值得去做，那么就不要犹豫果断作出决定，有风险才有成功的机会。

沃尔特斯是英国石油公司前最高执行官。年轻时，他曾出任该公司总经理助理负责船舶调度事宜。当时，以色列和埃及发生“六·五”战争，苏伊士运河被迫关闭。英国石油公司被迫绕道非洲南端好望角将石油运往西方各国，因此船运十分紧张。一天，沃尔特斯正在休假，忽然接到一个部下打来的紧急电话，说希腊船王奥纳西斯来电询问是否租船，如果租，必须包下整支船队一年；如果不租，他将另找买主，而且此事必须马上回答。

奥纳西斯有一支庞大的船队，一年的租金十分惊人。沃尔特斯面临一个艰难的抉择：如果中东危机持续时间很长，船运租金必然持续上涨，那么包下整支船队无疑是合算的；如果中东危机很快结束，包下整支船队多支付的租金将以千万美元计。问题在于，中东局势将如何发展，即使当时最英明的政治家也看不清，沃尔特斯苦思55分钟后，终于决定租。后来证明他这一宝押对了。因为不久后世界船运租金暴涨。但沃尔特斯当时并未预见到这一点，他考虑的只是：租船只会冒损失金钱的危险，而不租船却可能使公司生存受到威胁。两害相权，他宁愿选择风险更小的。

冒险不是由着性子蛮干，不是闭着眼睛撞大运，也不是用运气和贪欲做事，而是尽量用智力和经验去闯。在冒险过程中，无时不充斥着利弊得失的分析和判断。就像一个技术高超的舵手，有时尽管风浪很大，但总是紧握手中的舵，努力执着地辨别方向。正是凭着这股精神，才闯过了一个又一个的险滩。

越是非常时期，越要讲究信义

作为一个社会人，我们都知道信义的重要性，平日做事，基本上也是说到做到，不打折扣。可是，在一些非常时刻，比如在重大压力的或者极度的诱惑之下，就不是人人都能把持得住了。

而只有非常之人，才能做出非常之事，从而获得非常的成就。

朝廷与太平军打仗的时候，有一天胡雪岩的阜康钱庄忽然来了一个绿营军官，他随身带来一个破烂麻袋，里面装满大大小小的银锭子。他自报姓名叫罗尚德，四川人，这些银子是他历年的积攒，因队伍要到别的地方去打仗，又听说胡雪岩为人够朋友，现在要把这些积蓄全部存入阜康钱庄。

罗尚德在老家时，是一个赌徒，订下婚约不提婚期，却因为好赌，前后用去岳丈家一万五千两银子，最后岳丈家提出只要罗尚德同意退婚，宁可不要这一万五千两银子。这一下刺激了罗尚德，他不仅不同意退婚，并发誓做牛做马也要还上这一万五千两银子。罗尚德后来投军，辛辛苦苦十三年才熬到六品武官的位置，自己省吃俭用，积蓄了这一万二千两银子，但如今已经接到命令要到江苏与太平军打仗，没有亲眷相托，因而拿来存入阜康钱庄。他来存钱，既不要利息，也不要存折。一是因为相信阜康钱庄的信誉，他的同乡刘二经常在他面前提起胡雪岩，而且只要一提起来就赞不绝口；二来也是因为自己要上战场，生死未卜，存折带在身上也是一个麻烦。

得知这一情况，胡雪岩当即决定：第一，虽然对方不要利息，自己也仍然以三年定期存款的利息照算，三年之后来取，本息付给一万五千两银子；第二，虽然对方不要存折，也仍然要立一个存折，交由阜康钱庄的掌柜刘庆生代管。

罗尚德后来果然在战场上阵亡了。阵亡之前，他委托两位同乡将自己在阜康钱庄的存款提出，转送老家的亲戚。罗尚德的两位同乡没有任何凭据就来到阜康钱庄办理这笔存款的转移手续，原以为会遇到一些刁难或麻烦，甚至阜康

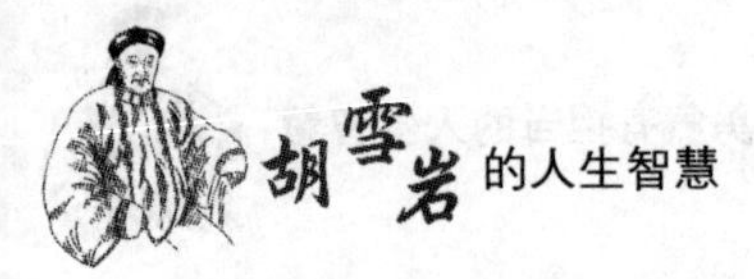

钱庄会就此赖掉这笔账，不想阜康钱庄除为了证实他们确实是罗尚德的同乡，让他们请刘二出面做个证明之外，还让他们没费一点周折就办了手续，这笔存款不仅全数照付，而且还照算了利息。

这就是重信用、重信义。其实，当时罗尚德手上没有任何凭据，后来到阜康钱庄帮助罗尚德来办理这笔存款取兑手续的人，也同阜康钱庄没有一点关系，倘若否认这笔存款，当然是别无人证。这样做法虽然确实非常下作不义，但事实上在商场上也并不是没有。阜康钱庄却决不会这样做。

我们知道，商务运作中买卖双方的关系，就是一种交换关系。这种交换，本质上应该是一种互利互惠的自愿交换，只有以自愿为原则，以互利为目的，这种交换关系才能长期保持，也才会有生意的兴隆。俗话说，“信义通商”“诚招天下客”，能以自己的信用诚实招来天下客，生意也就没有不兴隆的道理。比如阜康钱庄付出了罗尚德的那笔存款，就引来了大批的存进。两个帮罗尚德办理取兑手续的同乡回到军营讲了自己在阜康钱庄的经历，使阜康钱庄的声誉一下子就在军营传开了。许多绿营官兵把自己的积蓄甘愿长期无息地存入阜康钱庄。

在中国古代，人们很少签合同、订契约，相互间的合作凭据就是一句诺言，所以中国人极力用道德上的强化来使这类模糊的诺言确定下来。孔子说：“言必信，行必果。”在他看来，诚实待人，不说假话，不骗人，是做人的基本准则。

三国时，蜀汉建兴九年，诸葛亮命人制造木牛流马运输军粮，再次出兵祁山，第四次攻魏。魏明帝曹叡亲自到长安指挥战斗，命令司马懿统率诸将领，带领大军直奔祁山。面对兵多将广、来势汹汹的魏军，诸葛亮不敢轻敌，于是命令士兵占据险要地势，严阵以待。

在这紧要关头，蜀军中有8万人服役期满，已有新兵接替，老兵们都整装待发，盼望着能早点返回故乡。魏军有30余万人马，兵力众多，连营数里。如果蜀军放走这8万老兵，那么他们的势力就会更加单薄，取胜的希望就更加渺茫了，众将领都为此感到十分忧虑。这些整装待发的老兵也深感担心，生怕盼望

已久的回乡愿望不能立即实现。

不少的蜀军将领向诸葛亮进言，希望留下这8万老兵，延期一个月，等打完这场战争再走。诸葛亮断然拒绝道："统率三军必须以绝对守信为本，我岂能以一时之需，而失信于军心？"停了一停，又说："何况常年征战在外的士兵早已归心似箭，家中的父母妻儿也终日倚门而望，盼望着他们早日回家团聚。"遂下令各部，催促老兵登上归家的路程。此令一下，所有准备还乡的老兵在意外之余也欣喜异常，感激得涕泪交流，主动要求留下参加战斗。那些在队的士兵也受到极大的鼓舞，士气高昂，摩拳擦掌，准备痛歼魏军。

诸葛亮取信于士兵，宁使自己一时为难，也要对士兵、百姓讲诚信，让役满士兵还乡。因为他深知，一次欺诈行为也许会解决暂时的危机，但是这背后隐伏的祸患比危机本身更危险。

君子一言，驷马难追。看重"信义"二字，不肯轻易违背诺言，这样才是一个君子，才是人上之人，从而受到人们的敬重，否则就会遭到人们的鄙夷，自己堵了自己的路。

责任当前，没有退缩的道理

做人有担当，才是成大事的气概。是输是赢，光明磊落，如此，即使你输了生意，输了机会，却不会输了人格，输了形象。

在生意场上，胡雪岩信奉"赌奸赌诈不赌赖"。这是旧时流行于赌场牌桌的一句行话，它的意思是你可以运用任何手段去击败对手，只要你做得高明巧妙不被人发现，即使机巧奸诈也都可以被允许。但必须愿赌服输，下出的任何赌注都必须兑现，不得反悔。

这话如果用在做人上，第一要义就是为人要有担当。

上海发生挤兑风潮，阜康钱庄不得不关门停业，由此引发的后果第二天就波及杭州。杭州钱庄里所存现银仅有四十万两，如果挤兑风潮席卷而来，明显无法支撑。

此时胡雪岩还在回杭州的船上，回到杭州至少还得两天。在杭州主事的，是他最为信任、被世人称为“螺蛳太太”的二房。螺蛳太太与得力的伙计们商量暂时关门停业，在她看来，是想能够就此先为胡雪岩保住阜康钱庄现存的几十万两现银，留作万一无可挽回时东山再起的资本。上海既已在挤兑开始之后不久就提前关门停业，说明事态已经非常严重，她不能不为胡雪岩做最坏的打算。

不过，在胡雪岩看来，无论如何，这都是对客户不守信用，是在做“拆烂污”的事情。钱庄对客户的信用，就是为客户着想，对客户的信托负责。不管在什么情况下，客户都有权向钱庄依约索回自己的存款，想通过关门停业拒绝客户提现，希望以此为自己留一条后路，就是最大的不讲信用。同时，以同行的规矩，钱庄要为客户提供一切可能提供的方便，随时满足客户的提款要求，因此，不卸排门做生意，本身就不地道。

胡雪岩的身份气概，使其无法玩以退为进、保持最后本钱的小花样，他这次下的是通吃或通赔的大赌注。即便输了，也要输得光明磊落，不能坏了钱庄这一行的规矩。

由于来自各方面的掣肘，胡雪岩最终也没能收拾得了这个残局，但是这种担当，毕竟还是一种信心和气魄的体现，如果这一关能闯过去，焉知不是一番柳暗花明的局面？

韩国现代企业集团的总经理郑周永，是世界闻名的大财阀。然而，朝鲜战争期间，正当他很快在韩国的建设行业中崭露头角，事业有了起色之时，意外的打击无情地降临到他头上。

1953年，郑周永的现代土建社承包了一座大桥的修建工程。由于战时物价上涨，开工不到两年，工程费总额竟比承包时高出了七倍。

在这严峻的时刻，有人好心地劝阻郑周永，赶紧停止施工，以免遭受进一步损失。但郑周永另有一番想法：“金钱损失事小，维护信誉事大。”

于是郑周永鼓足勇气，毅然决定：为了保住现代土建社的信誉，宁可赔本甚至破产也要按时把工程拿下来。结果，现代土建社付出了巨大的代价，终于按时完工，保质保量地按时交付使用。

这回郑周永虽然吃了大亏，以致濒临破产，但以此树立起了恪守信用、能担大事的形象，赢得了人们的信任，因此生意一个接一个地找上门来。

不久，郑周永投标承包了当时韩国的四大建设项目：朝兴土建、大业、兴和工作所和中央产业，承建了汉江大桥的第一期工程。接着，又继续承包了汉江大桥的第二期、第三期的工程。

光是汉江大桥这三项重大工程就前后整整承建十年的时间，它不仅使郑周永的现代建筑集团赚得了丰厚的利润，而且压倒了同行对手，一跃成为韩国建筑行业的霸主。

做人有担当，才是成大事的气概。在危机之中，是以退避保存实力，还是以惨重的代价树立形象，每个人都有选择的机会。但是“种瓜得瓜，种豆得豆”，如果一个人见好处就上，见灾祸就逃，则永远也不会扎下自己的根基。

过刚则易折，有时候需要些韧性

过于刚劲的个性，固然可以帮助一个人以足够的气魄建功立业，但是在成名之后保全自己的手段上，就是稳健的作风更有用了。成功的做人方式，要懂得冲锋，更要懂得防御。

胡雪岩的心胸气魄、眼光手腕在当时算是非比常人，但是在他的晚年，事业却遭受重创，显赫一时的胡氏商业王国，几乎毁于一旦。这固然和当时的时势不无关系，同时也是胡雪岩过于刚健有个性所至。

和他同时代的晚清名臣曾国藩，同样在自己的名声地位都达到极盛之时，处理起问题来却稳健得多。

有难同当，有功独享，是做事业的大忌。曾国藩提出“有难先由己当，有功先让人享”的观点，认为“此乃事业之基”。他还以与别人分享功劳为减祸之道，是加福添寿之药方。他的弟弟曾国荃围攻金陵久攻不下，曾国藩就以此开导曾国荃：“李少荃（李鸿章）实际上有和我兄弟互相亲近、互相卫护的意思。我的意思是上奏朝廷请求准许少荃亲自带领开花炮队、洋枪队前来金陵城会同剿灭敌军。如果苏州李军齐到而大功告成，则老弟承受其辛劳，而少荃坐享其名。这样既可以一同接受大奖赏，又可以暗中为自己培养大福。大约单独享受大功名乃是折损福气的办法，和别人分享功名则是接受福分的途径。如果苏州李军虽然到达，而金陵守城敌军仍然像过去那样坚守，金陵还是攻不下来，则对我们的责难也可以分散一些，我们的责任也可以稍微轻一些。昨天我已经给少荃发咨文，让他派炸炮到金陵会同剿敌。”曾国藩深谋远虑，这样的安排，进可攻退可守，的确是保全自己身家名位的最佳方案。

在这里，曾国藩并非教条地固守畏盈之心，亦非完全杞人忧天，因为他已清醒地认识到自己是清朝二百年来权势最大的汉人，一举一动都将引来众人的瞩目与猜忌。

曾国藩时常提醒自己要注意“富贵常蹈危机”这一残酷的历史教训，因为他十分清楚“日中则昃，月盈则蚀，五行生克，四序递迁，休旺乘除，天地阴阳，一定之理，况国家乎？况一省乎？况一家乎？”这种古朴的变易观。他更清楚“狡兔死，走狗烹，飞鸟尽，良弓藏，敌国破，谋臣亡”的封建统治术，因而，只有推美让功，才能持泰保盈。后来他自动解除湘军，交卸兵权，放手让李鸿章培养淮军，都是基于这种思想的避让之道。

而胡雪岩之失利，则在于性气过刚，对当时的局势认识不足，对于危机的防御不够。

在左宗棠西征的十年间，胡雪岩借洋款、购军械、供给粮饷，种种大事一手操办。以一国之力为后盾，养成了自己在商场、官场和洋场的势力，锋芒一时无两。一些外国商人“不知朝廷，只知有胡雪岩”，一切交易“皆以胡的签押为准”，这就等于把自己挂在了明处。他的以财敛财的生意，又最讲究实力

与信誉，场面一旦摆出去，众目所视，想收拢都难了。而他在官场最大、关系也最长久的靠山左宗棠，也是个雄才大略、独断独行的人，反左的力量，很大一部分就集中在胡雪岩的身上。一些成功者在晚期，总有些刚愎自用的毛病，这一点胡雪岩也没能免俗，在来自李鸿章、盛宣怀方面的反对力量蠢蠢欲动的时候，身边的诤友一再劝诫，但毕竟没有引起他的警惕。最后，在时局、商情、政治各方面的因素的夹击之下，胡雪岩事业风流云散。

胡雪岩以一生的大起大落，写成一部传奇，让后人以不同的着眼点，看出不同的是非功过来。胡雪岩是晚清的一个奇男子，他出身卑微，仅靠自己的一双手，就创建出“前无古人，后无来者”的商业奇迹来，许多翻云覆雨的神奇手腕，让后人至今感慨不已。“做事要学胡雪岩”，是要学他的为人处世的灵活机变，智谋手腕，学其长，摒其短，朝既能创业，又能守业的大目标稳定发展。

第 07 章

诚信为本，信誉为先——立身行事的人生智慧

胡雪岩在商训中写道：“地为后天修为。古人云：‘天生我才，必有一用。’有用者，必守信也。言必行，行必果。行乃人立身行事之本也。信者永存。为人之道，守信为最，信念不移，大事可成；无信念或信念不坚持者，事终不成，经商亦然。古来无信念而成巨贾者，鲜矣。”在胡雪岩身上，最令人感触的就是“诚信”，同时，也是以“诚信为本”，才成为了这为一代巨贾。因而，在生活中，我们要记住：做人要有诚信。因为诚信是最好的招牌。

别忽略小事，点滴之间建立诚信

胡雪岩说：“信用是人的第二性命。”对此，他坚信不疑，不管是大事小事，他都信守承诺。熟悉胡雪岩的人，听到胡雪岩讲的话，从来都不质疑，因为大家都知道，他是一个诚信的商人。胡雪岩经常说：“说话就是银子，不要玩不当正经。”在那个年代，商人很多，但是，因为在他身上的诚信，使得他获得了比一般商人更多的成功机会。在日常生活中，我们千万不能忽视了一件小事的作用，有时候，可能是一句话，可能是一件微不足道的事情，都能影响到自己的诚信。许多人认为，“诚信”这个词语太过沉重，自己不过是普通人，何能建立诚信呢？其实，“诚信”这块大的招牌，往往是从小事中建立起来的，一个人在小事中若不能体现诚信，何以在大事上作出信诺呢？往往是点滴之间就能建立诚信。或许，你不能想象，胡雪岩就是因为一件小事的诚信而走上了自己的经商之路。

在胡雪岩13岁的时候，有一天下午，他听从母亲的吩咐去野外放牛，在途中休憩的时候去了一个亭子。无意之间，他在亭子里发现了一个装满金银财宝的包袱，望着这个包袱，他惊呆了，这包财宝足以让自己一家人摆脱贫困，自己大可以将它带回家去，告诉母亲说以后没有必要那么辛苦了。不过，母亲总是教育自己要拾金不昧，带回家会遭到母亲的责骂。那么，也可以找个地方将这包财宝藏起来，等到人们不注意的时候，再去将它挖出来。也许，只要是一个13岁的孩子，脑袋里都会冒出这样的想法来。

但是，胡雪岩并没有那样做，他暗暗下决心：我一定要等待失主到来，

哪里也不去。他先将包袱藏在草丛里，然后就好像没事一样，坐在那里等待失主。可是，太阳都快下山了，还不见有人过来，这时，胡雪岩的肚子已经饿得叫了起来，但他还是强忍饥饿，继续坐在那里等候失主。

一直到傍晚，来了一个四五十岁的人，一看对方的打扮，就知道是一个富商。那人慌慌张张地跑了过来，左看右看，然后就看见胡雪岩了。他开口就问："小哥儿，问您点事儿，您在这里看到我丢的一个包袱了吗？"胡雪岩一听，有点警惕："你丢的包袱是什么颜色的？"这人一听就乐了，听胡雪岩这样说肯定是见过了，他回答说："是一个蓝色的包袱。"胡雪岩要问个仔细："你包袱里都有什么东西啊？"于是，这位商人就仔细地说了，里面有两挂珍珠、一挂玛瑙，以及其他东西。胡雪岩一听："对，你说得没错。"说完，就将草丛里的包袱取出来给了那位商人。

商人大喜，打开包袱，拿出了两个金条给胡雪岩，胡雪岩很不高兴："我在这等你这么长的时间，可不是图你这点东西。"商人一听十分感动，他对胡雪岩说："这么着吧，我呢，是安徽绩溪县城里边的一个粮行的掌柜的，姓蒋。我那儿正好缺一个小伙计，而且像你这样诚实守信、不贪图钱财的小孩，正是我要找的人啊！你能跟我到绩溪去吗？那可比你在农村待着要强多了。"

就这样，胡雪岩这个13岁的放牛娃，得到了人生第一次机会，他跟随着这位姓蒋的人来到了绩溪县城里。虽说，这件事情对于一个孩子来说，只是一件小事，但其中所表现出来的诚实守信、不贪图钱财的诚信品质，却实在颇为难得。而对于胡雪岩来说，这是人生的第一个机遇。因为体现出来的信誉与诚信，使他告别了贫困的放牛娃的生涯，转身就踏进了商海，为自己走上成功之路打下了第一块基石。

生活中处处有诚信，诚信是做人之根本。如果一个人没有了诚信，那么这个人就不会得到别人给予的信任。而且，他将无法在社会上立足，因为没有任何一个人会信任他。而且，我们需要明白一个道理：大事小事都要讲诚信。有的人认为，大事才讲诚信，细小的事情讲不讲诚信都无所谓。但是，察人是从细微处着手的，连小事都不守信用，又怎么会在大事上讲诚信呢？所以，从自己身边的小事着手，将诚信融入到日常生活中的点点滴滴，因为点滴将建立莫大的诚信。

小丽是一家小卖店的售货员，这天早上，她像往常一样，整理货柜上的商品，准备开业。店里走进来一位衣着靓丽的外国女人，小丽热情地打招呼："请问，有什么需要帮忙的吗？"小丽所开的店在一个旅游区里，经营一些当地的特产。那外国女人笑了笑，用生硬的中文回答说："我想购买一些特产，带回国。"说完，就开始挑选东西。

小丽一边给她介绍商品，一边整理柜台。不一会儿，外国女人就抱了一大摞东西过来，小丽热情地给她装进袋子，合算出了总价，她用手指着袋子里的东西，说道："您好，一共是四百五十块。"外国女人点点头，不过，她有些迟疑："小姐，不好意思，因为我昨天花光了所有的人民币，现在身上只有美元，你能接受吗？"小丽摇了摇头，回答说："抱歉，我们这里是不接受美元的，不过，如果你要是需要，我可以到最近的银行给你兑换一些美元，这样，你出门也会更方便。"外国女人马上从包里掏出来十多张美元，高兴地说："那太好了，我正愁找不到银行呢，我在这里等你，你快去快回。"在店老板的许可下，小丽拿着美元，跑了出去。

过了大半天，还不见小丽回来，店老板有点着急了，难道小丽拿着别人的美元跑了？那美元所兑换的人民币少说也有好几千呢。看着店老板着急的样子，外国女人却安慰道："帮我兑换外币的小姐应该在回来的路上了。"又等了几个小时，店老板忍不住了，他对外国女人比划着说自己会把钱还给她，可外国女人却摇摇头，执意要等下去。

眼看快中午了，小丽满头大汗地跑了进来，语气急促地说道："本来，我直接去了最近的银行，可是，太早了，他们还没开门。然后，我就转了几条街，跑到了山那边的集市，在那里才找到了已经开门的银行。"外国女人向她竖起了大拇指，赞赏道："你是我见过最有诚信的中国人！"原来，在之前，老是有中国人主动提出帮忙换外币，但结果他们都拿着美元逃跑了。

小丽因为帮助外国友人兑换外币而建立了诚信，使得那家小卖店生意越来

越红火。其实，在某些时候，诚信还会给我们带来莫大的回报。比如，尼泊尔的喜马拉雅山南麓因为一个少年的诚信而成为了旅游胜地。卡耐基说：“当我们为大众谋利益的时候，我们的财源就滚滚而来。”诚信，不以形显，而以质昭，它是一种根植于别人内心的信任感。而建立诚信，就要从点滴做起，一滴水可以折射太阳的光芒，任何一种观念、一种价值，都是在一点一滴的事情中体现出来的。

一诺重千金，不可轻易许诺

翻开胡雪岩这本厚厚的书，每一个读者都会有诸多的感触。在他身上，体现出了商人最重要的美德“重信诺，讲信义”，自己说了什么样的话，就一定要以实际行动去履行，正所谓“一诺重千金”。在许多人看来，商人最看重的应该是利益，可是，胡雪岩却与一般的商人不同，在利益面前，他更看重自己的诺言。他说：“不轻易许诺，凡事考虑好了，再做出一言九鼎的承诺。”在现实生活中，我们所看到的商人大多代表着社会不良的一面，他们喜欢坑蒙拐骗，自己说过的话总是忘了，十句话里面没有一句真话，更不用说“一诺重千金”了。甚至，有的商人即使做出了承诺，但在利益面前，他们会忘记违背自己的诺言，千方百计地谋取私利。其实，哪里只是商人而已，在生活中，许多人都是诺言的背叛者，他们常常是说一套，做一套，全然不把诺言放在眼里。有的人总是轻易许诺，但真正等到兑现诺言的时候，却选择逃之夭夭。因此，在日常生活中，我们要学习胡雪岩的“一诺千金”，不要轻易许诺，一旦许诺就要值千金。

胡雪岩的生意一直得到漕帮的支持，如此他的生意才会做得得心应手。当然，能得到漕帮的支持，一方面源于胡雪岩的聪明和勇气，另一方面却是得益于他的诚信，以及一诺重千金的豪情。

当时，胡雪岩的贵人王有龄被朝廷任命为海运局的坐办，刚上任，却为运粮问题而大伤脑筋。原来，海运局急需一大批粮食，而海运还需要一段时间，到时候就怕耽误了时间却交不了差，于是，王有龄来找胡雪岩商量，该怎么办。经过了多方打听，他们得知漕帮正好有大批的粮食要出售。胡雪岩说："可以先借漕帮的米来垫付官府，以解现在海运局的难题，等浙江的米到了后，你再返给漕帮。"经过一番商量之后，胡雪岩就带着手下与漕帮交谈。

胡雪岩去拜访了漕帮的魏老太爷，可是，等到具体商议的时候，对方却面有难色，胡雪岩问道："如果有什么困难，可以说出来，我绝不会让你太难做。"漕帮当家人尤五沉思了会儿，说道："不怕兄弟笑话，看兄弟也是爽快之人，我就一吐为快。最近，漕帮遇到了一些麻烦，眼下急需资金周转，本想出售这批大米可以得到现银，可海运局只是暂借，过些天还回来的还是大米，这就是我的难处。"胡雪岩听了，立即开了一张十万两银子的银票，代表官府借给漕帮渡过困难。

次日，胡雪岩向王有龄汇报了情况，王有龄十分高兴，想了一会儿，压低声音对胡雪岩说："胡兄，我有个主意，你看怎么样？现在正是青黄不接的时候，再加上兵荒马乱，粮价一定会狂涨，与其让别人赚，还不如让我们自己赚，你可以与张胖子商量，先借一笔银子来买通裕的米去先交兑，等浙江的米到了后，我们自己先暗中存着，等米价涨了就可以大赚一笔了。"胡雪岩听了，皱起了眉头，说道："雪公，主意是很不错，但我们不可以这样，江湖人做事，说一不二，所谓'一诺重千金'，我们已经答应了漕帮的事，绝不可以反悔，如果反悔，那就是对人失信，就会给人瞧不起，以后就吃不开了。"王有龄面有愧色，心中对胡雪岩更加佩服。

胡雪岩常对下人说："做生意，要特别讲信义，要想在别人面前吃得开，就一定要遵守诺言，所以在答应人家之前，自己先要想一想，能不能做到？做不到的事，就别答应人家，答应人家了就一定要做到。"做生意讲究的是干脆漂亮，正如胡雪岩所说"说出去的话就是银子"。胡雪岩虽是一个生意人，但面对利益，却不会见利忘义，反而更加注重信义。在与人交往的过程中，只要

他答应了别人，就一定不会反悔，这也是他获得成功的一个重要条件。胡雪岩没发迹之前，他只不过是一个放牛娃，没有显赫的家世，没有才高八斗的才气，然而，他就是靠“一诺千金”的诚信，从一个身无分文的小伙计变成了叱咤风云的商场大亨。

在日常生活中，我们不要轻易许诺，一旦许诺，就一定尽全力做到，不管途中遇到了什么困难，都不能失信，因为，兑现自己的诺言不仅仅是守信，同时，也是守住自己的人品。一个人说话若是能做到一言九鼎，就会让其周围的人心甘情愿地与他成为朋友，成为最忠心的伙伴。相反，没有一个人愿意与一个谎话连篇、出尔反尔的人交往。

1.立木为信，一诺千金

对于大多数人来说，许诺是一件再普通不过的事情，舌头一卷，诺言就出口了。但是，对于诺言，更看重的是兑现的结果。一个喜欢信口开河、轻易许诺的人，在短时期内，可能会受到人们的欢迎，但是时间长了，大家看清了你的真面目，定然会离你而去。因此，诺言所树立起来不仅仅是信誉，而是人品。

春秋战国时期，秦国的商鞅在秦孝公的支持下主持变法。当时，战争频繁，搞得人心惶惶。为了树立威信，推进改革，商鞅下令在都城南门外立一根三丈长的木头，并当众许下诺言：“谁能把这根木头搬到北门，赏金十两。”围观的人不相信如此容易的事情能得到如此高的赏赐，结果，观看的人很多，但无一人上前。于是，商鞅将赏金提高到了五十两。

俗话说：“重赏之下必有勇夫。”终于来了一个人，他将木头扛到了北门，商鞅当场兑现了诺言，立即了赏了五十金。商鞅的这一举动，在百姓中树立起了威信，而他接下来的变法很快就在秦国推广开了。

商鞅立木为信，一诺千金，在百姓中树立起了威信，为变法成功奠定了基础。很多时候，生活中，有些人喜欢顺口答应别人事情，而事实上却无法做到，这就叫作“空头支票”。尤其是作为一个领导，更应该避免这一点，有些刚上任的领导，由于过分相信自己的实力，并且在下属的吹捧下，很轻易地就会答应下属“……过些时候我可以指导你”，然而往往做不到。这样很容易就在下属心中留下一个“不守信用”的印象。

2.兑现诺言却难于上青天

有的人在对别人许诺的时候毫不犹豫，一口就答应下了，可是等到最后，自己却没有做到，使自己失信于人。因此，不要轻易许诺，如果你要去兑现你的诺言是难于上青天，这无疑是搬起石头往自己脚上砸，所以，在生活中，千万不要信口开河，轻易许诺。

信守承诺，说到就要做到

胡雪岩说：“什么事，一颗心假不了，有些人自以为聪明绝顶，人人都会上他的当，其实到头来原形毕露，自己毁了自己。一个人值不值钱，就看他自己说的话算不算数。”看似一句朴实无华的话，却道出了其做事的风格：“言必行，行必果。”在生意场上，胡雪岩是一个言出必行的人，有时候，他宁可牺牲自己的利益，也要说话算话，维护合作伙伴的利益。在胡雪岩身边，不论是市井小民，还是雄霸一方的大人物，都愿意与他交朋友，只因为胡雪岩说话算话、言出必行。中国有个成语叫作“言而有信”，顾名思义，也就是一个人说过的话一定就付诸实际行动。在日常生活中，一个人是否言而有信将决定着他是否值得尊重，是否能建立和谐的人际关系。对于诚信，有的人视之为粪土，有的人视之为生命，那些视诚信为粪土的人，自己的一生也终将如粪土，而视之如生命的人，他们的一生将会更加辉煌。古人云：“言必行，行必果。”信守承诺，说到做到，这是我们做人的基本要求。一个人一旦许下了承诺，就要履行，否则就会丧失信誉，言而无信，行而无果，到最后只会成为孤家寡人。

有一次，胡雪岩在护送王有龄去湖州上任的船上，无意中认识了船家的

女儿阿珠。闲聊之中，胡雪岩从阿珠口中了解到湖州丝绸生意的情况，灵机一动，想在这方面做出成就。到了湖州，胡雪岩遇到了当地的漕帮老大郁四，两人一闲聊，得知郁四也想加入其中做丝绸生意，于是，两人一拍即合。

当时，蚕丝是中国出口商品中的大宗生意，胡雪岩在做生意不久就发现了一个问题。原来，中国蚕丝一直都是通过外国商人出口，而一些洋商为了牟取暴利，竟然和官府勾结，垄断了整个蚕丝市场，这样一来，洋商所赚的钱就远远比中国商人多。胡雪岩对此思考了很久，决定与外国商人拼一把，他心中萌发一个大胆的想法“买下湖州所有的蚕丝，自己来控制价格，到时候，不怕洋商不低头”。不过，投资巨大，胡雪岩邀请好友尤五等人都加入了进来，还联合了大部分的丝行。

不过，事情看似容易，做起来却比登天还难。得利益的官府从中作梗，洋商时常无理挑衅，另外，同行中还有人与胡雪岩抢生意。刚开始的时候，丝价一路猛涨，但是，后来受到国际蚕丝的影响，又一路狂跌。在这过程中跌跌撞撞，经历了种种磨难，虽然，最后这笔生意做成了，还赚了十八万两银子。不过，因合伙人太多，开销大，各方面算下来，还赔了一万多两。新债加上旧债，胡雪岩一下子损失了十几万两银子，好朋友尤五等人都表示自己的那一份不要了，但胡雪岩依然按最初协议上的约定，将该分的银子一分不少地分了下去，朋友极力反对，说等以后生意好了再说，但胡雪岩坚持原则，他说：“说过的话一定要算数，大丈夫说话一是一，二是二，不能失信。”

“言必行，行必果”，虽然只有短短六个字，但胡雪岩却以亲身实践来实行这句话。自己亏了也没关系，但说过的话一定要践行下去，这就是他的做事风格。本来，在这次生意中，胡雪岩损失惨重，如果是一般的商人肯定会想办法来减轻自己的损失，自己出了那么大的力，不但没能赚钱，还亏了这么多，心里肯定不平衡，而且，朋友已经说了不需要分红，这样想来，大部分的商人都不会有胡雪岩这样的决定。不过，胡雪岩却坚信“言必行，行必果”，要想顶天立地，就必须做一个言出必行之人。

在日常生活中，我们要谨记“言必行，行必果”的做人准则。大到日常交际，对别人说过什么样的话，就要践行什么样的事情；小到在家里，哪怕是对孩子说过的话，也要说到做到，努力践行自己的做人准则，否则，一个失信的人是很难得到他人的信任的。

1.不随便说话

有的人说话欠考虑，或者根本不考虑。时间长了，给别人的印象就是尽说些白话，不办实事。这样随便说话的结果是，使得自己的威信扫地，人们都不愿意与之共事。因此，在生活中，不应随便说话，要做到“言必行，行必果”。

曾子是春秋末期鲁国有名的思想家、儒学家，同时，他也是孔子门生中七十二贤之一。他十分博学多才，在平日生活中，也十分注重修身养性。

有一次，曾子的妻子要到集市上办事，家里年幼的孩子吵着要去。曾子的妻子不想带孩子前去，便对他说：“你在家好好玩，等妈妈回来了，就将家里的猪杀了煮肉给你吃。”孩子听了，十分高兴，也不再吵着去集市了。本来，妻子这话是哄着孩子玩的，之后，她便忘记了。

没想到，从集市回来后，曾子却真的把家里的一头猪杀了。妻子看到曾子真的把猪杀了，就说：“我是为了让孩子安心地在家里等着，才说等赶集回来把猪杀了烧肉给他吃，你怎么当真呢？”曾子说：“孩子是不能欺骗的，他年纪还小，不懂世事，只得学习别人的样子，尤其是把父母的的言行作为生活的榜样，今天你欺骗了孩子，明天，孩子就会欺骗你、欺骗别人。今天，你在孩子面前言而无信，明天，孩子就不会再信任你，你看这其中的危害多大啊。”

曾子在面对一个年幼的孩子，在努力践行着“言必行，行必果”的道理，足以见得，诚信对人的重要性。试想，如果你作为孩子的父母，是不是也经常在做言而无信的事情呢？其实，诚信的践行不仅仅是在社会，更会是在家里，要知道，你的一言一行都将是孩子学习的榜样，你的诚信将影响着孩子对诚信的理解。当然，在生活中，我们更是要以诚信为本，做到“言必行，行必果”。

2.重诺重信，承担责任

在生活中，有的人爱说大话、空话、假话，对于自己不了解的事情说是了解；对自己不清楚的事情，却喜欢发表意见；对于自己本来没有能力去办的事情，非要说能办到。结果，在每一件事上都会出丑，末了，还死要面子，以掩饰自己的言而无信，推卸责任。对于这样的人，时间长了，大家都知道其话中有水分，会对其敬而远之。因此，做人要“言必行，行必果”，需要重诺重信，并承担自己的责任。

3.话不要说得太满，要留有余地

在现实生活中，有的人从来不考虑主客观条件的变化，将话说得太满、太绝对，丝毫不留余地。可一旦兑现不了，不仅给自己造成尴尬，也会令他人难堪，导致他人的不信任，自然，也就不愿意与之交往。因此，不要将话说得太满，凡事需要留有余地，如此，才能更好地实践“行必果”。

言而无信，等于自掘坟墓

《春秋》里有这样一句话：“言之所以为言者，信也；言而不信，何以为言？”意思是说，人们应该遵守信诺，如果不守信用而失信，就相当于打碎的镜子，再也不可能修复。胡雪岩深知，在生意场更需要重视信用：一个守信的人，肯定会有更广的人脉；反之，一个不守信用的人，有可能会成为孤家寡人。对此，胡雪岩这样告诉下人：“任何时候都不能耍赖，耍赖就是不守信用。”他也一直将这句话作为为人处世和经商的必要手段。另外，在商人胡雪岩看来，诚信是生意最响亮的一块招牌，对他人的不守信用，实际上就是自掘坟墓，最后，无疑于自己埋葬了自己。在日常生活中，虽然不守信不至于达到“自掘坟墓”的恶果，但是如果你不守信，就会使自己失去许多朋友，失信会让你变得难以令他人信任。在生活中，一个人没有了锦衣玉食并不可怕，只要你的信用还在，一切都可以重新再来。但是，如果你失去了信用，就等于把自己孤立了起来，你的诚信很难再建立起来。那些言而无信的人，最后，只会亲手将自己推向命运的悬崖。

有一段时间，挤兑风潮席卷上海，许多钱庄迫于形势而纷纷关门停业。不巧的是，在这关键时刻，胡雪岩不在钱庄，在钱庄里的只有档手谢云清和螺蛳太太。面对这疯狂的挤兑风潮，他们都失去了主见，不知道该如何是好。现在钱庄里只有四十万两银两，如果挤兑风潮卷来，这些银两根本无法应对，而东家胡雪岩还需要两天的时间才回来，这可怎么办呢？

想了想，螺蛳太太说："看当前的形势，既然上海在发生挤兑风潮不久后许多钱庄就立马关门停业，说明这次事态不小，已经非常严重。"谢云清点点头，说道："可是，太太你也知道咱东家向来是信用第一，如果停业就是对客户不守信用，到时候东家回来不好交差。"螺蛳太太想了一会儿，回答说："现在也没别的办法，先保住钱庄的银两再说，咱们这也是为东家着想。"于是，两人商量后，决定先停业等胡雪岩回来再说。

胡雪岩回来后，狠狠地批评了螺蛳太太和谢云清，说："不守信用就是耍赖，等于自掘坟墓。"接着，他分析说："钱庄对客户的信用就是为客户着想，对客户负责。如果客户要提取存款，不管在什么情况下都应该照办。为了自己给自己留后路，通过停业拒绝客户，这就是最大的不讲信用。一次不讲信用，客户就会失望，对咱们的钱庄就不信任，到时候，没了客户还会有什么生意呢。"于是，在胡雪岩的坚持下，不管来势汹涌的挤兑风潮，他照常打开钱庄，照做生意。

胡雪岩说："赌奸赌诈不赌赖。"本来，这只不过是赌牌时的一句行话，却被胡雪岩作为自己为人处世的重要手段。在胡雪岩看来，与人交往，需要遵从唯一的条件：愿赌服输，不需要赖，耍赖就是不守信用。因为言而有信，胡雪岩赢得了红顶商人的美誉。

在生活中的我们，或许，诚信更多的是体现在与人交往中。不管是对人还是对事，自己说了什么，就应该做什么。在自己没有考虑周全的情况下，不要

轻易就许下承诺，而一旦许下承诺，就要言而有信，在他人面前树立起诚信的招牌，你才会在复杂的交际中无往不利，否则，终成孤家寡人。

1.与朋友交，言而有信

《论语·颜渊》中记载了这样一件事情，子贡向孔子问政，孔子回答说："足食，足兵，民信之矣。"然后，孔子告诉子贡，如果在这三者之中去其二，那么，只能取"信"。在孔子看来，自古皆有死，民无信不立。在现实生活中，诚信一直是人际交往中最为基本的原则之一，要想获得别人的信任，只有先对别人言而有信。

2.凡事不能失信于人

在生活中，人与人的交往是建立在信任的基础之上的。一个人若是言而无信，纵有才能、学问，但无论走到哪里，都得不到他人的信任，终将无用武之地。失信于人，那还有谁愿意与你相处呢？在生活中，有许多不遵守信用的人，最后，他们的人生都将以悲剧收场。

有一个商人在过河时船沉了，他抓住了一根竹竿就大声呼救。正巧，一个渔夫闻声而来，商人急忙喊道："我是济阳最大的富翁，你若能救我，给你一百两金子。"可是，等到渔夫将富翁救上岸以后，他却翻脸不认账，只给了渔夫十两金子。渔夫责怪他言而无信，出尔反尔，富翁说："你一个打渔的，一辈子都挣不了几个钱，突然得到了十两金子，难道还不满足吗？"渔夫只得怏怏而去。

不料，那位富翁又一次翻船了，有人赶过来想救他。这时。那个曾被他骗过的渔夫说："他就是那个言而无信的人！"于是，那位商人就这样被淹死了。

虽然商人两次翻船都遇到了那位渔夫是偶然中的事情，但商人言而无信的结局却是意料之中的事情。一个人若是不守信用，就是失去别人对他的信任。那么，当他处于困境的时候，便没有人会再愿意出手相救。那些失信于他人的人，一旦自己遇难了，就只能坐以待毙了。

诚信有原则，凡事皆有规矩在

圣人孔子说："人而无信，不知其可也。"诚信，是每个人都应该必备的道德修养。人们常说"人无信不立"，事实上，诚信也是有原则的，即遵从于心的原则。有时候，我们经常碰到这样的情况，有人承诺做一些事情，但最后这个承诺却变成了可兑现、不可兑现。如果你硬是不兑现诺言，那也说得过去，但是于情于理，对自己的内心来说，这是没能遵循诚信的原则。其实，不管在任何时候，诚信都在我们身边，关键的是你是否能遵从内心的原则，将诚信诠释出来。对此，胡雪岩说："做人无非就是讲个信义。"他认为，其实做生意与做人在本质上是相同的，一个成功的商人，往往也应该是一个极守信义之人，往往能遵循诚信的原则。

在日常生活中，每件事情都有它的规矩，而对于诚信这个看不见、摸不着的东西，其实也有它的原则。当我们都在说诚信、践行诚信的时候，是否在想，如果有一个漏洞可以钻过去，自己是否真的就弃诚信而不顾呢？然而，那些真正讲诚信的人，无论事情发生到何种地步，他们都会坚持自己的良心所向，将诚信坚持到底，不为别的，只求心安。而那些没有诚信原则的人，时而守信，时而失信，时间长了，在人们面前也露出了那可耻的面目，最终，他们会失去他人对自己的信任。

李勉是唐朝人，从小就喜欢读书，而且，总喜欢按照书上的要求去做，时间长了，就成为一种习惯，培养出了诚信儒雅的风度。

有一次，李勉外出学习，住在一家旅馆里，正好遇到一个准备进京赶考的书生，两人一见如故，成为了好朋友。不巧，几天过后，这位书生突然生病了，卧床不起，李勉为其请来了郎中，按照郎中的吩咐帮他煎药。一连几天，李勉都细心照顾病人，可是，那位书生的病非但没有好转，反而一天天地恶化下去了，看着如此光景，李勉十分着急。

一天傍晚，李勉采药回来，到朋友房间，发现书生的脸色似乎好了一些，

心中一阵欢喜。他关切地问道：“哥哥，感觉好些了吗？”书生说：“我想，我剩下的时间不多了，这可能是回光返照，临终前兄弟还有一事相求。”李勉安慰道：“哥哥别胡思乱想，今天你的气色不是好多了吗？只要精心修养，不久就会好的，哥哥有什么事情就请说吧。”书生说：“把我床下的小木箱拿出来，帮我打开。”书生指着里面一个包袱说：“这些日子，多亏你无微不至的照顾，这是一百两银子，本来是赶考的盘缠，现在用不着了，我死后，麻烦你用部分银子替我筹办棺木，其余的都奉送给你，算我的一点心意，请你务必收下。”

次日清晨，书生去世了，李勉按照他的遗愿，买来了棺木，精心为他料理后事，剩下的银子，他一点也没动用，而是包好了悄悄地放在棺木下面。不久，书生的家属赶来了，他们移出棺木后，发现了陪葬的银子，十分吃惊，了解到银子的来历后，都为李勉诚实守信不贪财的高尚品德所感动。

虽然，书生强调了那剩下的银子是作为答谢用的，李勉已经尽了自己的本分，按理说，这样的银子就是自己拿了也不是什么违背道德良知的事。不过，李勉却坚守自己诚信的原则，哪怕对方愿意将银子赠送于自己，但还是恪守诚实守信不贪财的原则。在日常生活中，我们在任何时候都要坚持诚信的原则，哪怕是一个小漏洞也不能马虎大意，尽自己所言所行来践行诚信。

那么，在生活中，如何才能遵从诚信的原则呢？

1.诚信的约束来自于自身

或许，在现实生活中，对于诚信，应该有一些众所周知的原则，诸如不虚伪、不欺瞒、不隐瞒等行为。但是，说到底，将诚信付诸实践，更需要我们自己来遵守。信用是现代人无法或缺的个人无形资产，这样一来，诚信的约束不仅来自于社会，更来自于我们的自律心态和自身的道德力量。

2.诚信有其道德准则

“诚信”这个词语是褒义的，并不适合用在敌我之间，因此，在生活中，我们并不能局限在那些不诚信的事迹中。不能因为生活中有不诚信的人，自己也就有了虚伪的理由。俗话说：“没有规矩不成方圆。”努力遵守诚信的道德准则，凡事有规矩，如此，你才能成为一个有诚信的人。

诚信有时也来自于信任他人

诚信，有时候源于信任他人。有人或许会说，诚信是彰显在个人身上的，怎么会和他人有关系呢？事实上，真正的诚信不仅仅会将“诚信”这两个字付诸实践，更重要的是，他懂得如何将诚信给予他人。一个真正讲诚信的人，他不会随便怀疑别人，因为怀疑了别人其实就是不相信自己。在日常生活中，许多人自诩是一个有诚信的人，但是他却对身边的家人、朋友胡乱猜疑，最后，失去了他人对自己的信任，而且就连他自己也成为了一个不讲诚信的人。在这一点上，胡雪岩做得相当好，在很多时候，他都将信任给予他人，同时，他在身边的人身上也看到了诚信的影子。对于身边的人，胡雪岩一直秉承“放手使用、用而不疑”的重要准则。在平日里，除了那些关系生意前途的重大决策外，在一些具体的生意事情上，他总是无比信任地让手下人干，从不胡乱猜疑，随意干预。如此的信任，令身边的人感动，心中更愿意为其效力，帮胡雪岩将生意做得有声有色。

在日常生活中，如果你给予了对方以信任，对方也会还你一份难得的诚信。即使是面对一个初次相见的陌生人，信任也可以在彼此之间建立起来。不过，人与人之间的关系都是相互的，你心中若有了猜疑之心，对方对你也就没有“诚信”二字。很多时候，一个人的诚信来源于对他人的信任，这份信任并不是空穴而来，它是源于内心的那份坦诚，那份与诚信与生俱来的信任。

早上，“诚信小店”的老板打开了小卖部的窗口，刚把公用电话摆在柜台上，就有一位女士过来了，她打了一个长途电话。不一会儿，女士放下了话筒，老板看了看计时器，说道：“三元钱。”那位女士从精美的皮包里抽出了一张百元大钞递过去，老板翻了翻抽屉，无奈地说道：“没零钱找您，您什么

时候有零钱了再送来吧。”女士满脸惊讶，问道：“你认识我吗？”老板看了一眼“诚信小店”，微笑着说：“我不认识您，可我信任您。”

女士没说什么，转身离去了，十几分钟之后，这位女士又出现在小卖部里。她递过来三元钱，说道：“为了换开这一百元钱，我特意去了一趟百米之外的农贸市场，又特意走回来送这三元钱电话费。”老板接过了电话费，说：“不送也没关系。”女士说：“我是出差到这座小城的，早上顺便打个长途，我要是没给电话费就走了，你也没法找到我。可我一定要回来，一个人被人信任不容易，我要珍惜。”说完，女士离开了，那“诚信小店”四个字却在风中越来越清晰。

诚信的表现之一就是信任他人，哪怕是一个素未谋面的陌生人。人生本是一场旅行，在途中，我们可以抛弃金钱、荣誉、美貌，但是，诚信却是需要用生命去捍卫的。哲人说：“我把所有世俗的东西都抛开，只求一颗不受纷扰的心灵。”诚信是令人欣赏的，被人信任是幸福的，做一个诚信的人，我们就要学会信任别人，让别人感受那份心灵的幸福。

1.先信任自己

在纷杂的现实生活中，一个人想要去信任别人，首先应该学会信任自己，你连自己都不信任，怎么又会信任他人呢？因为，首先应该相信自己，相信自己的能力，相信自己的决断，相信自己的选择，简单地说，就是要有自信。有了自信，你才能充分地去信任别人。

2.将信任给予他人

在现实生活中，许多人坦诚“我很难去信任别人”，他们总是疑神疑鬼，只相信自己，从来不敢将信任给予他人。因此，无论做什么事情，他们都是亲力亲为，结果，比那些平常人承受更多的痛苦与烦恼。所以，在相信自己的前提条件下，试着将信任给予他人，传播诚信的种子，如此，你才能在人前建立起诚信。

万利皆可抛，信誉不可损

自古以来，在民间就流传着“无奸不商”的说法，但是到了胡雪岩这里，他却说：“为人不可贪，为商不可奸，经商重信义，无德不成商。”一个人要想成为一个成功的商人，他所要做的第一件事就是树立自己的信誉，并将信誉作为自己的生命。对于一个商人来说，信誉是致命的，你可以备受人们的争议，你可以一无所有，但是只要你还有良好的信誉，一切都可以东山再起。信誉，可以为你赢得第二次生命。正所谓：“万利皆可抛，信誉不可损。”在日常生活中，也是一样的道理，做人和做生意是一样的，有了信誉，门前才会络绎不绝；失去了信誉，你就是孤家寡人。一个人要想赢得他人的欣赏与肯定，并不在于什么利益，也不在于金钱和地位，而是在于一个人的信誉。地位、权势都是有价的，但信誉却是无价的。对此，胡雪岩经常说：“生意上的竞争，刚开始的时候货品比别家的好，价格比别家的合理，场地比别家的占优势，但最终的成败还是取决于经营者本身的道德修养。”在经商的数十年中，他经常强调：“德、信誉比钱重要得多。”

当初，胡雪岩在杭州创办胡庆余堂，大家对于他开办此店的理由众说纷纭。但是，在经营药店中，他始终将信誉放在第一位，这才是胡雪岩的做事风格。胡庆余堂的经营宗旨是“修合虽无人见，存心自有天知”，尤其是对于店中药材的要求，他更是“以德经商，视信誉如生命”。

胡雪岩在杭州胡庆余堂药店中，向内挂了一块“戒欺”的牌匾。他这样写道：“凡贸易均著得欺字，余存心济世，誓不以劣品弋取厚利，采办务真，修制务精，不至欺余以欺世人。”后来，胡庆余堂药店之所以能够驰名于海外，生意兴隆，其秘诀就在于“戒欺”。

在经营药店的过程中，胡雪岩十分注重产品的质量，他要求采购的选料必须求真品，加工必须制造精品。而且，作为中成药主要原料的天然动物、植物和矿物品种多、分布广、属性复杂，仅典籍记载就有三千多种，而中药的特点

是多味配方，每味药材的真伪优劣直接关系到药品的质量，一味掺假，就会影响药效。于是，胡雪岩嘱咐采购药材之人，一定要选用真品。

另外，胡雪岩在制药过程中可以说是细致入微，每一个环节要求都极其严格。在胡庆余堂有一种药叫“紫雪丹”，这种药十分有名。不过，在刚开始配药时不怎么理想，胡雪岩就虚心向名医请教。后来，一位老药工说制作紫雪丹的最后一道工序有些问题，应该采用金铲银锅煎熬才有效，于是，胡雪岩立即就请杭州有名的金银匠，花费了黄金、白银打造了金铲银锅，仅仅是为了制作出药效好的紫雪丹。

一个看重利益的商人，却仅仅为制作药效良好的紫雪丹，而不惜大撒钱财。如此可以看出，比起利益，胡雪岩更看重信誉。在他看来，可以失财，却不可以失信誉。据说，清政府财政亏空，想向外国银行借钱，却遭到了拒绝，但是，外国银行却慷慨地将巨额资金借给了胡雪岩，他们所看重的就是胡雪岩的信誉，这在当时被人们称为奇迹。做任何事情，胡雪岩都将信誉作为第一来考虑，他常说：“钱没了可以再赚，但建立起良好的信誉却是不是一朝一夕就可以的，而是需要一个人一贯的坚持才行。”的确，信誉既牢固又脆弱，有可能仅仅因为一次信任危机，就可以使一辈子努力建立起来的良好信誉瞬间坍塌。

有一天，一位加拿大外商拿着一个大的定单，找到了李嘉诚。不过，在最终签约前，对方提出了两个条件：一是需要有一家实力强大的公司做担保；二是要实地考察李嘉诚的工厂。这两个看似简单的条件，对李嘉诚来说却比登天还难。李嘉诚回去后，说干了口水，也没有一家有实力的公司愿意为自己的小公司做担保。这时，有人出主意：“我们可以先花一点钱，租用一间大的工厂，反正那个外商也看不出来。”李嘉诚却坚决反对：“即使定单泡汤，也绝不能糊弄别人，这将关系到我们企业的信誉。你要相信世界上每一个人都精明，有了信誉，才能令人信服，并喜欢和你交往，那才是最重要的。”

第二天，李嘉诚硬着头皮带着外商到了自己的小工厂，他面有难色地说：“对不起，先生，我的工厂太小，没有任何一家有实力的本地公司，愿意为我担保。”外商笑了，说道：“你的信誉，就是最好的担保。”李嘉诚继续说道：“非常感谢您对我的信任，可是，这个定单对我来说，实在太大了，我的这个小工厂的生产能力无法满足您的需要。现在，我手里的资金有限，还无法继续扩大生产规模。”外商坚定地说：“我可以预付你一笔定金，你扩大规模需要多少钱？你说个数吧！”

在利益面前，李嘉诚丝毫不为所动，秉承着良好的信誉。令人出乎意料之外，外商所看中的正是那份良好的信誉。颜之推说：“吾见世人，清名登而金贝入，信誉显而然诺亏，不知后之矛戟，毁前之干橹也。”一个人的信誉建立起来千辛万苦，可毁誉却在一瞬间。在生活中，我们可以失去金钱、失去地位、失去权势，但是千万不可失去自己的信誉。诚实守信，作为一个人的信誉体现，需要我们时刻谨记，更重要的是要以实际行动去践行这份真知。

第 08 章

从容平和，淡定自若——泰然处事的人生智慧

胡雪岩说：“一个人无论在什么时候都要沉住气，达到泰然处之而不乱的境界。”如此的泰然之道，是源于内心的那份从容心境。在日常生活中，胡雪岩对己泰然，对事也从容，在任何时候，他对自己都充满了自信，不放弃信心。不仅如此，勇于决断，对于的事情的结果，坦然面对，生活并没有输赢，而在于内心的不败。淡定自若，面对成败心静如水。处事如此泰然，铸就了胡雪岩这个成功的红顶商人。失败后，学习胡雪岩的从容，因为心境平和才会生活。

任何时候有自信，都能淡定自若

胡雪岩常对人说：“我是一双空手起来的，到头来仍旧一双空手，不输啥！不仅不输，吃过、用过、阔过，都是赚头。只要我不死，我照样一双空手再翻过来。”话语中流露出了充分的自信，而就是这份自信铸就了其遇事淡定自若的姿态。人云：“谋大事须有自信。”一个人要想获得成功，就必须有充分的自信，因为有了自信，他才会遇事不乱。中国有句古话“谋事在人，成事在天”，而胡雪岩却不屈服于命运的摆弄，他硬是改成了“立志在我，成事在人”，话语中所呈现出来的依然是那份打不倒的自信。胡雪岩相信这样一句话“自信方能自强”，有了自信，才能有知难而进的斗志和勇气，才能有临渊不惊、临危不惧的英雄本色。在日常生活中，自信对于每一个人来说都很重要，自信其实就是一个人为某个高远的人生目标努力拼搏的精神支撑。假如胡雪岩没有那份自信，也许，他根本就不会想到自己也能开钱庄，那么，后来他也就不会成为盛名一时的“红顶商人”。所以，在任何时候，要有自信，相信自己，这样，一旦遇事，也能淡定自若。

说到胡雪岩的自信，就不得不说他创办阜康钱庄的事情。

当时，太平天国运动浩浩荡荡地发展起来，国家处于战乱之中，社会经济发展也受到了严重影响。而且，太平军所活动的主要区域集中在长江中下游地区的东南一带，正是胡雪岩的经商所在地。由于战乱，经济十分不景气，单单就钱庄生意来说，只有山西富商手下的“票号”能够一统天下。其余，包括东南地区后起的宁绍帮、镇江帮经营的钱庄业，不管是业务经营，资本实力，还

是在商界的影响，发展都不如山西富商。

在这时，胡雪岩却萌生出了开办钱庄的念头。更为糟糕的是，胡雪岩本身既没资本，亦没多少经验。仅存的经验，是少年时代在钱庄学徒的几年工作经验，而且，两手空空，身无分文。在这之前，为了资助落魄的王有龄捐官，他已经丢掉了钱庄的工作，如今已经沦落到吃不上饭的艰难困境。就是这样的光景，胡雪岩打定了主意要开办钱庄，谁也拦不住。

筹备钱庄的过程中，胡雪岩表现出了非凡的自信，哪怕自己两手空空，也要将招牌打出去。他想：凭着自己在钱庄跑外场的经验，凭自己对人情世故的了解，凭自己敏锐的眼光，同时，借助仕途得意的王有龄在官场中的庇护，自己完全可以创办一个能与山西票号相抗衡的钱庄，并由此成就一番事业。

就是靠着这份自信，哪怕在开办过程中遇到再大的困难，他也表现得临危不乱、淡定自若，最后，得以顺利创办了属于自己的钱庄——阜康。

古人曰："会当水击三千里，自信人生二百年。"胡雪岩在开办阜康钱庄之初，所体现出来就是"当今之世，舍我其谁"的自信。这样一份自信给胡雪岩内心注入了强大的力量，为其从容心境增添了安全护航。在任何时候，相信自己一定能做到，如此的自信，哪怕是在遇到困难和挫折的时候，胡雪岩也坚信自己，一定能熬过去，有了这样的信念，心境自然就变得平和起来。而相应地，心境越平和，对事情的发展就越有利，他就这样一步步地走向了成功。

在日常生活中，我们常常因为不够自信而乱了心境，遇到了事情，总表现得异常慌张，担心自己做不好，忧虑自己会出糗，在这样担忧的心境下，事情完全有可能朝着相反的方向发展。相反，一个人若是够自信，他一定就能从容面对一切，哪怕遇到了困难、责难、质疑，他也能保持从容，镇定地告诉大家："我是对的。"

1.面对质疑，敢于相信自己

在生活中，一个人再怎么自信，可一旦遭到别人质疑的时候，他就可能变得不自信起来。其实，这样的人不仅仅是缺乏应有的自信，而且，缺乏一种自信的勇气。如果你能清楚地判定自己的言行是正确的，哪怕在质疑声面前，也要勇敢地说“我相信我自己”。因为有着这样的自信，你的心才不会慌乱，只有保持一份从容，方能淡定自若地观看事情的发展。

小泽征尔是世界著名的交响乐指挥家，在一次世界优秀指挥家大赛的决赛中，他按照评委给的乐谱进行演奏，敏锐的他发现了其中隐藏着不和谐的声音。刚开始，他以为是乐队演奏出了错误，就停下来重新演奏，但还是不对。这时，评委席中有人笑了起来，选手应该会慌张了，肯定会怀疑“自己的指挥是不是错了”，这样一想，那位评为笑得更欢了。

没想到，小泽征尔温和地说：“我觉得这乐谱有问题。”可在场的作曲家和评委会的权威人士坚持说：“乐谱绝对没有问题，是你错了。”小泽征尔十分镇定，一点也不慌张，面对着一批音乐大师和权威人士，他从容地说：“不！一定是乐谱错了！”话音刚落，评委们都站了起来，以热烈的掌声祝贺他的成功。

原来，这是评委们精心设计的圈套，以此来检验指挥家在发现乐谱错误并遭到权威人士否定的情况下，能否坚持自己的主张。之前的大多数选手在遭到质疑的时候，变得十分慌张，开始不由自主地怀疑自己是不是真的错了。而充满自信的小泽征尔却从容地告诉大家“我是对的”，因为自信，因为淡定自若，他获得了成功。

通常情况下，遭到别人的质疑，一般会出现两种状况：充分相信自己，重新申明自己是对的；对自己缺乏信心，开始慌乱，认定自己有可能是错的。而形成这两种状况的区别就是自信心，一个对自己充满自信的人，他在任何时候都会表现得淡定自若、从容不迫，胡雪岩和小泽征尔都是这样的人。与此同时，他们因为自信，以及自信所延伸出来的“从容心境”而获得了最后的成功。

2.自信为淡定自若注入了力量

在生活中，我们从来没有看到一个自卑的人能从容做事。这其中的原因在于其缺乏自信心，当事情还没有开始的时候，他就会自卑：“这事情我能办好吗？要是中途出了意外，我该怎么办？”有了这样的心理，一旦真的出现了意

外，他就无法变得淡定自若，而是心慌意乱。所以，在任何时候，我们都应该记住，是自信为淡定自若注入了力量。

生活没有输赢，贵在内心不败

胡雪岩说："一条船，遇到了大风浪，如果作为一船之主的船长认输了，慌了手脚，必然会引起船员更大的慌乱。如果船长乱了阵脚，那么船员就会只顾自己，谁也不会设法拯救大船，结果只能是船毁人亡，大家一齐丧生大海。反过来，危机当头，只要船长能够处之泰然，不服输，沉住气，能把整船的人都组织起来，同心协力，就有逃出险境化险为夷的可能。"胡雪岩以沉船的例子来展现在危机关头的应变能力，这其中有沉稳，但更多体现为"不服输"的心态。在生意面临破产的危机关头，胡雪岩总是告诫自己："尽量将输赢丢开。"是的，生活并没有输赢，我们所能保持的就是内心的不败。

对于胡雪岩来说，生意场风云变化，什么想不到的事情都会发生，既然输赢的结果已经出现了，抱怨又能起什么作用呢？要想东山再起，唯有保持一颗不败的心。对此，他时常安慰自己："不能因一时的挫折而丧失斗志，一蹶不振，不能因为一次输赢而患得患失，失去了应对危机所需要的不败内心。"熟悉做生意的人都知道，生意本就是一场又一场的赌博，赚钱、失利并不是自己所能决定的，既然没有办法选择，那就选择不败的心态吧。胡雪岩就是这样做的，在他看来，在这个世界上本就没有输赢，只要你不失去斗志，内心时刻处于不败之中，那么，就一定有机会赢。

胡雪岩刚开始做丝绸生意的时候，就面临了一次失败。当时，胆大的胡雪岩买下了湖州所有的蚕丝，打算自己来控制价格，以此打击洋商。没想到，生意最后是做好了，可前前后后算起来，最后却倒赔了一万多两银子，再加上之前欠下的旧债，差不多有十几万两。面对如此的打击，胡雪岩依然镇定自若，该拿给朋友的分红，他一分不留，整个人身上看不到一点“输”的痕迹，因为他知道，只要自己内心不败，总有一天会成功。

后来，上海挤兑风潮来临，胡雪岩又一次站在输赢的转角。当时，挤兑风潮已经波及到了杭州，胡雪岩正全力调动、苦撑场面，费尽心机保住阜康钱庄的信誉，试图重振雄风。可是“屋漏偏遭连阴雨”，宁波通裕、通泉两家钱庄同时关门。原来，这通裕、通泉两家钱庄是阜康钱庄在宁波的两家联号，胡雪岩意识到这次自己真的要输了。这时，朋友德馨打算出面帮忙，并愿意垫付二十万两维持那两家钱庄。胡雪岩很感动，却婉拒了这一好意，他觉得自己已经不能挽回败局，也不想拖累朋友。于是，胡雪岩决定放弃通裕、通泉两家钱庄，全力保住阜康钱庄。他想：只要保住了阜康，心中怀着不败的信念，总有一天会东山再起。

面对危机，胡雪岩能够输得起，经过一番考虑之后，他总结出了：“人生做事，必然会有输有赢，胜败乃是兵家常事，关键是心里不能输，要保持内心不败。”另外，既然选择了做生意这样有风险的事业，就要“赢得起，更要输得起”。对此，胡雪岩虽然输掉了，但其内心却有着更强烈的想要“赢”的念头，他对家人这样说：“我是一双空手起来的，到头来仍旧一双空手，不输啥！不但不输，吃过、用过、阔过，都是赚头。只要我不死，你看我照样一双空手再翻过来。”因为那颗不败的心，胡雪岩虽然输了，但输得漂亮，输得令人佩服。

在生活中，输与赢不过是不同的结果而已，任何一个人，既要有赢的渴求，同时，也要有输的心理准备。输赢乃常事，我们所能做的就是始终保持一颗不败的心，因为生活本就没有输赢。另外，即使输了，也要输得漂亮，不要输了斗志，不要输了志气，只要内心不败，总有一天，你会重新站起来。

史玉柱被称为中国最著名的失败者。对此，史玉柱有话说：“我曾经是一个著名的失败者，我害怕失败，我经不住失败，所以只能把不失败的准备工作做好。”他最爱看的一本书是《太平天国》，因为太平天国输得很悲壮，而在其中，他似乎能找到某种共同语言。

1989年，史玉柱利用报纸《计算机世界》先打广告后收钱的时间差，用全部的4000元做了一个8400元的广告：“M–6401，历史性的突破。”之后，他收获了15820元，5个月后，新的广告为其赚回了100万元。这一年，史玉柱想创办公司，他说：“IBM是国际公认的蓝色巨人，我办的公司也要成为中国的IBM，不如就用巨人这个词来命名这个公司。”在1995年，史玉柱被《福布斯》列为内地富豪第8位。就在第二年，巨人大厦资金告急，集团内危机四伏，脑黄金的销售额超过了5.6亿元，但烂账就有3亿多元。巨人倒下，负债2.5亿元的史玉柱黯然离开。输掉后，他曾想过自杀，但是内心的不败使他重新站了起来。

在沉寂十年后，史玉柱卷土重来，卖脑白金，投资银行股，进军网络游戏。因为内心不败，在一片废墟上，这位巨人重新站了起来。直到今天，史玉柱仍然会说：“我人生中最宝贵的财富就是那段永远也无法忘记的刻骨铭心的经历。”未来的路上，挑战或许会更多，但是，内心永远不败的史玉柱已经准备接招了。

可能，没有谁比史玉柱输得更惨了，不过，他内心正如巨人一般强大，始终立于不败之地。对他来说，人生的输赢并不算什么，只要心中不败，那就有重新站起来的机会。生活就是这样，在很多时候，输赢并不是我们所能决定的。面对输赢，需要保持一个平和的心，赢得起，更要输得起。内心不败，就是我们赢的最好秘诀。

1.以一颗平常心来面对输赢

生活本就是一出闹剧，时而输，时而赢，这是我们不能决定的，但是，我们能掌控的是那份平和的心态。一个人要想内心不败，就必须拥有一份平和的心态。在输赢面前，不放纵，不气馁，唯有这样，你才能真正地立于不败之地。在现实生活中，有的人赢得起，输不起，一旦输掉了，就满腔怨恨，如此的心境，又怎么能处于内心不败呢？

2.心不败则不败

输不过是一种结果，既然都已经输了，又何必耿耿于怀呢？如果你就此认定自己已经输了，那么，你就真的失败了。所谓“心不败则不败”，哪怕失败了一千次、一万次，但是，只要保持内心的不败，你就会有重新站起来的一天。

遇事泰然处之，船到桥头自然直

与大多数商人一样，胡雪岩在经商的过程中也会遇到许多棘手的事情，不过，似乎每一次他都能够化险为夷，这其中的秘诀是什么呢？在为人处事上，胡雪岩一直坚守“泰然之道”，即遇事泰然处之，船到桥头自然直。在生活中，遇到了棘手的事情，大多数人都紧张、心慌意乱，不知道该怎么办，最后，事情似乎真的没有转机了。其实，遇事慌乱只会让我们的心境越来越乱，失去了平和，你所作出的判断或决策都很不利于事情的发展。相反，如果你能保持淡定的心境，不慌不忙，镇定自若地处理棘手之事，事情说不定还有转机。所谓“山重水复疑无路，柳暗花明又一村”。在生活中，难免会遇到挫折与困境，甚至，是毁灭性的打击，但是，在这时，任何紧张、慌乱都是没有用的，可以说是于事无补。那么，只有努力平复心绪，做到随机应变，才能变不利为有利，也才能走出困境。在生活中，哪怕有再大的事情发生，我们也要学会适应不可避免的事实，接受这一切。对于我们无法改变的事情，只有欣然接受，慢慢去适应，不要为未来的事情担心忧虑，因为没有人会知道未来会发生什么。多学习胡雪岩的泰然之道，遇到事情，不要杞人忧天，不要忧郁、不要紧张、不要急躁，乐观自信，泰然处之。

光绪八年，胡雪岩的生意受到了洋行和官场反对势力的两面夹击，似乎已经到了最危急的关头。在官场中，李鸿章与左宗棠一向不和，而胡雪岩则属于左宗棠的门下，要军饷要粮食，只要左宗棠开口，胡雪岩都积极办理。李鸿章早就有剪除左宗棠羽翼的打算，于是，先拿胡雪岩开刀，派人暗中传出谣言，谎称胡雪岩的阜康钱庄内部空虚，信用不足。

由于外商联手对胡雪岩进行排挤，再加上四处散发的谣言，上海阜康钱庄总号出现了挤兑风波。这时，胡雪岩已经陷入了四面楚歌的境地，而恰在这关键时刻，胡雪岩女儿出嫁的吉期在即。按一般人来说，生意已经处于危机中，儿女的婚事不应过分铺张，尽量减少开支。就连胡雪岩身边的朋友也觉得，这场婚事既然已经定下来了，应该按风俗办，至于场面嘛不宜太大，只要女儿不委屈，大家都是可以理解的。

但是，胡雪岩却有自己的想法，他觉得越到这个时刻越不能松懈，否则，什么都前功尽弃了。于是，他像什么事情都没有似的，对家人说："既然是喜事，该怎么办就怎么办，再难也要将场面捧起来。"如此的泰然之势，平复了家人紧张的心境。而且，以胡雪岩定下的宴请局面，至少需要二十万两银子。一旦无法将场面按计划办得红红火火，别人就会认为胡雪岩资金真的出现紧张，这对维持大局必定不利。

有了这样的想法，到了女儿办喜事的那一天，胡府张灯结彩，轿马连连，有各式各样的灯牌、彩亭、仪仗，而帮忙办事的那些人全部是一色的蓝袍黑褂，挑夫则是蓝绸边红棉袄，十分有气派。

喜事过后，阜康钱庄依然开门，而胡雪岩在杭州所有的生意都风平浪浪静，钱庄的挤兑风潮似乎被这场平静的喜宴冲淡得一干二净。

面临阜康钱庄的挤兑风波，胡雪岩竟然能静下心来办喜事，这确实是一份难得的淡定从容。所谓"船到桥头自然直"，着急有什么用呢，还是静下心来，该干什么就干什么，这样反而对事情有帮助。果然，泰然办喜事，胡雪岩在杭州的钱庄与药号都没受到上海挤兑风波的影响。心绪平和，随机应变，变不利为有利，使得生意也在危机重重的时候支撑了下去。

有人说："强者任思绪控制行为，强者让行为控制思绪。"在困难面前，许多人容易心浮气躁，进行了多次挑战都无法战胜困难，他们就会变得气急败坏，在他们心灵深处，感到茫然不安，从而无法冷静地思考。在任何时候，一个人都需要冷静，需要淡定从容的心境，尤其是在困难面前，平和的心态能够使人有条不紊、沉着地应对所发生的一切。所以，面对困难，不要气急败坏，只有保持平和的心态，才能让我们转败为胜。

大学毕业后，他放弃了父母托关系为他找的铁饭碗工作，只身带着单薄的行李南下，来到了炙手可热的沿海地区。每天做很简单、枯燥的工作，他都能从中得出自己的快乐，而且他好学，遇到什么不懂的问题都会向同事请教。时间长了，老板欣赏他的踏实与认真，晋升他为秘书。之后，不断地升职，他已经在企业有了响当当的名字，这时候，他毅然放弃了高薪职位，拿着多年的积蓄，开了一家小公司。在他的努力经营下，小公司一天天成长，他成了远近闻名的大老板。

在那年的金融海啸中，他的公司不幸也遭遇了很大的冲击。得知消息的时候，他还在家里，父母担心地看着他。他很平静，反而安慰父母："没事，当年我也是一无所有，现在不过是时间的问题而已。"他回到了公司，有条不紊地处理事宜，员工看着平静的他，本来慌张的情绪也放下来了。公司该接的任务还是照接不误，好像什么都没变，就这样，公司在金融风暴中一步步走上了正轨。

以平和的心境接受挑战，有条不紊，泰然处之，最后，事情就真的朝着美好的愿望发展下去了。在上面这个案例中，我们所能够学到的是泰然的心境，那种临危不惧的心态。在生活中，我们会遇到这样或那样的事情，可能会紧张、慌乱、无措，但是只要我们保持良好的心态，淡定从容，事情看起来就没那么糟糕。所谓"船到桥头自然直"，在平和的心境下，不利变为有利，而一切困境都将会过去。

1.拥有泰然自若的心态

生活中，在与人交往的过程里，我们难免会受到一些消极因素的影响，甚至，还会遭遇到困难与坎坷。在这时，我们需要拥有泰然自若的心态，保持冷静，正视眼前的一切，努力抛弃那些引起自己内心不安的想法。假如他人对你不信任，或者有意疏远你的时候，我们需要默默忍耐，时间长了，对方明白了一些事情，自然也会认可自己的。

2.对自己说“没关系”

有时候，生活并不如我们想象中那么如意，不过，生活中的我们却愿意用希望去看待生活。当我们一旦发现，生活并不是按照自己所希望的样子出现在自己面前的时候，那么，我们所需要的就是调整自己的心态，对自己说“没关系”，泰然是一个人处事的美德，既然改变不了生活，那就随缘而行吧，最后，有可能事情真的会如自己所愿呢。

3.多几分豁达，便会多几分泰然

在生活中，难免会遇到困难、挫折之事，如果你全然沉浸在痛苦与烦恼之中，非但对事情毫无帮助，反而会增加前进的阻碍。因此，凡事往好处想，时刻拥有一份豁达的胸怀，泰然处之。因为，在生活中多几分豁达，便会多几分泰然。

凡事从容待之，切莫大悲大喜

吕坤在《呻吟语》中这样写道：“以患难时心居安乐，以贫贱时心居富贵，以屈居时心居广大，则无往而不泰然。以渊谷视康庄，以疾病视强健，以不测视无事，则无往而不安稳。”从容是人生的真正态度，一个人如果做到时刻从容，不大悲大喜，那么，无论遇到什么事情，他都能泰然处之。得意的时候，淡然坦荡；失意的时候，泰之若素，这就是胡雪岩的做人风格。在胡雪岩经商的数十年中，大起大落，有成功的喜悦，亦有失败的痛楚，然而，不管是喜悦还是痛楚，似乎都不能影响到胡雪岩个人的情绪。或许，许多人会认为与金钱打交道的人不会有太深刻的人生感悟，他们只懂得赚钱，甚至，在现代社会，人们对那种靠做生意发家的人颇为不屑，称其为“暴发户”，他们似乎大多都是粗陋寡闻之人。不过，在众多商人中，胡雪岩却是一个意外，他参透了人生，深谙从容之术，在他看来，成功与失败不过是过眼云烟。至此，无论自己处于什么样的境地，他都秉承着“不大悲不大喜”的原则，凡事从容待之。

胡雪岩是一个遇事不惊的人，在任何时候，他都表现得很从容，不大悲大喜。

当挤兑风潮波及杭州的时候，一向很有主见的主事螺蛳太太也没了主意，不知所措。就在这时，胡雪岩回到了杭州，他来到钱庄的时候，正好遇到店里开饭，胡雪岩神态祥和，看起来一点也不担心和悲伤。竟然，还闲情逸致地去看伙计们的饭桌，看到伙计们的饭桌上只有几个平常的菜，胡雪岩竟留心起来，不一会儿，就嘱咐钱庄档手谢云清：“天气冷了，该用火锅了。”另外，他还要求谢云清将用火锅的规矩改改，要按照外国人的办法，以气温的变化为标准，冬天什么时候吃火锅，夏天什么时候吃西瓜。

虽然，胡雪岩这样关心伙计的行为在平日里也常有，但是，眼看钱庄就要面临破产的困境，他依然有如此的闲情来关心琐事，足以见得其从容的心态。其实，胡雪岩明白，在这个时候陷入悲伤之中，不仅于事无补，甚至，会更加坏事。对此，他告诉自己：不要悲伤，不要怨恨任何人，甚至，连自己都不能怨，只想自己该做什么，怎么做，这才是最关键的。

在危机来临的时候，胡雪岩比任何人都要从容，不忧虑、不悲伤，该做什么就做什么，跟什么事情都没发生一样。另外，胡雪岩的从容在一定程度上可以缓解危机本身带来的影响。比如，在这个时候，店里的伙计早已经心急如焚，可胡雪岩还有说有笑，跟往常一样，这对于稳定店里伙计的心有很好的作用。这一点，就是胡雪岩的过人之处，不仅自己保持从容，还要将那份从容感染给伙计，同心协力，共渡难关。

在现实生活中，往往有许多不尽如人意的地方，所谓“世事常难遂人愿”。有时候，我们会遇到挫折、困难，心灵会陷入各种各样的困惑之中：若是达到成功的巅峰，满心欢喜；一旦失意，则会在失落中彷徨，陷入惆怅的旋涡中。虽然，我们所处的环境对自己一生有着不可割裂的关系，但是，根源在于只要我们保持从容的心态，才能坦然面对生活本身，才有可能在失意时不被击倒，在得意时不至于从巅峰坠落。以一颗平常心，保持从容，切莫大喜

大悲。

5年前，王太太还过着风光无限的生活，住洋房，开跑车，有英俊潇洒的丈夫，乖巧懂事的女儿，那时候，是她最幸福的时刻。可现在什么都变了，一切源于那次车祸。5年前，王太太一家人自驾旅游，在细雨纷飞中，由于路面湿滑，酿成了严重的交通事故。在事故中，只有王太太一个人活了下来，当知道丈夫和女儿都已离去的时候，她竭尽全力朝着墙壁撞去，心里不断地问老天："为什么不带我一起走？为什么？这究竟是为什么？"摸着头上的血，她笑了，对身边的护士说："上天不让我离去，肯定有理由，就让我代替他们活下去吧。"

康复后的王太太租了一间小屋，原来的积蓄在手术治疗中已经花光了。虽然感到心中很累，但王太太还是坚强地活了下去。找工作、交房租、买菜、做饭，生活中的每一件事都做得一丝不苟，那么从容。昔日的好友走进了她的家门，惊讶："以前你过惯了锦衣玉食的生活，可如今，你是怎么活下来的？"王太太笑了笑，眼睛望着窗外，说道："人生的大悲大喜，我都经历过了，对于我来说，还有什么可怕的呢？以后的我，需要就这样从容地活下去，不悲不喜，品尝最平淡的生活。"

有人说："一个拥有从容心态的人，他没有不满，没有怀疑，没有嫉妒，没有牢骚，没有抱怨，没有恐惧，不悲不喜。"很多时候，我们的压力与不快乐是因为自己拥有的东西太少，而奢望太多。于是，得意时的轻狂，失意时的沮丧，常常令我们陷入了悲与喜的纠葛之中。人生在世，保持一颗平常心，从容不迫，在沉迷时清醒，在贪求时淡泊，对任何事情，拿得起，放得下，宠辱不惊，闲看庭前花开花落。

那么，在现实生活中，如何才能像胡雪岩一样保持着从容、不悲不喜的心态呢？

1.淡泊名利

在现实生活中，许多人把名利看得太重，得陇望蜀，欲壑难填。甚至，有的人为了名利不择手段，一旦自己的目的没能达到，就耿耿于怀，心事重重，一蹶不振，没有办法从容面对。从容是一份心态，它与名利沾不上边，所以，不要斤斤计较，不要把名利看得那么重，否则，很容易导致自己心理失衡。

2.保持一份好心情

俗话说："虚怀若谷者得天时，处事廉洁者得地利，转危为安者得人和。"一个人只要心情好了，看什么都顺眼，做什么事情都能够从容不迫。因此，为了能够从容应对每一天，我们应该保持好心情，对人对己都宽待，不管生活带来什么样的悲痛，我们都应该泰然处之；不管现实如何残酷，都应该坚信曙光就在前方。

思虑不要过多，做好当下之事即可

胡雪岩常说这样一句话："千万要沉住气。今日之果，昨日之因，莫想过去，只看将来。今日之下如何，不要去管它，你只想着我今天做了些什么，该做些什么就是了。"思虑太多，无疑是自找烦恼，为今之计，只需要做好当下之事就好了。胡雪岩是一个注重当下的人，无论事情到了什么样的境地，他不管昨天，也不看明天，他所着眼于做好眼前的那件事。正是这样的心态，使得他不为失利而苦，不为得意而兴，一步一步，做好每一件事情，就这样，一跃成为了朝廷赐封的"红顶商人"。哲人说："把当下的事情做好，以自己的能力，把眼前的一件件具体的事情做好，才能聚沙成塔、集腋成裘，才可以做大事。"

在现实生活中，经常有人胡思乱想，总抱怨这样，抱怨那样，但是，这样又能怎么样呢？或许，抱怨会将心中的怨气发泄出来，但是，回过头来，你会发现，眼前之事还尚未完成，真可谓是得不偿失。所以，告诉自己"不要思虑太多，做好当下的事情"。思考，本来是一件好事，但是，思虑太多就会变成坏事。可能，本来只是一件微不足道的小事，但东想西想之后，却变成了一

种莫大的精神负担。有时候，思虑就如同一个放大镜，在经过它之后，那些忧虑、担心均被放大了，会渐渐地占据你的心灵，到最后，你已经没办法安心做事了。对此，胡雪岩告诉我们：不要思虑太多，做好当下之事即可。

患难朋友王有龄的仕途可谓是一帆风顺，在进京捐官的时候，有胡雪岩倾囊相助。捐官成功后，有何桂清的推荐，王有龄回到杭州很快就得到海运局的空缺。后来，在胡雪岩的帮助下，王有龄解决了漕米解运的麻烦。在这时候，湖州知府暂缺，而王有龄因解决漕米一事，在朝廷中已是声名大起，一下子，王有龄得以接任湖州知府这一美差。好像一切都太顺利了，就连王有龄本人也不相信自己的运气竟是如此之好。

在闲聊之中，王有龄对胡雪岩说："一年工夫不到，实在想不到有今日之下的局面，福者祸所倚，我心里反倒有些嘀咕了。"原来，事情太顺利了，王有龄常常思虑过多，竟想出一些烦心事来。胡雪岩不以为然，他说："千万要沉住气，今日之果，昨日之因，莫想过去，只看将来。今日之下如何，不要去管它，你只想着我今天做了些什么，该做些什么就是了。"胡雪岩的意思是说，今天的结果都是昨天所带来的，不要老是想起过去，只需要看到将来。以后会怎么样，也不要去想它，只要想着我当下所做的事情就行了。

虽然，胡雪岩的那番话是针对王有龄沉不住气所说的，但其中却蕴含着深刻的道理。一个人不要为眼前的宠辱得失所动，也不要去过多地想自己的过去与将来，而是要注重当下做的事情，凡事需要沉得住气，才有可能成大器。如此分析而来，胡雪岩认为，王有龄没有必要去嘀咕了，否则，思虑多了，反而会徒增烦恼。

在现实生活中又何尝不是这样呢？一个人若总是纠葛在过去与未来，不注重当下所做的事情，那么，他难以成大事。因为思虑过多，一方面，破坏了平和的心境；另一方面，当下的事情也未必能做好。对于我们来说，将一时的得失完全抛到脑后，这似乎不太可能，但是，比较而言，比起当下该做的事情，哪个更重要呢？只能舍弃眼前的得失，不去想，着眼于当下的事情。毕竟，我们总是要向前走的，而只要做好当下的事情，你才能往前走。

威廉·奥斯勒年轻的时候，曾经是蒙特瑞综合医院的一名医科学生。他在那里学医时，有一段时间里，他对自己的生活充满了忧虑，不知道怎样才能通过眼下的期末考试，也不知道将来会在什么地方，创立什么样的事业，更不知道明天该怎么去生活。他整天为这些事情担忧着，无心自己的学业。

偶然一次，他无意间在一本书上看见了这样一句话："对我们大家来说，生活中最重要的事情不是回忆过去、遥望将来，而是动手理清自己手边实实在在的事。"正是从书上看到的这句话，改变了这位年轻的医科学生，使他后来成为了最有名的医学家，创建了举世闻名的约翰·霍普金斯医学院，并成为了牛津大学医学院的钦定讲座教授，那可是学医的英国人所能获得的最高荣誉。

后来，威廉·奥斯勒爵士给耶鲁大学的学生作了一次演讲，他说："像我这样一个曾在四所大学当过教授，撰写过畅销书的人，大家以为我会有'特殊的头脑'。但是事实并非如此，我的朋友都知道，我的脑袋是再普通不过的了。"有人问他："那你的成功秘诀是什么呢？"威廉·奥斯勒爵士认为："我之所以能够成功，是因为放下心中的思虑，尽力做好当下的事情。"

奥斯勒爵士的话并不是让我们不要为明天做准备，而最好的办法，就是尽自己最大的努力，把当下的事情做到完美无缺，这才是应对未来唯一可靠的方法。奥斯勒把每一天都当作是完全独立的，他不会沉溺在过去，也不会为未来忧虑，放下了心中所有的忧虑，所以，他能够信心满满地应对当下的事情。

一个人若是思虑太多，不由自主地，他对自己的生活就充满了忧虑，不知道该怎样做好当下的事情，也不知道未来会怎么样。整天为这些事情担忧着，甚至，有的人连当下该做什么事情都忘记了。如此看来，思虑太多并不见得是一种好习惯，它会一步步让我们失去成功的机会。所以，面对生活中的事情，放下心中的思虑，专注于当下的事情，以此来减轻心灵上沉重的负荷。

1.不要杞人忧天

在生活中，有的人常常思虑过重，什么事情都放不下，思考的东西太多，忧虑太多，最后，搞得做什么事情都没信心。而且，明明是一件很简单的事情，但因思虑太多，而变得复杂起来。其实，这样的人就是典型的杞人忧天，

一般情况下，一个人思虑过多，是因为害怕失去。所以，凡事不要杞人忧天，对于自己当下想做的事情，不要多想，直接去做，虽然，做完后有可能失败，但会增加自信心。

2.增强自我的心理素质

经常思虑过多，实际上就是心理素质不过关。在平时的生活中，做事不要着急，适当注意培养自己的一些处理事情的能力，以此调节自己的情绪，这样，慢慢地，心理素质就会得到提升。另外，不要想得太多，如果时间实在很多，那就给自己安排一些适当的计划，专心致力于当下之事。

犯错失利皆是常事，还要继续前行

在胡雪岩看来，犯错失利都是常事，无论怎么样，人生还是要继续前行。作为生意人来说，失利是家常便饭，因为你既然有赢的时候，就肯定有输的时候。而对于我们常人来说，犯错是常事，这是不可避免的。不过，胡雪岩却将两者结合起来，犯错和失利都不要紧，生活还是照样进行，似乎并没有改变自己什么。其实，胡雪岩有这样的想法，是源于其淡定自若的心态，生活的方向就是向前行，失利和错误并不能改变生活的方向，而且，也不会影响到自己的情绪。当然，对于许多人来说，犯错与失利对自己的影响还是比较大的，他们有可能因为失利而不敢经商，有可能因为犯错而不再尝试，因为这样的心态，使得他们的一生大多是默默无闻。在生活中，大多时候，我们不能控制事情的走向，但是我们能选择自己的心态。无论事情发生到怎样的地步，不管是犯错也好，失利也罢，选择了淡定的心态，我们就能战胜一切。

关于犯错，胡雪岩自有自己的一番态度。

有一次，胡庆余堂采购人员一不小心，将数量不少的豹骨误作虎骨购进。而负责进货业务的阿大因手头正忙，再加上那名采购人员做事一向牢靠，便没有详加检查就将豹骨放入了仓库。有一个新进来的副档手得知消息，觉得自己晋升的机会来了，他将此事告诉了胡雪岩，希望他惩罚疏忽大意的阿大，提拔自己。胡雪岩听到事情后，亲自带人到药库检查，发现里面真的有不少豹骨，当即命令将豹骨全部烧毁。阿大看见自己的失误给药店带来了这么大经济损失，顿时羞愧难当，当即递交了辞呈。不料，胡雪岩却安慰说："忙中出错，在所难免，生意还是要继续，因此，你还是继续做这个事情，以后小心点就是了。"

胡雪岩的宽容令阿大感激终身。其实，无论是自己犯错，还是他人犯错，胡雪岩都是以包容之心接纳，因为他坚信，任何事情都是向前发展的，一点错误并不要紧。在失利方面，胡雪岩的阜康钱庄曾遭挤兑风潮。当时，胡雪岩告诉自己："最好忘掉自己是阜康东家的身份，当自己是胡雪岩的'总管'，胡雪岩已经'不能问事'，委托自己来处理这一些事情。"同时，他告诫自己："失利并不要紧，一定要得失之心放开，一切向前看。在这关键时刻，只有将得失之心丢开，才能集中全力去考虑如何应对危机，寻找化解危机的策略，也才能继续向前行。"

无论是犯错还是失利，胡雪岩都能客观看待，其从容淡定的心态值得我们敬佩与学习。从表面上看，犯错和失利都不算好事，有可能会影响我们的心情。不过，若是从长远看，犯错和失利都是我们通往成功之路的必然经历。因为，有了犯错，我们才能从中吸取经验和教训；有了失利的遭遇，我们才能想到赢利的策略。既然这样一些经历是必然的，我们就要以置身事外的态度来看待它们，以正确的心态接纳他们，努力改正犯下的错误，积极想办法化解危机。这样，我们才能冲破障碍，拥抱成功。

约翰尼·卡特意识到自己犯错了，原来，为了维持良好的精神状态，他沾染了坏习惯，酗酒、服用安眠药和刺激药物。歌迷的怒骂声传来，约翰尼·卡特觉得自己完了，本来美好的前途就这样毁了。不过，他并没有想要改正错误，索性破罐子破摔，于是，他变得更加堕落了，坏习惯越来严重，不是在舞台上就是在监狱里。对此，一位行政司法长官对他说："约翰尼·卡特，今天

我要把你的钱和麻醉药还给你，因为你比别人更明白你能充分自由地选择自己想干的事，这就是你的钱和麻醉药，你现在就把这些药片扔掉吧，否则，你就去麻醉自己，毁灭自己，你自己作出选择吧！”

卡特一瞬间醒悟了，他选择了生活，他找到了私人医生，痛下决心改正错误，戒掉坏习惯，医生不太相信他：“戒毒瘾比找上帝还难。”卡特决心“一定能找到上帝”，他开始了漫长的戒毒之路，卡特将自己锁在卧室闭门不出，忍受着巨大的痛苦。当时，在卡特面前的有麻醉药的引诱，有奋斗目标的呼唤，卡特选择了奋斗，漫长的9个星期过去了，卡特回归了久违的舞台，歌迷以热情拥抱了他。回忆那段日子，他说：“我以为一辈子就这样完了，我以为一生都将这样过，但是，我醒悟了，犯错并不算什么，只要我勇于去改正，生活还是会继续前行。”

正如卡特所说：“犯错并不算什么，只要勇于改正，生活依然会继续前行。”其实，在生活中中，不管是失利还是犯错，既然我们避免不了，那就应以正确的心态接纳它。每桩生意都有可能失利，每个人都有可能犯错，做生意跟做人一样，都需要保持平和的心态接受自己，这样，我们的人生之路才会走得更长更远。

第 09 章

审时度势，灵敏通融——自如处世的人生智慧

胡雪岩说：“为人处世必须以须要以‘圆世’为主。”审时度势，灵敏通融处世，这其中既需要大智慧，也需要大的容忍度。红顶商人胡雪岩是一个懂得圆世的人，在为人处世的态度上，既通，又活，还融，达到圆融的最佳状态。有如此通融的处世之术，又何愁什么事情办不成呢？所以，多学习胡雪岩的圆融处世，有了审时度势的智慧，处世才能游刃有余。

棘手之事，还需采用适时战术

胡雪岩说：“治我损我，拆我的烂污，那是行不通的，甚至应该让你没有好下场，但是只要你尚有可用的地方，饭总是大家一起吃的。”在他看来，处世一定要“圆”，尤其是遇到棘手之事，更要以圆融为主，需要采用适时战术。一个人如果太多方正，有棱有角，一定会撞得头破血流；反之，一个人若是八面玲珑，做事反而事半功倍。当然，胡雪岩主张做人不应太圆滑，须方外有圆，圆中有方，外圆内方。由此可以看出，胡雪岩是一个灵敏通融的人，在处理各种事宜上，他懂得灵活应变，适时改变战术。在经商数十年中，他遇到的棘手之事并不少，有的是与生意有关，有的是与官场有关，但每一次，胡雪岩都能灵活应变，将事情办得漂漂亮亮。通常情况下，棘手之事所需要的是灵活战术，或许，对事情本身来说，它并没有具体的解决方法，而是需要适时而变，如此，才能应对错综复杂的事情。在生活中，常会有困难之事或棘手之事等待我们去处理，这时候，我们就应学学胡雪岩的灵活之术，适时应变，巧妙应对，使事情得到圆满地解决。

有一次，胡雪岩押运洋枪，从上海去浙江。本来，在上海购买的这批洋枪，需要松江漕帮的协助才能运到浙江。可是，胡雪岩到了松江，才知道事情突然之间变得很棘手。原来，松江魏老头子的好友俞武成已经和太平军赖汉英联系上了，只要等这批洋枪从海上起运，就动手截留，而魏老头子也答应会帮助他们。

胡雪岩到松江拜访了魏老头子，听闻了此事，心中颇为不安。心想：如

果俞武成不是他的朋友，事情就好办了。如果这批洋枪，不是落到太平军的手里，事情也好办。现在两种假设都不成立，事情确实很棘手啊。魏老头子了解胡雪岩的难处，他打算断了与俞武成的交情，帮助胡雪岩渡过这一难关，阻止俞武成动手。可胡雪岩却觉得这样办事不太妥当，这时，他灵光一现，心中已经有了妙计。

于是，胡雪岩去拜见了俞武成的娘——俞三婆婆，没想，这俞三婆婆却是一个厉害角色，她故意装聋作哑，不想帮胡雪岩这个忙。胡雪岩缓缓说道：“我也是不希望松江漕帮为难，让魏老爷为难，再说了，如果我请兵护运，又怕与俞武成发生冲突，伤了和气。”俞三婆婆到底是老江湖，她听出，如果俞武成不肯让步，那请兵护运洋枪，这俞武成的行为则成了抢劫军械，这可是要灭门的啊。知晓了其中的利害关系，俞三婆婆吩咐赶快让人将俞武成找回来。

不过，事情却并不像想象中的简单，有了俞三婆婆的出面，还是难以给俞武成台阶下。俞武成本来是想给下面的兄弟考虑生计，急谋生路，才身不由己，萌发出了抢劫军械的念头，如今，有了母亲的出面，但自己该如何向兄弟们交代呢？对此，胡雪岩与俞武成达成了协议，由胡雪岩报请官府，发给这批人三月粮饷，保证不诱降，事后，胡雪岩还拿出一万两银子来犒劳俞武成下面的兄弟们。

本来，押运军械去浙江，却没想到在松江是“大水冲了龙王庙”，两边都有说不开的关系，这可如何是好呢？随机应变的胡雪岩不想伤了和气，尽量让各方面都满意，为此，他才想出了这样一个办法：请俞武成的母亲出来规劝，自己再拿银两犒劳他们。这样一来，不至于让魏老头子为难，同时，还给了俞武成这只恶虎一个台阶下，万事皆完美。

在日常生活中，若是遇到了棘手之事，须记住：万事急不得。越着急，就越有可能办砸事情。而且，如果你只想用一种方法就来解决棘手之事，那成功的概率是不大的，凡事多预备，多改变，方能成功应对。毕竟，棘手的事情所考验的是一个人的随机应变能力，如果你总是保持原有的方法，不着眼事情本身的变化，那极有可能会让事情朝着相反的方向发展。

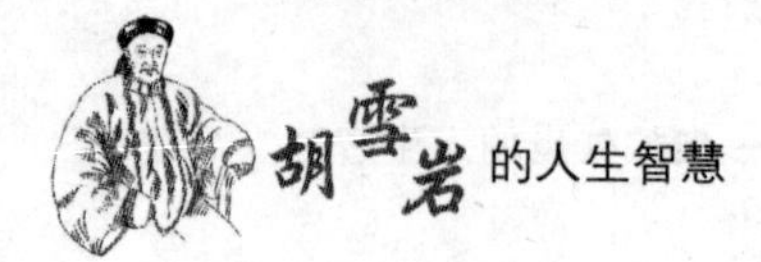

王先生是一家公司的经理，下班后经常做一些投资活动。前不久，他以极低的价格购买了位于郊区的不毛之地，家人、朋友纷纷说他傻："这地连草都不长，你买来有什么用？还花了那么多钱。"王先生本来打算随着城市的规划而出售，没想，城市规划有变，那块地看来真的成了无用之地。当时，王先生可是拿出了大部分积蓄，如今可谓是血本无归了，事情变得十分棘手。

突然有一天，王先生灵机一动，他对当地政府部门说："我有一块地皮，我愿意无偿捐献给政府，但是，我是一个教育救国论者，因此，这块地只能建一所大学。"政府如获至宝，当即就同意了这一要求。

于是，王先生将三分之二的地捐给了政府，不久，一所大学府矗立在那里。他再将剩下的三分之一的地修建了学生公寓、餐厅、商场、酒吧、电影院等，形成了商业一条街。没过多久，王先生买地皮亏损的钱就被赚回来了。

王先生是一个懂得采用适时战术的人，最后，他的投资活动得到了很好的回报。本来，王先生打算随着城市规划而开发那块地，没想，城市规划有了变化，而那块地一下子变得一文不值了。之前所设想的计划出现了变化，使得投资这件事变得异常棘手，不过，王先生并没泄气，而是适时应变，使得一件坏事变成了好事。对此，在生活中，面对棘手之事，不要着急，需适时应变，以灵活战术获胜。

1.对症下药

当本来一件简单的事情变得棘手之后，就将意味着之前我们所采用的方法并不适用了，如果你执意坚持按照之前的方法去处理事情，很有可能将导致事情毫无转机，进而走向了死胡同。因此，在事情变得更困难的时候，我们应该想好对策，做到对症下药，即采用适时的战术，这样才能引导事情朝着积极的方向发展。

2.灵活应付

在生活中，对待一件多变且棘手的事情，唯一的策略就是灵活，诸如灵活的战术。当然，前提条件是当事人的头脑得是灵活的，这样，才能想出机智的办法。以不变应万变，或者，你变我亦变，轻松应对棘手事件。

以静制动，看准时机再出手

胡雪岩是一个沉着冷静的人，不管遇到了什么事情，他总能够以静制动，看准了时机再出手。以静制动，也就是静非不动，敌不动我不动，静观其变。其实，静和动是相对而言的，在双方的对峙中，需要以静制动，你若按捺不住，四处乱动，那么你的胜算就会少之又少；如果你能以静制动，那么在你与对方的周旋过程中，逐渐就会转化你的劣势，变为优势，对方就处于被动地位，这时，你再伺机找准机会出手，即可打倒对手。在经商过程中，胡雪岩遭遇了不少对手，但是，他始终坚持着“以静制动”的原则，一一打倒了那些企图排挤他的对手。在现实生活中，我们也经常碰到这样的情况，当对方没有采取行动的时候，你也需要静等，千万不要盲目采取行动。因为，如果你动的比对方多，对方就被迫处于少动的位置，这时候，对方有可能会反过来上演一番“以静制动”，那么，你就会在此次竞争败下阵来。所以，无论遇到什么事情，安静等待时机的到来，这样，我们才能牢牢地占据主动的位置，这是处世之妙，更是度势之术。

在杭州，胡雪岩创办了胡庆余堂，与此同时，位于杭州的两家老字号药店却感到威胁来了。杭州城内的许广和、叶种德两家药店自恃创办历史悠久，实力雄厚，便下定决心要与胡雪岩的胡庆余堂打一场价格战，希望以降价的方式将胡庆余堂挤垮。

价格战一开始，许广和、叶种德两家药店纷纷拿出了看家本领。胡庆余堂出售的高丽参每两二钱银子，他们便降价，卖一钱七；胡庆余堂的淮山药每两五厘纹银，他们就只卖四厘。而降价后，确实也拉回了不少顾客。如果按照一般商人，肯定会以牙还牙，你降价了，那我也降价，再把客户拉回来，而且，胡雪岩的胡庆余堂有钱庄、典当做资产后盾，有足够的实力来跟对方拼价格。但是，胡雪岩却有自己的招数，那就是“以静制动”。药店的价格从来不降，看着别人降价，也不眼红。

等到许广和、叶种德两家药店的价格降得差不多了，胡雪岩找准机会，打出了“真不二价”的招牌。原来，在这之前，胡雪岩已经仔细想过了：许广和、叶种德两家药店降价的举措，只会亏了自己，不用等到挤垮别人，有可能自己就先垮掉了。而且，降价的话有可能会选择劣等货，以次充好，这样的后果将导致药品质量的下降，这样做下去只会砸了自己的招牌，毁掉自己的名声。

而且，最重要的是胡雪岩对自己药店的药品质量十分有信心，就这样，胡雪岩“以静制动”，成功地赢回了市场。

试想，如果看到许广和、叶种德两家药店降价，若胡雪岩也坐不住，急忙紧跟着降价，以拉回顾客，那么，本来的主动位置一下子就变成了被动，还有可能真的被对方击垮了。而胡雪岩恰恰是以静制动，无论对方怎么样降价，他都不作声，明码标价，等到对方的价格降得差不多，没有机会提价的时候，他再打出“真不二价”的响亮招牌。这样一来，胡雪岩轻轻松松就成为了最后的大赢家。

在动物世界里，蛇在进攻时总是先盘起身子，静观敌人的动向，在敌人暴露弱点的那一瞬间，杀死敌人。蛇就是以静掩藏自己的弱点，静等对方露出弱点时发起进攻。静，可以把自己的弱点藏起来；动，则会暴露自己的弱点。有时候，只要你一行动就会暴露自己的弱点，而对方则会收集到关于你的各种信息，你就如同是屠场上的羊，只能任人宰割了。

李先生一直在从事印刷业，在经营了多年之后萌发了退休的念头。他原来从美国购进了一批印刷机器，经过几年使用后，扣除磨损费应该还有250万美元的价值。他在心中打定主意，在出售这批机器的时候，一定不能以低于这250万美元的价格出让。于是，他在报纸上做了广告，出售那批印刷机器。

一个阳光明媚的星期天，来了一位买主，他一张口，就针对那台印刷机器的各种问题滔滔不绝地讲了很多缺点和不足，这让李先生十分恼火。但是他在自己刚要发作的时候，突然想起自己250万美元的底价，于是又冷静了下来，一言不发，看着那个人继续滔滔不绝。

结果到了最后，那人再没有说话的力气，突然蹦出一句：“嘿，老兄，我

看你这个机器我最多能够给你350万美元，再多的话我们可真是不要了。”这时，李先生静不下去了，一口应承：“好！就这么说定了。”于是，李先生很幸运地比计划多卖了整整100万美元。

正所谓“静者心多妙，超然思不群”。一些习惯于滔滔不绝的人往往是最沉不住气的人，一旦遇到了冷静的对手，他就最容易失败，因为急躁的心情让他们没有时间考虑自己的处境与位置，也不会静下心来思考有效的对策。而李先生以静制动，充分掌控了主动位置，等待时机出手，一下子就抓住了事情的要害之处，达到了自己的目的。

1.守则不足，攻则有余

孙子曰：“守则不足，攻则有余。”意思是说，在敌人没有可乘之机的时候，不能被战胜，这时，应防守待之；若是敌人有了可乘之机，就能够被战胜，则出奇攻而取之。在这里，防守就是静，因为暂时没有实力与之周旋，就应该以静制动，将自己的实力隐藏在深不可测之下。这样，才能保全自己，为最后的成功奠定基础。

2.事临头上用三思，话到嘴边留半句

动物尚能明白“以静制动”的道理，身处复杂社会的我们更要明白“事临头上用三思，话到嘴边留半句”的道理。以静制动，以不变应万变，适时地保持安静是一种智慧的掌势之术。

在生活中，我们要学会沉默，以静制动，不要轻易出手，必须在某个地方静静地观察对方的一举一动，根据对方的行动来决定自己该采取什么样的办法，这样才有可能达到自己的目的。

遇事讲原则，但有时也要会通融

胡雪岩是一个讲原则的人，但与此同时，他也懂得适时通融。胡雪岩认为，“方”是做人的根本，是做人的脊梁，即需要遵守原则，但是一个人仅仅依靠“方”是不够的，还需要会“圆”。对此，胡雪岩做足了通、融，那么，一个大善人的富豪大贾就出现了。所谓“不成规矩不成方圆”，凡事都是要讲原则的，一旦规矩乱了，事情没有任何原则，那么，这个世界就混乱了。然而，虽然原则是很重要的，但有时也需要通融一下，这就是胡雪岩所提倡的“圆”。无论在商场、官场，不管是交友、处世，都需要“圆”的哲学，这样，我们才能无往而不利。胡雪岩常说：“大家怎么说，我就怎么说；大家怎么做，我就怎么做。”在原则中求通融，在通融中持原则，了解了人们的喜怒哀乐，就随了人们的爱憎喜恶，做到了这些，万事皆有可能，人心也会无不可得。在现实生活中，每一件事都有它的原则，遵循原则是应该的，但是，凡事以原则为主，这就显得太不近人情了。为人处事太过“方”，有棱有角，事情就很容易陷入绝望的境地。所以，做人应该懂得变通，大方向上是以原则为主，但在适当的时候，我们还是要学会通融。

嵇鹤龄是一个能言善道，足智多谋的人，不过，由于方正不屈，凡事讲原则，他也落得个“恃才傲物”的下场。从表面上看，他也算是一个有本事有骨气的人。好在他遇到了胡雪岩，因嵇鹤龄帮助王有龄出面解决了地方农民聚众闹事，然而，事后在论功行赏的时候，却遇到了麻烦。

当时，一般情况下，在地方上有了大案子，比如兵剿、河工，或者漕运改河运等案子，只要办事妥当，都可以为出力人员请奖，这就是“保案”。保又分为两种：即明保、密保。不过，黄抚台却只给了嵇鹤龄一个明保。胡雪岩听说这件事后，心中为嵇鹤龄不平，他觉得这事一定有蹊跷。于是，经过了一番调查，胡雪岩弄清了事情的原委，原来，黄抚台手下有个文案员，曾向嵇鹤龄索取了两千两银子，可办事一向讲原则的嵇鹤龄不答应，声称自己没有银两，于是，他就得了一个明保。

胡雪岩在跟嵇鹤龄说到这事的时候，嵇鹤龄十分无奈，说道：“官场中的世态炎凉，我早就看厌了，所谓此处不留爷，自有留爷处，我在浙江混不下去了，还可以回湖北办团练。”然而，胡雪岩却不这么看，他想：水往低处流，

人往高处走。事情都是人做出来的，原则的事情自然也会有所通融才是。这样一想，他决定帮助嵇鹤龄办好这件事。

胡雪岩用钱庄的银号开了两张银票，一张两千，一张两百，用封套封好，下面具名“教愚弟嵇鹤龄”，托人送到了那位文案员手中，不到一个时辰，就有人送来了文案委员的名片，上面写着四个字“拜领谢谢！”当天晚上，胡雪岩就通知嵇鹤龄去见抚台。

最后，事情办得相当顺利，第二天便有了消息，说让嵇鹤龄接管海运局。

在这件事情上，如果胡雪岩也坚持原则办事，那嵇鹤龄可能只有回湖北办团练去了。不过，说到底，胡雪岩虽然读书不多，但其社会历练多，他懂得事情在何时能通融，在什么时候需要讲原则。在他看来，能够通融的时候，就不应执着于原则办事，而是将原则放开，只要能将事情办好，摒弃了原则又何妨呢?

许多人觉得办事通融无非就是拉关系、交朋友、塞红包、化解矛盾，然后，才能升官发财、过红火的日子。其实，这样的理解略有偏颇，虽然，以上所说的确实成为了一种社会现象。然而，真正的通融并不是这样，它更多地体现出来的是一种积极的人生态度，有了积极的通融，才能达到从容的境界。既讲原则，又要学会通融，其实就是弹性处理事情，适当的时候，可以绕过原则来解决问题。在现实生活中，一些人感觉自己活得很累，因为计较太多，不懂得通融，所以不能从容面对，这样，事情没办好，自己的心也感觉到很累。通融是一种审时度势的处世策略，只有懂得了通融，才能从容做事。

在公交站台，一位老太太上了公交车后便刷卡乘车，可是，不知道是什么原因，却显示刷卡失败。司机建议老太太投币乘车，这位老太太无奈地说道：“我卡上是昨天刚充的100元，我今天出门逛公园，就没带钱。”刷卡失败，身上又没带钱，司机要求老太太下车，老太太不同意，始终坚持说自己卡上有钱，不肯下车。这下司机可不同意了，坚持要求老太太先投币再乘车，两人就这样僵持着，车上的人都静坐不语。这时，刚上车的一位中年男子听了，连忙说道：“老人家也不容易，让她下车不是一个恰当的方法啊。司机也是为了遵守原则，这样吧，我来给这位老太太刷卡，老太太，您先找个位置坐下，这样既不让司机大哥为难，也解决了您的问题。”

这只是日常生活中的一件小事，公交车司机执着于自己的工作职责，老太太明明卡里充值了，却刷卡失败，而身上没带钱，这事情也不能怪她。于是，两人都坚持自己的想法，僵持不下，最后，还是一位中年男人帮忙刷卡才了事。其实，在这里，公交车司机只讲原则，不懂通融，不过是一元钱，硬是执着坚持老太太投币再乘车，其要求难免有点不近人情，大可以自己为她投币，或者询问身边的乘客是否有零钱，通融一下，事情解决了。所以，做人要懂得变通，适当的时候，我们可以绕过原则，灵活处事，这样一来，凡事均可尽善尽美了。

碰到难事，放缓一下再做处理

孔子说：“欲速则不达。”教导我们为人处事，要当进则进，当退则退；当急则急，当缓则缓。凡事不可操之过急，一味地求事情的速成，不顾后果一味冒进，事情反而会朝着相反的方向发展。对此，胡雪岩吸取了先贤的智慧，他说：“事缓则圆，不必急在一时。”胡雪岩不愧为一代商贾，深谙做事的缓急之道。事实上，每个人的一生都不可能顺顺当当，我们总会遇到一些坎坷险阻，若是一旦遇到紧急而又难以处理的事情，该怎么办呢？哲人说：“人生难事，须以‘缓’字应对，方能圆满。”的确，棘手之事，往往是事缓则圆，我们在做事情的时候，千万不可贸然急进。如果具备了条件，也应是一步一步向前；反之，如果不具备成事的条件，则不可轻举妄动。当缓则缓，凡事急不来的，如此稳扎稳打，不急功近利，才能够保证事情的圆满成功。

在生意场上打拼的人，都明白凡事需要耐心等待，以求等候最佳时机的到来。时机尚未成熟的时候，就草率行事，最后的结局往往是事倍功半，甚至无

功而返。有时候，许多事情的失败在于慌张、急于求成，如果在做事的时候，暂缓一下，往往不至于如此。

俞万春在《荡寇志》中说："看来此事，事宽则圆，急难成效。"意思是，遇到了困难的事情不要操之过急，而是需要慢慢地设法应对，这样，事情才能得到圆满解决。"事缓则圆"是一个人成长过程中需要不断修养的处世策略。在这个世界，大凡人、事、物，乃至各种现象都有其成熟的时机，时机尚未成熟之前的等待，是很有必要的。诸如水果的成熟需要一定的时间，太早去摘取，其滋味总是苦涩。做事也是一样的道理，每件事都需要一定的等待过程，这样才能获得更完美的结果。

乔丽最近正在筹划开店的事情，可是，忙碌了几个月，因政策的关系，还没有办好相关手续。晚上，乔丽与父亲闲聊起来，谈到最近苦恼的事情，乔丽便抱怨连连，父亲说："事缓则圆，不要着急，凡事慢慢来。"乔丽心有感触，说道："爸爸，我是不是太逞强了，一个弱女子怎么去想到做这样的事情。"父亲和蔼地说："这不算什么，你要明白，你要想游泳难免会呛几口水。"乔丽无奈地说："可是，身边朋友都有自己的事情要做，我想请教都找不到人，可我太想把这件事做好，让他们刮目相看。"父亲缓缓地说："你现在就静观其变，不要着急，事情慢慢就顺利了。"听了父亲的劝告，乔丽静下心来。

在后面的一周时间里，乔丽不去谈论那件事，平时也不去注意事情的发展。过了一周，事情有所好转，政策有变，给了乔丽一个很好的机会。她感到机会来了，而事情可以圆满解决了，这时，她再想想父亲的劝告，似乎真的很有道理。

之前，乔丽很着急，反而对事情一点帮助都没有。听了父亲的劝告之后，她一改常态，不去关注，不去谈论，在不知不觉间，事情竟然有了转机。如此看来，太着急，反而不利于事情的发展。

1.不可操之过急

日常生活中，我们所说的"操之过急"并不是积极进取，让事情缓缓也并不是逃避。“缓”是为了事情的最后解决做最充分的准备，凡事若能缓缓，准备更充分，结果就会更加圆满。在做事过程中，不能性急，需要在循序渐进中积极筹划，耐心等待一个成熟的时机，最终，就会有一个好结果。

2.凡事皆缓，终将圆满

释迦牟尼说：“缓，而认真地坚持，终将圆满。”事缓则圆，看似容易，做起来却很难。遇到不明白的人，不要去弄明白了，缓一缓，自然会明白了；想不通的事情，不要去想了，缓一缓，自然就想通了；理不顺的事情，不要去理了，缓一缓，自然就理顺了。其中所蕴含的哲理无非就是“圆”，遇到难事，暂缓一下，也许，你会有意想不到的收获。

分清形势，学会未雨绸缪

每每到了危机时刻，胡雪岩常说：“凡事不能碰运气，要想停当了再动手。”在生意场上，每一次运作都会有一定的风险，大胆投资一桩生意，究竟带来的是丰厚的利润还是血本无归呢？在结果没有出现的时候，我们是很难预先知道的，往往是到最后才能见分晓。但是，如果你事先做了周密的部署，分清形势，未雨绸缪，就不会出现太大的问题。胡雪岩是一个善于未雨绸缪的人，每一次的周密思考，他都做好了充分的准备。其实，在现实生活中，未雨绸缪是必不可少的。在事情还没有任何起色的时候，我们应先多花些时间，做好完善的硬件设施，这样以后才能过上安逸清闲的日子。试想，在做一件事情之前，我们就想好了部署，想到了那些预料中的情况，这样，等到真正去做的时候，胜算的概率会不会大一些呢？答案是肯定的，所谓“谋定而后动”，这才是事情成功的秘诀。

太平运动纷纷而起，杭州被团团围住，王有龄按照地方官“守土有责”的惯例，率杭州军民坐孤城，直至粮草殆尽，断粮长达一个月之久。当时，城

内没有食物，就将药材南货，诸如熟地、黄精、枣栗、海茎类，都用来充饥。到后来，只能吃糖、吃皮箱、吃草根树皮，甚至，在最后到了以尸肉充饥的地步。

为了筹备粮食，胡雪岩冒死出城，到上海买了一船救命的粮食，运到了杭州城外的钿江面，恰逢这时，所有进城的通道都已经被断绝，粮食也无法送进城内，只能远远相望。过了几天，陪同胡雪岩一起到杭州送粮的萧家骥打算进城送个消息，随便看看是否有可行的办法将粮食运进城里。对此，胡雪岩同意了萧家骥的决定，在出发之前，胡雪岩问道："你怎么样到达对岸，如何进城，在途中若是遇到了敌人该怎么办？"然而，对于这些至关重要的问题，萧家骥却连想都没想，他说："在这种情况下，只能见机行事，碰碰运气了。"胡雪岩回答道："这时候做事，不能说碰运气，要想停当了再动手。"

原来，胡雪岩有自己的想法：在这危急时刻，绝不能碰运气，历尽了千辛万苦买回来的救命粮食已经运到了城外，绝不能无果而返。既然决定冒险进城，就一定要有一个好的结果。城外对城内的情况一概不知，而城外有重兵把守，如果不小心被抓住了，肯定会给予重罚，搞不好还会被杀头，而在城中，没有一个人认识萧家骥，又不能写一个能证明其身份的文书、信函之类的东西在身边，进城去有可能还会被当成奸细呢。这样想来，就应该细细预料进城途中所遇到的情况，未雨绸缪，才能求得一个好的结果。

在胡雪岩看来，萧家骥此次进城，事关杭州百姓的安危，需要三思而后行。毕竟，许多事情之间都存在着千丝万缕的关系，一时的疏忽有可能会造成整件事情的失败，所谓"牵一发动全身"，其产生的连锁反应，将影响整件事情，最后，导致全盘崩溃。胡雪岩正是明白这样的道理，所以，在出发之前，才会细问萧家骥到底是如何打算的。

在日常生活中，我们要想做好一件事情，就必须事先分析情势，学会未雨绸缪。一个人要想有所建树，就必须时刻注意胆大心细，在做任何一件事情之前都必须提醒自己，要三思而后行，学胡雪岩"想停当了再动手"。

1.平时有准备，方能有胜算

在现实生活中，许多人总是怀着“临时抱佛脚”的心态，在平时不闻不问，真正到了最紧要的关头，才觉得情势危急，无法应对。事实上，我们要想将一件事情做到尽善尽美，那么，详细而周密的计划是必不可少的，即在做事之前应该未雨绸缪。平时有了充分的准备，方能有成功的机会。

一只野狼卧在草地上勤奋地磨牙，狐狸看到了，就对它说：“天气这么好，大家都在休息娱乐，你也加入我们的队伍吧！”野狼没有说话，继续磨牙，把它的牙齿磨得又尖又利。狐狸奇怪地问道：“现在森林这么安静，猎人和猎狗都已经回家了，老虎也不在近处徘徊，又没有任何危险，你何必那么用劲磨牙呢？”

野狼停下来回答说：“我磨牙并不是为了娱乐，你想想，如果有一天我被猎人或者老虎追逐，到那时，我想磨牙也来不及了，而平时，我就把牙磨好，到那时就可以保护自己了。”

野狼平时就做好了准备工作，等到有一天真的被猎人或老虎追逐的时候，它就可以很好地保护自己了。其实，我们在做任何一件事情的时候，都应该未雨绸缪，居安思危，防患于未然。有了充分的准备，再去迎接挑战，我们将有很大的胜算。哪怕事情有了意外的发展，我们也不至于手忙脚乱，而是从容不迫地按照变化的形势而采取对策。试想，平时不准备，临时抱佛脚是不会把事情处理好的。

2.机会总是青睐那些有准备的人

在生活中，许多人抱怨自己没有机会，而正当机会来临的时候，却由于没能做好充分的准备而与机会擦肩而过，到最后，只能后悔莫及。所以，在做事情之前，要学会分析形势，未雨绸缪，做好充分的准备，才能抓住稍纵即逝的机会，也才能掌控大局。

第 10 章

有情有义，坦荡仗义——得取人心的人生智慧

有人说：“如果为人做到胡雪岩的那份上，上交权贵，下结江湖，就是人生风光的顶点。”胡雪岩一生的成功离不开陪伴在其左右的挚友，因为丰厚的人脉关系，他可以在商场上畅通无阻，甚至，一跃成为红顶商人。俗话说：“朋友多了路好走。”在日常生活中，朋友对于我们的重要性也是一样的。坦荡仗义，有情有义，广布人脉，因为人脉才是人生真正的财富。

不苟求钱财名利，而要求取人心

胡雪岩常说："有钱没有用，要有人，自己不懂不要紧，只要敬重懂的人；用的人没有本事无妨，只要你肯把用人的名声传出去，自会有本事的人投到你的门下。"在胡雪岩看来，人比钱财更重要。虽然胡雪岩是一个商人，他平日里做得最多的事情是做生意，但是，这样一个与钱打交道的人却时刻将结交朋友放在第一位。当然，胡雪岩毕竟是商人，他所结交的朋友不是官员，就是江湖人，简单地说，这些朋友都是对他做生意很有帮助的。不过，胡雪岩在结交朋友时会遵从一些特别的原则，那就是：从来不以利益为先，不苟求钱财名利，而是结交人心。而这，恰恰是商人胡雪岩交友的明智之处。在现代社会中，人情账远比钱财账更重要，只要你懂得笼络人心，无疑就会为自己积累了丰富的人脉资源。据说，有人曾问胡雪岩："你最喜欢什么？"他回答说："钱，大把大把的金钱，越多越好。"这样一个嗜钱如命的商人，却常常为了交友而不惜重金，由此可见，他所求的不过是"人心"二字。所以，我们广布人脉的过程中，要暂且将钱财名利抛开，或者说，应该不吝啬自己的钱财，一切皆为求取人心做好准备。

当时，在官场有一个叫宝森的人，此人政绩平平，本来在四川境内为官，却由于同僚上奏，对此，被调出了四川。下台之后，宝森闲居在京城，每天就喊了许多朋友来家里玩，饮酒、品茶、赌钱，表面上看生活过得很惬意，但是，宝森心中却是十分落寞。胡雪岩觉得宝森是一个值得结交的朋友，即使他现在没有官衔、没有地位。于是，胡雪岩亲自登门拜访，劝说宝森到上海游

玩，并当即承诺了“全部费用由我出”。不承想，这个提议正中宝森下怀，原来，之前由于自己旗人的身份限制，只能在京城游玩，既然胡雪岩盛情邀请，自己就随他去上海玩玩吧。于是，宝森随着胡雪岩游上海、逛杭州，游山玩水，乐趣无穷。自从这件事以后，两个人的友谊升温，宝森把胡雪岩当成了知己，每当胡雪岩遇到了头疼之事，宝森定是自告奋勇，帮胡雪岩在京城里打点通融。

胡雪岩如此的仗义疏财，结交朋友，广布人脉，体现在许多事情上，比如阜康钱庄的创立。胡雪岩在创立阜康钱庄之后，第一个举措就是免费为一些特殊身份的太太小姐开设户头，而那些太太小姐均是巡抚布政使司的家眷。胡雪岩这样的举措为他带来了两个好处，一方面，家眷们平白无故就得了好处，人心所向，会因为人情而将钱存入阜康钱庄；另一方面，会将胡雪岩的慷慨作风传播出去，同时，外面的人都知道阜康原来有抚台撑腰，招牌肯定靠得住。这样一来，钱庄的生意自然就滚滚而来。胡雪岩就这样借助巡抚布政的势力，长了钱庄的人气，积累了丰富的人脉。

在上面的事例中，胡雪岩在积累人脉的时候，心中所求并不是钱财或名利，而是人心。或许，有人会说，胡雪岩本来就是商人，他以钱财结交朋友，那是再正常不过的事情。可是，胡雪岩与大多数商人的不同点在于，他不仅仗义疏财，而且，骨子里是怀着真情实意的。有了真情，才能打动人心，再加上适当的钱财赠予，人脉资源还用愁吗？胡雪岩在商场上打拼，钱财他自己有，名利呢，他并不是那么热衷，他想要的就是丰厚的人脉资源，而需要建立这样的人脉关系，就应该打动他人的心，而不是求钱财名利。胡雪岩非常明白这一点，同时，也将自己的想法付之于实践。

在日常生活中，如果你拓展人脉，单纯是想要钱财或名利，那么，你今天与他打了交道，或许，过两天就已经忘记你了，因为你们之间是利益关系。而笼络人心就不一样了，你所求的不是钱财和名利，对方会觉得欠你一份人情，不自觉地，人心就会偏向于你。所以，为了有效地拓展自己的人脉圈子，需记住“不求钱财与名利，求人心”。

王老爷子退居二线了，之前，络绎不绝的客人似乎都消失了，大半个月了，都不见一个人影。王老爷子忍不住叹气：“这个社会太现实了，现在没权了，没钱了，大家都走了。”没承想，过了一个月，突然来了一位客人，是原来单位里的小李，小李一脸风尘仆仆：“王老，您还好吧，上个月我去东北出差了，这不，给您捎了一只人参，很滋补的。”王老爷子心中不由得十分感动，一个劲地夸小李：“这小伙子，踏实，实干，你将来会有出息的。”小李只是笑了笑，不作声。小李走后，王老爷子对老伴说：“小李这小伙子可真实在，不图钱财，不图名利，图得就是对我好，现在我都已经退居二线了，没有了权势，可他去了东北那么远的地方还惦记着我，这份心意真难得！”

之后，小李经常来拜访王老爷子，偶尔聊聊工作，从交谈中，小李学到了不少东西，而且，经过王老爷子的介绍，他认识了许多有权势的人。因此，小李的事业越来越顺利了。

在日常生活中，我们常会听到“人脉资源”这样的字眼，事实上，“人脉”越来越流行，有句话叫“你认识什么样的人，就将决定你今后的路”。如何结识更优秀而又有潜力的人，这似乎是每一个人都在思考的问题。但是，在拓展人脉的过程中，不应急功近利，不求钱财名利，而是牢牢地笼络人心，因为，只有“人心”才是最有价值的。

多施恩情，令他人对你心存感激

胡雪岩是一个善于施恩的人，尤其是对于那些落难英雄，他以自己敏锐的眼光看出对方日后定有所作为，然后施以恩情，令他人对自己心存感激，日后，自己若是遇到了困难，对方定不会袖手旁观。因此，他常常做的事情就是“烧冷灶、拜冷庙”。胡雪岩深知，自己向他人多施恩情，对方定会对自己心存感激，而如果对方正处于落魄之际，这样由心而发的感激之情会更大。于

是，“烧冷灶、拜冷庙”成为了胡雪岩建立人脉关系的必经之路。俗话说：“山水轮流转，三十年河东，三十年河西。”一个做大事的人应该有长远的打算，不仅仅需要储蓄钱财，更要为自己储蓄人脉。如果当年的“冷庙”变成了“热庙”，对方自然会因为你当年的参拜而对你刮目相看，而且他不会把你当作趋炎附势之辈。在日常生活中，要想建立广阔的人脉关系，就应该学会施恩，联络一下感情，送些礼物，即使面对一个陌生人，我们也要施以恩情，谁知道，他会不会是一名大人物呢？而对于那些怀才不遇的人，虽然，此时对方无权无势，但等到他一朝发达的时候，便是你收获之际。

其实，早在胡雪岩十五岁的时候，他就懂得了施恩，而且，从中收获了不少。那年，一位金华的客商来杂粮行谈生意，可是，刚到了大阜就病倒了，由于他在大阜举目无亲，没有照顾，而拖着病体又回不了金华，心里十分着急。胡雪岩是一个善良的小伙子，他知道这件事以后，就赶到那人的病榻前，一连几天给他端药送饭，忙前跑后，照顾得十分周到。就这样，在胡雪岩的精心照料下，客商的身体痊愈了，对此，他十分感动，主动问起了胡雪岩的事情。后来，为了报答胡雪岩照顾之恩，好心建议：“我们那里比大阜好玩得多，你随我一起到金华如何？”因为金华火腿行比杂粮行规模大得多，胡雪岩的施恩为自己赢得了人生的第二次机会。

说到胡雪岩，就不得不提王有龄。其实，与王有龄的认识，也是源于施恩。

后来，几经周折，胡雪岩在杭州钱庄当起了学徒。这年夏天，胡雪岩在一家茶店里碰到了一位落魄的青年，在交谈中得知对方叫王有龄，是一位候补盐使，此时正打算北上投供加捐做官，可是，自己贫困潦倒，没有亲人，如今只能泡在茶馆里打发时光。

胡雪岩了解到这样的情况后，心中有了主意，他看准眼前的王有龄绝不是等闲之辈，如果自己帮助他进京投供，定会赢得对方的感激。那么，他日后有了出息，肯定会帮助自己飞黄腾达。虽然，当时的胡雪岩只是一个小伙计，手里并没有多少钱，但是，他毫不犹豫地将刚收回来的五百两银子压在王有龄身上。接过胡雪岩递过来的银票，王有龄又惊又喜，感激涕零，将胡雪岩当成了自己的大恩人，有了银两，他第二天就起程去京城了。

后来证明，胡雪岩当初的判断是正确的，他得到了王有龄的帮助，成为了商场上呼风唤雨的人物。

胡雪岩的两次施恩都为自己换回了丰厚的回报，实际上，这只不过是胡雪岩积累人脉中的一二事而已。其更为智慧的是，他大多选择那些落难中的人，对这样的人施恩，所激发的感激力量将会更巨大。比如，王有龄在得到胡雪岩的帮助后，将其作为自己的大恩人。王有龄为官后，帮助胡雪岩自立门户，贩运粮食，官商联合，如鱼得水，事业也日渐发达，这就是人脉资源的丰厚回报。

在生活中，我们要深谙建立人脉关系的智慧，多烧冷灶，多拜冷庙，令他人对你心存感激。当然，广施恩情，并不是说需要我们做作地对他人施以恩情，而是内心怀着这样一份情感。胡雪岩内心善良，他才会做出那么多有情有义的事情，对于我们来说，心中要常怀恩情，哪怕对一个素未谋面的陌生人，也应心怀仁慈，或许，他就是你人生中的大贵人呢。

1.心地善良

其实，施恩的前提是拥有一颗善良的心，因为内心毫无掩饰的善良，才会促使一个人做出施恩之举。试想，一个坏心肠的人，他会到处向人施以恩情吗？胡雪岩出身贫困之家，心地善良，因而，他才会屡屡帮助那些落魄的人。在生活中，一个内心善良的人，他会不计回报地向他人施以恩情，哪怕对方只是一面之缘的陌生人。

一个大雨的下午，一位老妇人走进了匹兹堡的一家百货公司，漫无目的地闲逛着。售货员看得出她并不想买东西，大家都自顾自地，有人忙碌着，有人闲聊着，没有一个人去搭理她。这时，一名年轻的店员向前，礼貌地和老妇人打招呼，询问：“您是否需要服务？”老妇人坦率地告诉年轻的店员，自己进来只是为了躲雨，并不打算买任何东西。年轻店员听了，微微一笑，说道：“即便如此，您仍然很受欢迎。”两人闲聊了起来，眼看天色越来越晚，可大

雨丝毫没有停下来的意思，望着窗外的大雨，老妇人微微皱眉。年轻店员从柜台里拿出自己的雨伞，对老妇人说：“您先拿去用吧，我下班比较晚，那会儿说不定雨已经停了。”老妇人推辞，年轻店员却执意将雨伞递给老妇人。

过了几天，这位年轻的店员早已经忘记了这件事。有一天，他突然被公司老板叫到办公室，老板将一封信递给他。这封信正是那天到公司避雨、自己赠送雨伞的老妇人，她要求百货公司派这名年轻店员前往苏格兰，代表该公司接下一所豪华别墅的装潢工作。当年轻人接下那笔巨额交易的工作后才知道，那位老妇人是美国钢铁大王卡耐基的母亲。

生活中一个不经意的援助，使得年轻的店员得到了丰厚的回报，其实，这也是建立人脉关系的方法。虽然这样的方法看似有点像朝着大海撒渔网，不过，运气好的话，你有可能会网住一条大鱼，就如这位年轻的店员一样。

恩情，并不在乎大小，而在乎心诚，如果你本身就是一个善良的人，那么，恩情就会在你不知不觉的言行中弥漫出来。凡事多施以恩情，令他人心存感激，那么，你的人脉资源就会越来越丰富。

2.广施恩情，无疑于广布人脉

在生活中，每个人都有一张人脉存折卡，通过对他人给予帮助、恩情，以此来增加自己的人脉储蓄，这似乎成为了一种有效的交际手段。其实，广施恩情，我们并没有损失什么，这就相当于广布人脉，你所施以的恩情越多，受恩惠的人越多，那就证明你的人脉资源越丰富，而你成功的机会自然就比别人多。

胸怀宽广，包容他人的过错

胡雪岩说：“一个人要包容别人对自己的态度，不能事事计较，不能总是要求别人。”由于胡雪岩有着宽广的胸怀，懂得包容朋友的过错，这样的真诚待人，使他赢得了更多的朋友。胡雪岩一心向善，为人十分仁义宽厚，他曾说："我看人总是往好处去看的，我不相信世界上有坏人。没有本事才干坏事，有本事的人一定做好事。既然做坏事的人没有本事，也就不必去怕他们了。"胡雪岩无论是在看人，还是在对朋友的态度上，都是以宽厚为主，他也从来不认为这个世界上有什么不能原谅的错误。有时候，下人犯了错误，他总是以宽广的胸怀，包容对方的过错。在日常生活中，我们待人要宽厚，面对他人的过错，要懂得包容，将对手变成朋友，不断地拓展自己的人脉关系。一个人的胸怀与其人脉关系多少有点关系，仇恨与报复，只会让我们失去那些曾经陪伴左右的人，而包容则会让他们重新回归，内心的感激会让他们迸发出更大的力量。所以，对于他人无意或有意犯下的过错，我们要学会包容，放下心中的愤怒和仇恨，以宽广的胸怀拥抱对方，以此来拓展自己的人脉。

胡雪岩宽广的胸怀得益于儿时的教育，其母亲金太夫人十分注重身教。面对窘迫的家境，金太夫人从来不在胡雪岩面前抱怨父亲早早离世，留下两人相依为命。不仅如此，母亲与左邻右舍相处融洽，因为与人为善，只要自己能够帮助别人的地方，母亲就一定尽量去做，而且，从来不求回报。面对邻居的无意言语，金太夫人从来都是以宽广的胸怀接纳，包容别人对自己的态度，不计较，不去要求别人。金太夫人的这些行为，深深地影响了胡雪岩的人生态度，使其受益无穷。

朱福年是当铺的档手，在这之前，他曾做过一些错事，但是胡雪岩以大度的胸怀包容了他，使其成为了自己生意场上的左右手。在胡雪岩收服朱福年后，朋友古应春对他说了这样一段话："庞二虽有些大少爷脾气，有时讲话不给人留情面，但对手下仁慈宽厚，非别的东家可比，可是朱福年在下面还是有二心。只是遇到了你，你比庞二更宽厚，才会感化他，化敌为友，服服帖帖，这都是你的大本事。"

后来，胡雪岩创办了胡庆余堂。当时，胡庆余堂的老板刘三才其实是胡雪岩小妾芙蓉的叔父，他祖上是开药店的，但是到了他这里却是穷困潦倒。刘三才简直就是一个极尽挥霍、好赌成性的纨绔子弟，遇到这样一个穷亲戚，别的

人躲都来不及，可胡雪岩却不这么看，他看中了刘三才经营药店的才能，于是对他挥霍、好赌的行为通通包容了。胡雪岩明白，自己不懂药店生意不要紧，只要能收服刘三才，让他改掉身上的坏毛病，就可以充分利用这个人才了。于是，胡雪岩摆了一桌“认亲宴”，以宽厚的胸怀，硬是将这个纨绔子弟收服了。

由于胡雪岩的包容，刘三才将满腔感激化为行动，胡庆余堂就这样办了起来。在以后的几十年中，胡庆余堂成为了老字号药店，不仅成为了胡雪岩稳定的财源，还赢得了“胡大善人”的名声，而这一切都归功于胡雪岩那能包容的宽厚胸怀。没有他的包容，刘三才就不会重生，那什么“胡庆余堂”“胡大善人”，通通都没有了。

俗话说：“金无足赤，人无完人。”谁都有犯错误的时候，更何况“知错能改，善莫大焉”。在生活中，我们身边的亲人、朋友或许都避免不了犯错，但是，无论怎么样，他们都是作为自己人脉关系圈子中的一员，难道仅仅因为对方的过错，你就要放弃自己建立起来的人脉关系吗？不妨开阔自己的胸怀，包容他人的过错，你的原谅将换来更多的感激，而你的人脉关系也将变得更加牢固。

1.宽容者得厚报

错误，是一个人无法避免的，在生活中，就连我们自己都会犯错。因此，“己所不欲，勿施于人”，当他人犯了错误的时候，我们不应该紧紧抓住不放，而是善于以包容的心去宽恕对方的错误行为。所谓“宽容者得厚报”，你的宽容将会唤起对方内心的感激之情，在以后的日子里，他或许会将那份感激之情化作行动来报答你。

在一次平定叛乱后，楚庄王大摆酒宴宴请群臣，其宠姬宠妃也都出席助兴。席间丝竹声响，轻歌曼舞，美酒佳肴，觥筹交错，酒宴一直进行到黄昏，可君臣似乎还未尽兴。于是，楚庄王命令左右点烛夜宴，还特别叫了最宠爱的两位妃子轮流向文臣武将们敬酒。

忽然，一阵大风吹过，酒宴上的蜡烛都熄灭了。这时，一位大臣借着酒劲拉住了其中一位妃子的手，妃子一惊，慌忙挣扎，在拉扯中，妃子撕断了衣袖得以挣脱，而且，还扯下了那人帽上的缨带。妃子回到楚庄王面前告状，让楚庄王点亮蜡烛后查看众人的帽缨，以便找出刚才对自己无礼之人。楚庄王听完了，却传令不要点燃蜡烛，而是大声说："寡人今日设宴，与诸位务要尽欢而散。现请诸位都去掉帽缨，以便更加尽兴饮酒。"听了楚庄王的吩咐，大家都把帽缨取下来，这才点上蜡烛，继续酒宴。席散了回宫后，楚庄王对爱妃说："此次君臣宴饮，旨在狂欢尽兴，融洽君臣关系。酒后失态乃人之常情，若要究其责任，加以责罚，岂不大煞风景？"而那位大胆的臣子，也因为楚庄王的包容而躲过了一劫。

几年后，楚庄王伐郑，一名战将主动率领部下先行开路，其所到之处拼力死战，打败敌军。战后，楚庄王论功行赏，可那位战将不要赏赐，当即对楚庄王说："绝缨会上，扯许姬衣袖的正是下臣，蒙大王不杀之恩，所以今日舍身相报。"

楚庄王的包容，使得自己多了一员誓死效忠的勇士，或许，如果没有那一件事，战将不会如此地拼命。在无意之间，楚庄王建立了人脉，几年后，这样积累的人脉得到了丰厚的回报。其实，正所谓"得饶人处且饶人"，你宽容了对方的过错，唤起了他内心的感激之情，不知不觉中，你已经为自己储存了人情，而这将是人脉积累的开始。

2.宽容他人，实际就是积累人脉的开始

在生活中，我们需要宽容的人很多，有可能是朋友，有可能是敌人。如果你能以宽厚的胸怀拥抱他们，那么，其实你已经唤起了人心，积累了人脉。因为宽容，我们可以将朋友变为亲密的友人；因为宽容，我们可以将敌人变成朋友。在人生的道路上，我们的朋友会越来越多，敌人越来越少，这何尝不是积累人脉的开始呢？

绝不推辞，朋友有难倾力帮助

朋友有困难了，该怎么办呢？生活中的我们也经常会碰到这样的情况，有的人生怕殃及自己，早就躲得远远的；有的人十分仗义，倾力相助，帮助朋友渡过难关。前者的朋友越来越少，后者的朋友越来越多，不同的态度造成了不同的结果。其实，朋友之间是互相的，今天你帮了他，明天反过来，他会帮你。生活中，每一个人都不能保证自己将顺顺利利地走过一生，在生命的旅途中，我们或多或少都会遇到一些困难。这时，你当初怎么对朋友的，朋友将一并还在你身上，甚至，会加倍地偿还给你。在这个过程中，人脉资源有可能会缩水，有可能会膨胀，全在于自己。胡雪岩一直秉持着这样的原则“朋友有难，绝不推辞，倾力相助”，有时候，你无法想象一个嗜钱如命的商人会如此仗义地对待朋友，或许，他看起来更像是一个救朋友于危难之际的侠客。不过，胡雪岩就是胡雪岩，他对待朋友的那份真诚换来了“红顶商人”的美誉。直到今天，胡雪岩对朋友的赤诚之心仍值得我们每个人学习。所以，努力经营积累下来的人脉资源，如果朋友有困难了，一定要倾力相助，因为你的行为将会换来万分感激。

在阜康钱庄刚开业的时候，胡雪岩就遭遇了这样一件事。当时，浙江藩司麟桂捎了个信来，希望阜康钱庄能暂借两万两银子。其实，胡雪岩与麟桂只能说是普通朋友，平日里也没有什么来往，而且，胡雪岩还听说了一个消息：这个麟桂马上就要调离浙江了，这次借钱有可能是填补财政的空缺，借完了肯定是打水漂。而自己的钱庄才刚开业，所有的财物算起来也才四万两现银。

胡雪岩心中有些为难：如果帮了对方，麟桂一调走，这钱不是白花了吗？就算人家不赖账，像自己这样的人，也不可能天天上官府去逼债，而且，两万两银子对阜康钱庄来说不是小数目。不过，胡雪岩毕竟是胡雪岩，他仔细思考了，如果对方在困难之时，自己出钱帮他渡过难关，对方肯定会铭记在心的。而且，胡雪岩了解到麟桂并不是那种耍赖的人。

这样一想了，胡雪岩毫不推辞，不但大方借钱给麟桂，而且，还对给对方算了超低的利率。看到胡雪岩如此慷慨的举动，阜康钱庄上上下下的人都很不理解，胡雪岩却说："调度，调度，做生意讲究的就是调度，所谓'调'，就是调得动，所谓'度'，就是预算。生意要做得有活络，有进有出，什么时候有银子进来，什么时候银子该用出去，要有计划。银子调来调去，只要不穿帮崩盘就可以。"短短一席话，似乎又暗含了人脉积累的智慧。

果然，麟桂在调走之前，给胡雪岩送了三份礼物：一是上书朝廷褒扬阜康钱庄，于是，京里户部和浙江省之间的公款往来，全权委托阜康钱庄办理汇兑；二是浙江省的额外收入，均委托阜康钱庄办理汇兑；三是自己将调到的江苏省与浙江省的公款往来，交由阜康钱庄办理汇兑。

面对一个可能只是见过几次面的朋友，胡雪岩也是倾囊相助，帮助对方渡过困难。当然，其目的是建立广阔的人脉关系。不过，胡雪岩那种"不推辞、大方慷慨"的行为实在是令人感动。其实，在胡雪岩身边的朋友，大多都受过他的帮助，于是，胡雪岩仗义疏财的好名声在朋友圈里传开了。因此，他的生意越做越大，名声也越来越响亮。

在现实生活中，朋友有难，应该鼎力相助，如此才能使彼此间的友谊越来越深厚，人脉资源越来越牢固。如果朋友之间仅仅是建立在"同享福，不能共患难"的基础上，那么，这样的朋友也不会长久的。与朋友之间的感情，也需要我们努力经营，面对朋友的困难，我们应该大方地伸出援助之手，帮助朋友渡过难关，如此，才能赢得朋友的信任，才能积累越来越多的人脉。

王军与李亮是一对好朋友，王军从事戏剧工作已经十几年了，但是，最近这些年总是走下坡路。前不久，王军踌躇满志地策划了一幕戏剧，投入了大部分资金作为启动资金，那个作品就像是自己的孩子一样，积聚了他无数的心血。可是，谁也没有想到，从创作、一手筹备、策划、彩排，眼看着就快要公演了，可是，投资方却突然撤资了。公司的所有工作陷入了困境，王军整日沉浸在痛苦中，原来因为自己执意从事戏剧工作，前几年已经欠下了千万元的账款，这次好不容易找到了肯投资的公司，准备打个漂亮的翻身仗。却没有想到

不知投资方在哪里了解到自己的经济状况，而选择了撤资，这对他简直是毁灭性的打击。

李亮从朋友嘴里听到了这个信息，马上放下手上的工作，开车来到王军家，一进门就说："我来给你的戏剧投资。""什么？"王军满脸惊讶，李亮不懂得戏剧文化，以前还经常开玩笑说："那玩意挣不了什么大钱。"现在，竟然愿意投资，李亮笑了，说道："我是不懂戏剧，甚至，直到这一刻，我也不是喜欢它的，但是，你是我的朋友，好哥们。你现在遇到了困难，我不能袖手旁观，相信你的眼光，我马上就将资金转过来。"听了这话，王军心里暖暖的，由于资金的及时到位，王军的作品被如愿搬上了大舞台，并取得了巨大的成功。在庆功宴上，王军举起酒杯向李亮敬酒："你是我这辈子的恩人，我是不会忘记你的。"李亮颔首微笑，并没有说话。

人生不如意十之八九，在这个世界上，凡事不可能顺顺当当、安安乐乐，总是会出现一些纰漏。这相对于每个人来说也是一样的，在你每天的生活中会发生一些不愉快的事情，这是极其正常的，没有什么值得去抱怨。有时候，我们身边的朋友会遭遇了困难，那也是情理所在的事情。朋友落难了，千万不要落井下石，这是不仁不义的小人行为，也是极端恶劣的行为。不管朋友是否向你求助，我们都应该伸出友好的手，拉他一把，帮助朋友脱离困境，不断地积累彼此间的人情。

心怀感恩，得人恩惠当涌泉相报

胡雪岩说："人一生要感谢的三种恩情——父母之恩，老师之恩，上司之恩。"在生活中，感恩是一种处事的哲学，是一种生活的大智慧。其实，生活就是一面镜子，你对着它笑，它就笑；你对着它哭，它就哭。上天是最公平的，它赐予了我们如此多彩的世界，难道我们不应该感恩吗？感恩父母，感恩老师，感恩生活，感谢那些曾经帮助过自己的人。俗话说："滴水之恩，定当涌泉相报。"纵观红顶商人胡雪岩的一生，无论是成功，抑或是落魄的时候，他始终怀着一颗感恩的心，而那颗感恩的心伴随着他走上了"商圣"的巅峰。人生在世，我们需要感恩的人有很多，那些帮助自己的人，那些给自己恩惠的人，等等。或许，现在的我们拥有的东西越来越多，但是我们始终不能缺乏一颗感恩的心。一个人懂感恩，他才能结交更多的朋友。所谓"投之以桃，报之以李"，实际上，人与人之间的关系是建立在互惠互利的基础之上的，受人恩惠，懂得回报，这是人之常情，更能体现一个人的品德。有的人受了他人恩惠，转身就忘记了，时间长了，就没有人会帮助他，即使遇到了困难与挫折，他所能依靠的就只能是他自己了。所以，在生活中，我们要懂得感恩，因为，感恩他人的过程实际上也是一个建立人脉关系的过程。

母亲金太夫人的教诲使胡雪岩懂得了感恩，那时，他还是一个13岁的孩子，面临自己人生第一个机遇的时候，他却说："我要回家问我母亲。"这不仅是一份孝心，更是一种感恩。后来，朋友王有龄自杀后，胡雪岩多方奔走，希望实现王有龄的遗愿，这一切都是因为他懂得感恩。而且，在胡雪岩身上，还发生了一件二十年不忘恩情的故事。

当时，胡雪岩收回信和钱庄的外债，资助王有龄去京城捐官，这犯了钱庄的大忌，另外，许多人说三道四，使得他在杭州的生路断了。于是，胡雪岩只身去了上海，在那里有一个从小一起玩到大的朋友。可是，到了上海，才发现那个朋友因为家乡有急事，回到浙江绍兴去了。有人告诉胡雪岩："过不了多久，你的朋友就会回来的。"

举目无亲的胡雪岩只好在一家叫"老同和"的小客栈住了下来，没想到，一等就是十天，朋友还没回来，可盘缠已经用光了。囊中没银两，一筹莫展，胡雪岩只好闭门不出，但是，饭却不能不吃。每天，胡雪岩在老同和吃饭，开始是一盘白肉，一碗大血汤，一个素菜，到后来，就是一汤一素菜，再后来，大血汤变成了黄豆汤，最后连黄豆汤都喝不起了，只能买两个饼，一碗白开水就算一顿。没办法，他只好将自己的一件长袍拿去当了，等到回客栈后，却发

现当票不见了，以后有钱也赎不回衣服了。

第二天，却有人将当掉的长袍子送到了胡雪岩的住处。原来，客栈老板的女儿阿彩，她每天在前堂招呼客人，胡雪岩天天来吃饭，一来二去，也混了个脸熟。这天，胡雪岩结账的时候，不小心将当票丢了，正巧被阿彩看见了。出于对胡雪岩的同情，她悄悄地将长袍赎了回来，胡雪岩了解到事情的经过，便托人给阿彩带了一句话："谢谢阿彩，她给我垫的钱，以后，我一定会加利奉还的。"但后来由于种种原因，胡雪岩再也没见过阿彩。

在以后的二十年中，胡雪岩始终不忘阿彩的恩情。有一次，他到上海谈生意，闲暇的时候，他信步到夜市逛逛。心中一动，他踏进了老同和客栈，二十年过去，阿彩早已不是姑娘，而成了老板娘。而她正在为装修客栈的事情发愁，胡雪岩了解了情况，决定在这件事上好好帮她一把，于是，胡雪岩嘱咐朋友古应春带三千两银子给阿彩。

一份恩情记了二十年，在这二十年中，胡雪岩总是想这件事，可不是时间不对，就是地点不对，最后，终于报了此份恩情。由此可见，感恩在胡雪岩心中已成为了一种信仰。或许，在大多数人看来，那就是一件小事，但胡雪岩却始终牢记在心，一旦碰到了一个报答的机会，他就大报特报，将陈年小事的恩情回报得漂漂亮亮。

在生活中，相信我们大多数人都接受过他人的恩惠，毕竟，在这个社会，仅仅依靠自己一个人的力量，是很难成事的。于是，在我们成长的经历中，有朋友的鼎力相助，有陌生人的举手之劳，有亲人的倾力相助。或许，还有许多我们叫不出名字、不认识的人曾帮助自己，那么，面对这些人，心中是否应该怀着感恩之心呢？俗话说："滴水之恩，定当涌泉相报。"受人恩惠，不能说一定要报答他人恩德，但我们所不能忘却的就是常怀一颗感恩的心。

他出生在一个贫困的家庭，生活的窘境似乎给了他莫大的激励，他成绩十分优秀，然而，正当升学的时候，家里却是入不敷出。无奈，他只能一边打工一边读书，十分辛苦，街坊邻居了解到他的情况下，纷纷出钱资助，并很快成立了资助小组，每人每月按时出钱，不够，由居委会补贴。

在街坊邻居的资助下，他顺利完成了学业。如今，他已经是电机工程的博士了，就职于一家金融公司工作。为了回报当初帮助过自己的人，他将工资的其中一部分寄给那些帮助过自己的人。几十年，每月按时寄，从来不停歇，他说："这是我的一份心意，受人恩惠，应涌泉相报，如果不这么做，我会良心不安。"

感恩，是一种生活态度，是一份内心独白，感恩不是简单的回报，而是一种责任，一种信念。在这个世界，除了亲人，谁也没有义务对你好，给予你恩惠，所以，学习胡雪岩的感恩哲学，对那些给过自己帮助的人，包括我们的亲人，说声"谢谢"，并以自己的实际行动来诠释你的感恩。感恩，让我们变得富有，享受温暖；感恩，让我们变得成熟，富有魅力。更为关键的是，你的感恩，将会打动人们的心，而你的朋友圈子也会因此越来越广。

朋友多了路好走，多为自己布人脉

美国人际关系大师卡耐基说："一个人的成功，专业知识的作用占15%，而其余的85%则取决于人际关系。"人际关系也就是我们经常说的人脉，它是一个人通往财富、成功的入门票。在两百年前，胡雪岩因善于经营人脉，从一个倒夜壶的小差，翻身成为清朝的红顶商人。两百年后的今天，有人对此总结说："对于一个人来说，二十岁到三十岁，他靠专业、体力赚钱；三十岁到四十岁，则靠朋友、关系赚钱；四十岁到五十岁，靠钱赚钱。"在一个人的成就里，人脉始终占据着极其重要的成分。一个人是否能成功，并不在于你知道什么，而在于你认识谁，这就是人脉给我们带来的益处。翻开历史，我们会发现，胡雪岩的朋友遍及三教九流，有京城大官，有江湖帮派，而正是这些丰厚的人脉资源，使得他一路走到了"商圣"的巅峰。在任何年代，人脉的重要性都不可小觑，现代社会，人脉日益重要，正所谓"朋友多了路好走"。在日常

交际中，要多交朋友，为自己广布人脉，因为这是你成功的开始。

胡雪岩喜欢交朋友，喜欢帮助别人。而且，胡雪岩交起朋友来，没有三六九等的界限，似乎什么人都和他有缘分。当然，胡雪岩的朋友，大多数是生意上的朋友，为着各自的或共同的利益而进行合作，互惠互利，以利益为纽带。他常说的一句话"为朋友着想"，实际上就是站在对方的角度充分揣摩对方的需要，照顾对方的利益，并对对方施以恩惠。

在阜康钱庄开业的时候，胡雪岩为了赢得朋友，给那些官太太、小姐等各存了二十两银子，还给黄巡抚的仆人刘二存了银两。刘二拿到了存折，马上在阜康钱庄存了一百八十两银子，还向朋友罗尚德宣传胡雪岩的为人。罗尚德本是绿营兵的小官，因省吃俭用，存了一万多两银子，听了胡雪岩的为人如何讲义气，他连夜赶到阜康钱庄，要求存款，不要利息，不要存折。如此一来，胡雪岩认识了更多的朋友，可谓是广布人脉。

后来，像浙江藩司麟桂、京城官员宝森、漕帮尤五，甚至，连湘军将领左宗棠都成为了胡雪岩的朋友。于是，胡雪岩想不成功都难了，一下子成为了朝廷赐封的"红顶商人"。

胡雪岩的一生都在经营人脉，而其丰厚的人脉资源使得他最终获得了成功。一个人若是朋友多，他做任何事情都会感到游刃有余，正是因为这样，也才有可能为自己事业的成功开拓更宽广的道路。相反，一个人若是没有朋友，他定会处处碰壁。广布人脉是一个人成功的砝码，经营人脉资源，学会处理人际关系，不仅能为自己雪中送炭，而且，在贵人的帮助下，你的人生有可能会锦上添花。

在现实生活中，有的人朋友很多，有的人却只有寥寥几个朋友。或许，从表面上看，我们并不能发现什么，但是，一旦他需要帮助或陷入困境的时候，朋友的作用就会显现出来了。朋友多的人，由于有许多人为其出谋划策，出钱出力，再困难的事情也会得到解决；而那些朋友少的人，无钱无权无人，即使有三五个朋友，但这时都早已经躲得远远的。人们常说"朋友多了路好走"，这样看来，果真如此。

徐静蕾毕业于北京电影学院表演系，中国女演员、导演，与章子怡、周迅、赵薇并称“四小花旦”。因其自导自演电影及博客点击率在中国大陆地区长期排名第一，有大陆影视圈“才女”之称。因其手写体清冽而优雅，独具个性美感，被开发出字库“方正静蕾简体”。但她的星路和同一时期的女明星非常不同，这一点可以从她的广布人脉看得出来。

徐静蕾在电影学院念书的时候，就结交了著名作家王朔，而在王朔的那个圈子里则有刘震云、梁左、冯小刚等知名人士，这些人在娱乐圈或在文学圈，都是处于主导地位的，是非常有思想的。但徐静蕾并没有凭着这个机会进军娱乐圈，而是不断地提高自己，增加文学素养，再加上她天资聪慧，自然博得了大陆影视圈“才女”之称。后来徐静蕾开始自己做导演，在她第一部电影《我和爸爸》中，结识了导演叶大鹰、制片人张亚东。叶大鹰在电影中扮主角，张亚东也在剧里客串一把，赚足了观众的眼球。

她的朋友很多，而且所结交的朋友都是导演、制作人，有方兴东、老潘这种专业领域的出类拔萃的，更有韩寒这种“少年作家”。正是这样广阔的人脉关系，使得徐静蕾的星路走得越来越远。

有人说：“判断一个人的魅力，只要看看他朋友的多少；判断一个人的能力，只要看他人气的盛衰。”当然，创建人脉资源并不容易，因为获得他人一时的好感很容易，但要永久地获得他人的支持却很难。一个人的人脉取决于其品位、人格等，而把握人脉的关键不在方法，不在手段，而在内心。红顶商人胡雪岩，在任何时候都以诚待人，这是他能广布人脉的诀窍。所以，在日常生活中，要有意识地建立自己的人脉关系，以诚心交友，这样，你未来的道路才会走得更加顺畅。

第 11 章

与人为善，内外皆修——自我磨炼的人生智慧

陈代卿这样评价胡雪岩：“游刃于官与商之间，追逐于时与势之中，品够了盛衰荣辱之味，尝尽了生死情义之道。”在民间，更是流传着这样的谚语“古有先秦陶朱公，近有晚清胡雪岩”，胡雪岩，从一个钱庄的小伙计，跃身成为鼎鼎有名的红顶商人。在其成功的背后，是一身内外皆修的好功夫，这值得今天的我们好好学习。

与师者同行，点点滴滴按规矩修炼

孔子说：“益者三友，损者三友。友直，友谅，友多闻，益矣。友便辟，友善柔，友便佞，损矣。”在这个世界，除了父母，我们所要接触最多的人，恐怕就只有朋友了。那么如何选择朋友呢？我们应选择益于自己的人。所谓“近朱者赤，近墨者黑”，唯有与像师者一样的朋友同行，方能以其之长补己之短，从而使自己终身受益。胡雪岩是一个善于观察事物细微之处的人，通过对身边人的观察，他知道哪些东西是值得自己学习的，而哪些是需要自己避开的，诸如，他在钱庄当伙计的时候，学习了“谋人”这一技巧，使其开始向上奋进。所以，在现实生活中，我们应该学习胡雪岩这方面的才智，尽量多与师者同行，这样，从他们身上，我们便会学到做人做事的本领，以此来修炼身心。习人之长，应该是我们日常交往的目标，在我们的身边，总有一些人在某些方面比自己强，那么，就要与其同行，平日里多聊天、多探讨，学习他人的长处，弥补自己的短处，如此，我们才能真正地达到内外兼修，最终，练得一身好功夫。

胡雪岩在钱庄做伙计之前，他勤奋学习与钱庄的相关知识，可以说是孜孜不倦，因为自知自己读书少，所以便想以过硬的专业知识过关。那时候，在他心里怀揣着一个梦想，那就是等自己真的熟悉钱庄业务之后，肯定会被东家重用。可是，他在钱庄遇到了张胖子和老孙头。

胡雪岩在钱庄最开始干的工作，俗称“跑街”，其实就是招揽生意与督促人们到期还钱的，这是最低等的活，就是在这个部门，他认识了比自己长二十

多岁的老孙头。这老孙头在钱庄当伙计已经二十多年了，但一直是一个跑街的，这使得胡雪岩感到很疑惑。闲聊中，老孙头抱怨了自己二十多年的不平遭遇，抱怨钱庄对自己刻薄，而且，他认为自己要比张胖子做得好，可是，与自己一起进入钱庄当伙计的张胖子已经成为了东家身边的红人，而自己还是一个跑街的。胡雪岩对此也迷惑不解，按常理说，老孙头的工作也做得很好，为什么没能受到东家的青睐呢？于是，他开始观察张胖子的言行了。

在钱庄，张胖子是最会说好话、最会拍马屁的人，见了大老板总是卑躬屈膝、阿谀奉承，其实，客观地说，他的个人本领比不上老孙头，但是，他却比老孙头爬得更快。而且，即使老孙头在自己的位置上干得再好，也没有办法得到东家的提升，就这样，张胖子过得如鱼得水，老孙头却一直郁郁不得志。

以前，胡雪岩想通过自己的努力，以及扎实的专业知识便能够得到东家的赏识，但自从结识了张胖子、老孙头这两个人之后，他清楚了一件事情：不会做人，那就只有失败。他通过张胖子的成功与老孙头的失败中领悟到，一个不懂得如何谋人的人，即使有再高的本领，也将得不到重用。懂得了这个道理，使得胡雪岩脑袋开了窍，自此，他的人生开始走上坡路了。

孟子说：“劳心者治人，劳力者治于人。”胡雪岩最初在钱庄当伙计的时候，他十分好学，将口算、心算练得很熟练，不仅如此，还练得一手好字。平日里，他还会向同行们学做账，那时候，他以为自己一直这样下去，就一定会成功。可是，在观察了同时进钱庄的两个人的不同命运，他领悟了：“任何的知识都只是用于谋事而已，而这些远比不上谋人来得重要。”于是，胡雪岩常与张胖子同行，从其身上学得如何谋人，在后来的日子里，胡雪岩从下层慢慢进入了上层，而正是这样的磨炼为其日后的发展奠定了扎实的基础。可见，与师者同行，能让我们多多受益。

卡耐基曾说：“让结交朋友有助于博学多闻，让交谈有助于相互教益，要使朋友成为你的老师，要让学问的用处和交谈的乐趣有机融合，要乐于和悟性高的人在一起相处，你说的话须博得听者的喝彩，你听到的话需使你多识多闻。”在日常生活中，我们时刻要清楚，与什么样的人交往才会使自己受益，从而达到修炼身心的目的。

申徒嘉是一个受过刑罚并被斩去脚趾的人，他和郑国的宰相子产一同样拜艺人为老师。子产对残疾的申徒嘉十分鄙视，平日里很少与他说话，路上若是碰到了，也绝不与他同行。

有一次，子产正要出门，申徒嘉要与他一块出去。可没想到，却遭到了子产的拒绝，子产冷冷地说："我是宰相，而你则是刑余之人，你不可以和我一同出入，以后也不可以和我同坐一张席子上。"听了这话，申徒嘉很惊讶："原本，我以为你是道德高尚的人，所以才和你同出入，一块坐席子，想不到你居然说出这种话。"子产有些生气："你是个残废人，不先反省自己的过失，竟来责备我，难道你想和尧舜争善不成？"说完就拂袖而去。

第二天，申徒嘉对身边的人说："一个人肯承认自己过失的，太少了。我从前误入歧途，到处受人耻笑，所以我才拜在师傅门下。十几年来，我完全忘记了自己是个残废的人，我与子产原以为以道德为友，想不到他乃斤斤计较我的形体。"这话传到了子产耳中，心中大感惭愧，想到申徒嘉的大义，想到自己的狭隘，脸一下子就红了。他急忙找到申徒嘉说："我错了，请不要再向别人说起这件事，你真是我值得学习的老师啊！"从此后，两人成为了知心朋友。

子产在申徒嘉身上学到了"宽容"，由此想到了自己的狭隘，如此看来，朋友申徒嘉无疑是自己的一位老师啊。在生活中，如果我们能多结交几个可以为师的朋友，那么，自己的不足就会得到弥补，从而成为一个品德高尚的人。而若你做到了内外兼修，也将因此结识到更多优秀的朋友。一个好的朋友，就犹如一位老师，你能从他身上学到很多东西；反之，一位品德败坏的朋友，只会给你带来灾难。所以，与师者同行，学习其点点滴滴，修炼自我。

那么，在生活中，我们如何才能与师者同行呢？

1.结交比自己优秀的朋友

有个人曾告诫自己的儿子："在学校里一定要与一流的同学结交，要把结交优秀朋友作为一种习惯，有能力的人不管做什么都会成功的。"或许，有

人会觉得这样的话太庸俗，其实，把有能力的人当作自己的榜样并不可耻。朋友，就如同书籍一样，比自己优秀的朋友不仅是良友，更是我们的老师。

2.多学习朋友身上的长处

当然，结交更优秀的朋友，并不意味着不优秀的朋友就一无是处，好像全身下上都是缺点。在生活中，每个人都是有所差异的，自己与朋友也是一样，可能你在某些方面强过朋友，但朋友却在你不擅长的方面超过了你。因此，无论我们身边有着什么样的朋友，都应该多学习其身上的长处，以他人之长补自己之短。

胸怀宽阔，为自己铺一条平坦之路

胡雪岩说："多个朋友多条路，多个仇人多堵墙。"这是他一直信奉的处世哲学，而且，他也为此赢得了更多成功的机会。胡雪岩作为一个商人，日常的工作差不多都是与人打交道，而在商场上，往往会因为利益的争夺而与同行产生矛盾。胡雪岩在碰到此类事情的时候，总是表现出宽阔的胸怀，为对方着想，从来不计较自己的利益。对此，胡雪岩表示："即使遇到了十分棘手的对手，他也会'只拉弓，不放箭'。"如此宽阔的胸怀，将对手变成了朋友，使得生意越做越红火，而他也越来越受到人们的尊敬。在对同行的态度上，胡雪岩一直以宽阔的胸怀待人，胡雪岩认为，与同行过度争执只会无意中结下怨气，即使当时没发生什么事情，但是，为日后出现更大的矛盾埋下了导火索。他日一旦自己的生意出现了危机，之前结怨的仇家便会变本加厉地报复。对此，胡雪岩说："与对手之间，与其结怨，不如化干戈为玉帛。"这样，多了一个朋友，就相当于多了一条路。对于大多数商人来说，都是利字当头，常常为了蝇头小利，与对手争得你死我活，他们心胸狭隘，不容忍自己受一点点损失，当然，他们的结局亦是相当惨痛。而胡雪岩却一改商人劣性，若是遇到了竞争对手，他宁愿自己吃亏，也要想着别人，这样宽阔的胸怀令对手汗颜。与此同时，也为自己铺下了一条平坦的商场之路。

当时，胡雪岩在杭州自立门户的时候，就显得异常大度。为了打消老东家信和钱庄的顾虑，他开始就声明“自己的钱庄绝不会抢信和钱庄的生意，而是别开门路”。果然，他说到做到，凡浙江海运局的钱款都是按照原来的约定由信和钱庄打理，对此，信和钱庄心中没有了顾虑。对胡雪岩也改变了态度，真心实意地支持阜康钱庄，主动提出与其合作。本来，胡雪岩是被信和钱庄解雇的，按常理来说，若是碰到心胸狭隘之人，定会变相报复。可胡雪岩心怀广阔，一直考虑到老东家的利益，将事情做得非常漂亮，也正因为如此，他的地位与名声越来越响亮。

胡雪岩在上海做蚕丝生意的时候，认识了洋行的古应春，他想：如果能将古应春收为己用，肯定会干出一番大事业来。不久，他带着古应春去拜见了漕帮的尤五。三人相见甚欢，想要合伙做一个军火生意，先向洋人购买洋枪，再卖给地方衙门或豪门大户。说干就干，很快尤五就将从洋人那里购买回的洋枪运回了浙江，而地方衙门也很感兴趣，于是胡雪岩从中赚了一笔。

不过，谁也没想到，这事却差点搅黄了。原来，龚氏父子不知道从哪里走了路子，决定向洋商购买一万五千支洋枪，马上就付款签约了。生意无故被半路杀出来的程咬金给抢了，这可如何是好呢？胡雪岩心生一计，他指使别人上奏，说更便宜的洋枪都可以买到。于是，龚氏父子沉不住气了，提出拿出五千支洋枪给胡雪岩经营。对此，胡雪岩似乎早已经忘记了对方的夺生意之恨，反而好心提醒：“你这批洋枪由上海运到浙江，中途很有可能被劫，到时候吃官司，要么，就不了了之。”龚氏父子根本没想到这些，他对胡雪岩心生感激，三人合计干脆一起合伙干算了。于是，胡雪岩找到了尤五，他们将洋枪顺利运到了浙江。

本来，自己的生意平白无故被人抢了，心里该是有多生气啊。在这样的情况下，若是遇到心胸狭隘之人，定会想：如果对方的洋枪不幸被抢了，那不正合自己的心意吗。这是一般商人应该有的心理，然而，胡雪岩却没有为此斤斤

计较，反而好心提醒龚氏父子路途有危险。由于其拥有宽阔的胸怀，不计小人的恩怨，反倒使自己做成了这笔生意。

天空能容纳云彩，所以，才显得宽阔；大海能容纳百川，所以，才显得深蕴。胸怀宽阔，是一种生存的智慧，生活的艺术，是看透了人生以后所获得的那份从容、自信和超然，宽容，本身就是一种圆融通达的智慧。懂得宽容的人，往往能够洞明世事，凡事看得深、想得开、放得下，因为他们懂得“处世让一步为高，退步即是进步；待人宽一分是福，利人实是利己”的道理。

1.正视自己的怒气

康德说：“生气，是拿别人的错误惩罚自己。”当他人的错误涉及自身利益的时候，我们应该心平气和地多从对方的角度考虑，这样就能避免很多不必要的矛盾和麻烦。如果你为此大发雷霆，乱加指责，实际上是把别人的错误转化为了我们自己的错误。因为，成功需要更宽阔的胸怀，在赢的道路上没有仇恨，只有理解才能给自己带来更多的机会。

2.从心理上接纳他人

在生活中，接纳一个人，既要接受别人的长处，也需要接受别人的短处、缺点以及错误。只有这样，我们才能真正做到和平相处，社会才能够和谐。如果他人犯了一点错误，你就横加指责；别人有某种难言的苦衷，你却偏偏当众令其难堪；别人有了灾难，你就幸灾乐祸。这样，你只会变得越来越狭隘，成功也会离你越来越远。

3.多一份谅解

在生活中，我们应该对那些误解自己或伤害自己的人表示谅解，将对手当作朋友，这才是最宽阔的胸怀。多一份谅解，多一份宽容，那些公开的对手或许会成为你潜在的朋友。

在美国的一个市场里，一个中国妇人的摊位生意特别好，这引起了其他摊贩的嫉妒。于是，大家总是有意或无意地把自己门口的垃圾扫到她的店门口，出人意料的是，这位中国妇人只是宽容地笑了笑，从来不计较，反而把那些垃圾都清扫到自己的角落。

旁边那位卖菜的墨西哥妇人观察了好几天，忍不住问道："大家都把垃圾扫到你这里来，你为什么不生气？"中国妇人回答说："在我们国家，过年的时候，都会把垃圾往家里扫，垃圾越多就代表会赚很多的钱，现在，每天都有人送钱到我这里，我怎么会舍得拒绝呢？你看我的生意不是越来越好吗？"从这以后，那些垃圾就再也没有出现过了。

克里斯托弗·皮特森说："宽恕与快乐紧紧相连，宽恕是所有美德之中的王后，也是最难拥有的。"在生活中，那些胸怀宽阔的人会更受益，因为那份宽容，换来了更多的回报。所以，学习胡雪岩的宽容，练就宽阔的胸怀，如此，方可进取，达到成功的巅峰。

偶尔多点心机，才能保全自己

胡雪岩说："鬼乃人之魂魄，人无魂魄，则来日不多。鬼者，善谋也。谋者，取之有道也。人实则好，火需则旺。然商道时实时虚，虚虚实实，真伪难辨，凡行商者，手法不活，难以成大器也。鬼分大小。只看眼前者，小鬼是也；目光长远者，大鬼是也。"在这里，"鬼"是胡雪岩五字商训其中之一，意思是偶尔要点心机，手法活络，这样才能翻手为云覆手为雨。从表面上看起来，这似乎有点符合商人的"奸诈"，因为需要通过各种手段来达到自己的目的。但是，实际上，这只不过是一种生存之道而已。毕竟，我们得承认，这个社会是现实的、残酷的，要想不被他人欺诈，就必须要点心机，抢占先机，如此谋事才能保全自己。况且，胡雪岩作为一名商人，偶尔要点小诈是正常的。生意场上有竞争，有了竞争肯定会有手段，在必要时多点心机，可以使你躲过别人的陷害，得以保全自己。而对于我们来说，生活就是一场战争，要想能在战争中生存下来，我们就应多点城府，反之，那些太单纯、太粗心的人往往会成为被欺诈的对象。因此，学习胡雪岩的做人智慧，要善谋事，偶尔多点心

机，如此，才能更好地保全自己。

胡雪岩在信和钱庄跑街的时候，时常，他心中感到苦闷，工作的辛苦倒不必说，可自己来了钱庄这么久，却从来没受到重用，似乎，自己的名字都不曾被东家提起。这样一想，胡雪岩觉得自己是无出头之日了，如何才能让东家注意到自己呢？闲来无事，胡雪岩就会去桥下玩，那里每天都坐着一个算命先生，在算命先生的询问下，胡雪岩道出了自己的苦水，没承想，那位先生倒想出了一个好计谋。

没过多久，信和钱庄的东家收到了一封对胡雪岩的举报信，在信中，说胡雪岩过于懒惰，经常逃工、迟到，还喜欢占小便宜，列数胡雪岩进钱庄的种种劣迹。东家吃了一惊，这事以前还真没发生过，可自己一天到晚都在忙，哪有空来管这事。于是，东家将这件事交给了张胖子，张胖子跟胡雪岩很亲近，他太了解胡雪岩了，一看这信就知道是胡编的。他决定将此事压下去，等到东家问起的时候，张胖子便回答说："胡雪岩做事挺好的，看起来只是小人作祟罢了。"

没想，过了几天，东家又收到了一封信，还是对胡雪岩的举报，相比较之下，这封信所论述的事情要严重得多。东家不得不慎重对待了，他吩咐张胖子一定要调查清楚，这一次，张胖子大张旗鼓地调查了一番，发现胡雪岩根本没问题。好像，事情该告一段落了。可是，过了几天，东家又收到了举报信，此事非同小可，东家决定亲自去调查，可调查下来，发现不管是伙计还是顾客，对胡雪岩都赞不绝口。

这件事后，东家打算提拔胡雪岩，因为前面几次都冤枉了他，觉得心中过意不去。另外，在调查事情的过程中，东家发现胡雪岩真的算是一个人才。

看到这里，我们都应该想到了，那些信是谁写的了吧。是的，那些信都是胡雪岩自己写的，他故意以第三者的身份来贬低自己，耍了一点心机，来使东家能够注意到自己，从而重用自己。这样看来，胡雪岩实在是颇有心机，如此有谋略的人最后成功了，那也是在情理之中。事实上，心机其实就是智谋，如果一个人里里外外通透无比，太单纯，那么，他迟早会栽在别人的手里。何况，“酒香还怕巷子深”，一个有才能的人，若是默默无闻，怎么会得到重用呢？胡雪岩不过是小施一计，来让伯乐发现自己而已，这并没有什么过错。

在现实生活中，做人不能太单纯，在必要时需要用点手段。许多人总是将心机狭隘地理解为欺诈与虚伪，这样的理解有失偏颇。很多时候，你会发现，有心机也表示着善谋、多变，这样想来，在自己发展的过程中，偶尔耍点心机也是很有必要的。现代社会是一个处处充斥着竞争的社会，为了生存，心机的存在是必然的，否则，我们只会被社会淘汰。一个人要想获得长远的生存，应该通过计高一筹的竞争策略去获得，这样，他才有可能获得成功。

小万是一位小有名气的作家，最近，她正在构思一本书，不巧遭遇了难题。她想去请教一位作家中的大师，可是，又害怕遭遇拒绝。想了一会儿，她还是决定去。小万毕业于重点大学的中文系，写作基础相当好，不过，她平日里总是表现得很谦逊。

见到了大师，小万便表现得谦和有礼，没想，大师却抛出了难题，说：“你说构思小说最重要的是什么？”小万脑海中有了答案，但是，她却摇摇头，回答说：“不太清楚，我刚开始学习写作，有很多地方都不太懂。平日闲暇的时候，我就买大师的书来看，从中学习您的写作技巧，这一次，特意来拜访您，也是希望大师能给我多指点指点。”小万坦然大方地承认自己的无知，故意给大师留下一个“愚笨”的印象，这其实就是小心机，不过，小万这样做并没有令大师反感，反而令大师多了一份信任，也更愿意教导她。

小万自己本身挺有水平，但遇到了自己请教的大师，她多了点心机，故意装得什么都不知道，以此来提高大师的水平。如此谦逊的一个年轻人，大师怎么会不喜欢呢？试想，如果小万表现得很优秀，风头就快盖过了大师，那么，大师定会心生不悦，哪里还会教导小万呢？小万巧施心机，博得了大师的欢心，从而达到了自己的目的。所以，在生活中，不宜表现得太单纯，凡事多用心，偶尔耍点心机，谋事才能成功。

与人为善，于己积恩

胡雪岩常说："'花花轿儿，人抬人。'我帮他人，他人自然也会抬举我。"与人为善，于己积恩，这是胡雪岩经商之道的真谛所在。在胡雪岩看来，人与人之间，就应该互相帮助，这样才能达到双赢，否则，只会落得个孤家寡人。胡雪岩在经商成功后，处处与人为善，从而积攒了更多的人脉资源，而人脉即财脉，有了丰富的人脉资源，财力自然也就会随之增长了。在这一方面，胡雪岩做得十分漂亮，通过与人为善，他结交了无数的权贵、侠义之士，在他们的帮助下，胡雪岩成为了晚清时代著名的红顶商人。那么，在生活中，我们如何才能做到与人为善？其实，你只需要记住四句话："把自己当成别人；把别人当成自己；把别人当成别人；把自己当成自己。"在现实生活中，人与人之间总是有差异，所以导致了不可避免的摩擦与矛盾，这是很正常的事情。但是，如果你真的能记住这四句话，多理解、包容、设身处地地为对方着想，就不会因与他人见解不同而产生矛盾了。与人为善，于己积恩。很多时候，善待他人其实就是善待自己。

胡雪岩本是无名小卒，不过，生性善良的他处处与人为善，由此结识了王有龄、古应春、尤五、庞二，后来，还与左宗棠成为了莫逆之交。试想，如果胡雪岩不能与人为善，就不会结识这么多有才之人；如果没有这些人，胡雪岩纵有天大的本事也不能成为红顶商人。因此，在平日里，在他身边的人都深得胡雪岩做人的绝学，以此来帮助其事业越走越辉煌。而且，在他们身上，处处显露着胡雪岩所提倡的"与人为善"的做人宗旨。

陈世龙是胡雪岩的心腹，以前，他不过是一个街头小混混，自从跟了胡雪岩以后，以其聪明的特性赢得了胡雪岩的重视。对此，胡雪岩经常告诉他："天下没有不需要照应的人，要处处与人为善，帮人就是帮自己。"

阿珠的父亲老张是一个在松江上靠摆渡为生的老实人，每天就靠着力气挣钱养家糊口。后来，胡雪岩看上了阿珠，打算娶她过门。于是，在胡雪岩的帮助下，老张卖掉了自己的船，回到湖州开了一家丝行。过了不久，胡雪岩变了主意，他觉得自己娶了阿珠太委屈她了，而且，这件事实在不怎么妥当，于是，他想办法撮合阿珠与陈世龙。这样一来，阿珠与陈世龙好上了，老张觉得，自己再受胡雪岩的照顾就不太恰当了。老张这样想了，就想干回自己的老本行，陈世龙深得胡雪岩的做人绝学，为了开导老张，他这样说道："胡老板常教导我们要与人为善，其实，胡老板的照应就是为善，毕竟，那些本事越大的人，越要叫人照顾。皇帝要太监，老爷要跟班，只有叫花子不用人照应。这个比方虽然不太恰当，不过做生意一定要有伙计。市面要做得更大，没有人照应，赤手空拳，天大的本事也没用。"

陈世龙这番话实际上道出了胡雪岩的处世哲学：帮人本就是帮己。与人为善，帮别人其实就是帮助自己，这个简单的道理谁都明白，但越是简单的东西越容易被忽略。殊不知，道理变得简单，浅显易懂，那么，它就会成为真理。而胡雪岩一生都在秉承这条真理，在他经商的过程中，给予他人恩惠无数，因此，在他需要帮助的时候，那些曾受过恩惠的人才会伸出援助之手。否则，仅凭胡雪岩一个人的力量，怎么能坐到红顶商人的位置呢？俗话说："众人拾柴火焰高。"胡雪岩深谙其中的奥妙，处处与人为善，结交了商场、官场、帮派中的朋友，也因此屡次逢凶化吉，最终，赢得了巨大的成功。

孟子曾这样教育学生："子路十分虚心听取别人指出他的毛病与不足，然后加以改正。从历史上看，凡是君子都是吸取别人的优点、长处，自己来实行善事。如舜、禹等都是如此。君子的最高德行就是与人为善。"与人为善，是一种修行，是一种涵养，而在胡雪岩那里，亦成为了一种生存的智慧。在生活中，平日里处处与人为善，为未来铺平道路，如此，你才能得厚报。

在美国，许多人都知道希尔顿酒店首任经理的故事：

有一天夜里，已经很晚了，一对年老的夫妇走进了一家旅馆，他们想要一个房间，前台侍者回答说："不好意思，我们的旅馆已经客满了，一间空房也没有剩下。"但是，看着老人疲惫的眼神，侍者同情地说："但是，让我来想想办法……"不一会儿，侍者领着老人走进了一个房间，侍者有些不好意思：

“也许，它并不是最好的，但现在我只能做到这样了。”老人看着这件整洁而干净的屋子，心情很愉快地住下了。

第二天早上，当老人来到前台结账的时候，侍者却对他们说：“不用了，因为我只不过是把自己的房间借给你们住了一晚而已，祝你们旅途愉快！”原来，那位好心的侍者一晚没睡，把自己的房间让给了老人住，自己则在前台值了一个通宵的夜班。两位老人很感动，对侍者说：“孩子，你是我见过最好的旅店经营人，你会得到报答的。”侍者笑着说：“这算不了什么。”他将老人送出门，转身就忙自己的事情了。

没过多久，侍者接到了一封信函，里面有一张去纽约的单程机票，并有简短附言，聘请他去做另外一份工作。侍者乘飞机来到了纽约，按信中所标明的路线来到了一个地方，抬头一看，一座大酒店就在自己的眼前。原来，那对老人是亿万富翁，他为侍者买下了这座大酒店，深信他会经营管理好这个酒店，而那个侍者成为了希尔顿酒店的首任经理。

爱因斯坦说：“对我来说，生命的意义在于设身处地替人着想，忧他人之忧，乐他人之乐。”侍者懂得与人为善，最终得到了丰厚的回报。当然，我们在帮助别人的时候，心里是不应该想到有所回报的。毕竟，善念由心生，善行不过是遵从于内心的选择。

1.心存善念

胡雪岩的与人为善，也并非为求利，而是本性所趋，他天性就比较善良，因此才会在经商成功后到处施善。在生活中，与人为善是一种高尚的行为，乐于帮助他人的人也会被别人帮助。帮人即是帮己，不要放过任何帮助别人的机会，善念在哪里都能开花，终究有一天会在那里结出果实。

2.以助人为乐

胡雪岩是一个以帮助他人为快乐的人，或许，在很多人看来，帮助了别人，将意味着自己会有所损失。其实，许多人不知道，仅仅在帮助别人这个过程中，我们就可以收获许多的快乐，当你帮助了对方达成某件事情的时候，也将意味着你的价值得到了肯定，这是不是获益匪浅呢？

学海无涯，虚心勤奋修正果

胡雪岩出生贫寒之家，只读了两年的私塾，八岁后就弃学给人放牛。这样的经历使得他在后来的岁月中比常人更珍惜学习的机会，当然，再想进私塾读书，那是不可能了。可是，要想在社会上生存，所需要学习的东西还很多。胡雪岩深知学海无涯，唯有虚心勤奋，自己才能修成正果。其实，胡雪岩早年的经历都是在学习中度过的，而正是那段经历，注定了胡雪岩必将走上经商这条道路，因此也奠定了其成功的基础。现代社会，是一个学习的社会，无论你毕业于哪所大学，从你踏入这个社会开始，你就必须学习；无论你有多大的本事，你都有学习的必要性，因为你不会无所不能。甚至，学习将伴随着我们的一生，正所谓“学历代表过去，而学习将代笔未来”，你是否好学，将直接决定你未来能走多远。在生活中，我们应该明白这样一个道理：一个人最大的缺陷并不是没有接受过教育，而是他放弃了学习的机会。胡雪岩没能读多少书，但是，在他以后的人生中，他从来没忘记“学习”两个字。不管是开钱庄，还是开药店，那都是他学习而来的结果，否则，一个什么都不懂的人，怎么会将生意做得如此红火呢？在现实生活中，许多人觉得自己的学历已经很高，似乎用不着再学习了。其实，在这个世界，在任何时候，我们都是处于一种学习的过程中，没有什么人天生就能干，凡事都是需要学习的。

13岁的胡雪岩孤身一人来到了大阜，在杂粮行里做学徒。他十分珍惜这个来之不易的学习机会，虽然，在外人看来，这不过是一个吃苦下力的活儿，但是，在胡雪岩小小的脑袋里滋生了学习的念头，在他看来，唯有不停地学习才能有出头之日。于是，平日里，他抢着干分内事，至于分外的事，他则是帮着干。

后来，胡雪岩有机会到金华火腿行工作。生意大了，意味着自己要学的东西更多。这时，胡雪岩除了勤快干活，其余的时间就用心学习做生意。偶然间，他第一次看到了银票，心生好奇，问道：“你们钱庄怎么样？有学徒

吗？”了解清楚后，胡雪岩暗暗地学习珠算和心算，后来，他算账又快又准，而且，算盘打得飞快，令同行吃惊。好学的胡雪岩得到了钱庄老板的赏识，就这样，胡雪岩到信和钱庄当了一个伙计。来到杭州钱庄当学徒，胡雪岩依然不改学习的态度，天天给老板倒夜香，闲暇的时候，他就学习如何经营钱庄。

就这样，从13岁开始，一直到20岁，当了7年的学徒，换了3个地方，而且，所换的工作都不是自己要求换的，而是被老板挖走的，那些老板所看中的无一不是他的好学精神。后来，他在钱庄当了3年跑街的，老板破格提拔他为掌柜，但是，胡雪岩却拒绝了，他对老板说：“我的能力还不够，现在熟悉客户与业务，这样又便于钱庄的发展。”老板听了大喜，这么年轻就有这样的远见，了不起啊。其实，胡雪岩拒绝掌柜这一位置，还有原因，那就是当跑街的可以学到更多的东西，而这正是日后自己所需要的。

胡雪岩早年的学习经历，为他后来自立门户，亲自创办阜康钱庄奠定了扎实的基础。在跑街的经历中，胡雪岩学到了如何识人，如何与人打交道，如何做业务，另外，还积累了不少人脉。而这一切都将为其日后的成功铺平了道路，因为有了钱庄伙计的经历，所以在王有龄捐官成功后，胡雪岩打算创办属于自己的钱庄，毕竟，他对钱庄这方面比较熟悉，经营起来也会得心应手，而这些都与曾经的学习有关。试想，如果胡雪岩不懂得学习，即使他在钱庄当伙计的时间更长，也难以经营一家钱庄。

古人曰：“学海无涯。”在生活中，无时无刻，我们都是处于学习之中的。那些拒绝学习的人，会被别人看作是高傲、自负的人，这样的人不讨人喜欢。最后，他们只会成为什么都不懂的井底之蛙。虚心好学，不仅仅是一种学习的态度，而且，也将是你走向成功的途径之一。

小白家境比较贫寒，高中还没毕业，就辍学在家。后来，随着村里的人去了大城市打工。很快，工作不久的小白就意识到学习的重要性，有时候，别人几分钟可以完成的事情，自己往往需要花上几个小时，为此没少受批评和奚落。自尊心很强的小白暗暗下决心，一定要自学课程，拿到证明自己能力的证书。

于是，在下班后，小白报读了夜校。常常在晚上七八点，她还要拖着疲惫的身子去学校上课，晚上回来，还得温习当日的功课。有时候，她会把功课拿到公司，向其他同事请教。在这样刻苦学习了几个月，小白做事效率有了很大的提高。半年后，小白参加了成人高考，拿到了大专毕业证。不过，小白并没有停止不前，她有一句座右铭“活到老，学到老”。一个偶然的机会，她对电脑产生了兴趣，为了更熟练地操纵电脑，她自学了相关的计算机课程，拿到了计算机的初级等级证书，最后，她还考取了电大计算机专业。

如果小白只是得过且过、混日子，虽说，这样的生活也是有一天过一天，但是，她却不能实现自己的人生价值。相反，小白热爱学习、虚心刻苦，虽然，之前所受到的教育程度有限，但是，她始终不放弃学习，奋发向上，最终，证明了自己的价值，开辟了属于自己的那片天空。

宽以待人，得饶人处且饶人

常言道：“冤冤相报何时了，得饶人处且饶人。”胡雪岩以博大的胸怀，表现出一种不拘小节的潇洒。他认为，在生意场上，大家都是合作的关系，很容易“一损俱损，一荣俱荣”，如果一个人的信誉破坏了，对大家都很不利。深谙这样的道理，胡雪岩从来不做“落井下石”的事情，即使对方曾得罪了自己，他日自己辉煌了，他也只求息事宁人，而不会想着如何报复。既然事情都已经过去了，何不忘记之前的过节，饶过了别人，还可以落得一个好名声，何乐而不为呢?

得饶人处且饶人是一种宽容的大度，更是一种不计个人得失的情怀。当别人与自己有了冲突与矛盾，不妨显示出宽容的胸怀，学会原谅他人，同时，也让自己从中受益。自古以来，那些心怀嫉妒，一遇到不满就怨天尤人的人，他们最终难成气候。周瑜是一个卓越的军事家，堪称才华横溢，足智多谋。但

是，当他得知诸葛亮的神机妙算后，知道自己比不过他，心有不甘，一心盘算着如何打败诸葛亮，发出了“既生瑜，何生亮”的叹息后，最终落得吐血身亡的结局。试想，如果周瑜能宽容大度，那么他的结局就不会这般悲惨了。在生活中，我们难免会与别人发生摩擦，这时候，如果你学会了宽容、原谅，那就会化解彼此之间的冰封。在得饶人处且饶人上，胡雪岩为我们树立了榜样。

当年，胡雪岩自作主张将钱庄的五百两银票借给了王有龄，却遭到同行的诬蔑，硬说他将钱拿去滥赌。东家一气之下解聘了胡雪岩，自此，胡雪岩名节受辱。王有龄捐官回来后，得知了此事，心中有气，当即决定归还信和钱庄当初借出的银子，为其洗刷恶名。于是，王有龄连本带利带了六百两银子，穿着官服，吩咐人备轿，鸣锣开道，喊胡雪岩一同前往。在王有龄看来，这样做可以在人前显显威风，也为胡雪岩出一口恶气。

对此，胡雪岩却拒绝了，他说：“没有必要得理不饶人，应该为他人想一想，而且，我若是同你前去了，势必会让张胖子尴尬，失去面子，这件事如果被宣扬出去，张胖子在同行面前也就什么颜面都没有了，我希望以和为贵，不想看到事情演变成那样子。”于是，胡雪岩不仅不同意与王有龄一起前往，而且，还嘱咐王有龄到了应赞扬信和钱庄几句。

王有龄知道胡雪岩的心思后，换上了便服，独自一个人去还这笔借款。到了信和钱庄后，发现之前的借据已经被销毁，王有龄并不为难，当即拿出连本带利还的银子五百五十两，只要了对方写一张已经还清的借款收据。

胡雪岩宅心仁厚，宁肯委屈自己，也要保全别人的面子，可见度量之宽。本来，名节受辱是冤屈之事，不仅丢了颜面，而且还丢了工作，只能靠打零工来维持生计。换了是别人，逮到了一个机会，肯定会洗刷恶名，扬眉吐气。不过，胡雪岩最先想到的却是怎样不让张胖子难堪。事实证明，胡雪岩的宅心仁厚换来了厚报，在后来的许多生意中，张胖子为其解决了不少麻烦。

在日常生活中，我们免不了与别人有点磕磕碰碰，也免不了与别人发生点不愉快的事情，这是极为正常的。在某些时候，一声道歉，一个微笑就可以化解彼此的怨恨，但是偏偏有的人喜欢抓住对方的短处得理不饶人，对别人的歉意也视而不见；还有的人为了自己那所谓的尊严而互不相让，恶语相加，到最后伤了彼此的和气，也破坏了之前的和谐关系。俗话说："得放手时须放手，得饶人处且饶人。"我们要接受别人的道歉，学会宽宏大度，这样我们就会在生活中收获更多的尊重与欣赏。

马路边的人行道上人很多，一个光着头的年轻小伙子不小心踩到了一位老大爷的脚。小伙子赶忙说："我没注意，对不起。"老大爷脾气不好，张口就说："这么大一小伙子，眼神不好啊，欺负我这么大岁数的人干吗？"

老大爷的话实在让小伙子反感，抱歉变成了反击："不小心踩了就踩了，可我什么时候欺负您了啊？"老大爷更不高兴，说："得得得，现在的年轻人都不学好。我看你那样儿，监狱里刚放出来的吧？"这下小伙子可火了："你这人怎么说话呢？"说完就要往前冲。多亏旁边的人左劝右劝，好不容易才让他俩消气了。

任何带着火药味的语言都是具有攻击性的，会让对方感觉不舒服，也阻挡了两人之间的正常交流，引起一些不必要的冲突和争执。老爷子就是典型的得理不饶人，本来只是一件小事情，但仅仅为了这件小事情而斤斤计较，导致了矛盾激化。

在与别人有了矛盾，已经发生冲突的情况下，自己占理得势了，我们就应该懂得"得饶人处且饶人"，不要企图把对方逼到绝路上去，那样只会使矛盾进一步激化，甚至破坏原有的关系。得理且饶人，不仅给对方留有面子，也给自己留了一条退路。

第 12 章

火眼金睛，抓住机会——觉察先机的人生智慧

胡雪岩是一个注重机会的人，他天生具备一双火眼金睛，凡事细细观察，绝不错过人生的每一个机会。在现实生活中，许多人总是抱怨没能遇到成大事的机会，事实上，机会始终是可遇不可求的，当机会来临的时候，能否以一双慧眼捕捉机遇，这才是决定一个人是否能成大事的关键。在我们身边，不是缺乏机会，而是缺少发现，如果你想作出一番成就，就必须拥有一双火眼金睛，这样，才能抓住每一个成功的机会。

时逢乱世，危难中求机遇

俗话说：“乱世造英雄。”乱世，本来就是一片狼藉、混乱，许多人认为，在这样一个糟糕的环境里，怎么会有机遇呢？又哪里会出英雄呢？从表面上看，乱世中似乎没有机遇可言，但是机遇往往是隐藏在人们看不见的地方，有时候，机遇与危险是并存的。如果你能仔细观察，会发现在乱世中处处皆是机遇。胡雪岩就是晚清时代创造出来的乱世英雄，而他的成功就在于能够抓住危险中的机遇。在那个兵荒马乱的年代，时局动乱不安，对于大多数人来说，只会想到如何逃命，如何生活下去，似乎这就已经足够了。许多人不相信在乱世中能有什么机遇，其实，乱世就是一个创业和发展的好时机，如果你能够把握适当的时机，就可以在一片乱世中脱颖而出，一举成为乱世中的英雄。胡雪岩正是看中乱世这样的好时机，于是，心中有了好的念头，马上就付之于实践，果然赚得盆满钵满。对于生活在现代社会的我们，依然可以学习胡雪岩“危中求机”的智慧。现代社会，竞争日益激烈，一旦危机来临，我们也能从中求到好的机会，这样，变坏事为好事，这才是我们真正的智慧。

胡雪岩所在的那个年代，太平运动风起云涌，市场不稳，社会动荡不安。然而，面对这样一个环境，胡雪岩并没有一蹶不振，他将更多的精力和时间都花费在生意上。胡雪岩敢于在乱世中寻找机遇，当其他的人在乱世中无所事事的时候，他的事业却已经开始了。

胡雪岩在被信和钱庄解聘后，他等待王有龄的归来。后来，王有龄捐官成功归来，胡雪岩在乱世中看到了商机，想亲自创办钱庄。为什么会选择创办钱

庄呢？原因是多方面的，胡雪岩曾在钱庄当了几年的伙计，对这门生意自然十分熟悉，另外，胡雪岩本人对这个行业感兴趣。但是，真正决定他去行动的原因则是，这是一个绝好的商机。胡雪岩认为，在乱世中，如果能顺利开设一家钱庄，肯定会成为一桩好生意。

当时，太平天国运动似乎有愈演愈烈的形势，而农民起义则密集于长江中下游以及湘、闽一代。在这样一个兵荒马乱的年代，做其他一般的生意会遭到严重的冲击。可对于钱庄这个行业来说，无疑是一个好机会，由于市场动荡不安，而伴随着的将是银价的起落比较大，这样一来，钱庄就会有了低进高出的机会。当时，胡雪岩说："只要看得准，兑进兑出，两面好赚。"不管是银票汇兑，还是放出，都会大赚一笔。

眼光敏锐的胡雪岩瞅准了这样的商机，义无反顾地开办了自己的钱庄。果然，由于他经营有方，再加上人们的大力支持，钱庄的生意日益兴隆，不久，还开了分店。处于乱世，其实，并不想我们所想的那样，没有发展的机遇，相反，如果能够善于应对乱世，把握机会，你一样可以走向成功之路。胡雪岩就是一个在乱世中脱颖而出的英雄，因瞅准了时机，而一跃成为了大名鼎鼎的红顶商人。

生活在现代社会，我们时常遭遇危机。许多人总是将危机看作灾难，心中认定只要危机出现，便会多出许多困难与麻烦。其实，危机，顾名思义，机遇藏在危险之中。对于那些善于把握机遇的人来说，危机并不全是灾难，其中还隐藏着许多机遇。只要抓住了机遇，就一定会成功，似乎，隐藏在危险中的机遇带给我们成功的可能性更大一些。

巴菲特说："当别人贪婪时我恐惧，当别人恐惧时我贪婪。"如何看待乱世？他却这样说："我喜欢乱世，乱世的东西很是便宜，就想一个色鬼来到了女儿国，每次的危机都是一次买入的绝好机会。"他为什么对乱世情有独钟呢？是的，巴菲特作为世界巨富之一，他正是在危机中投资股票而发家致富的。

2008年，经济性危机席卷全球，在这样一个人心惶惶的时刻。巴菲特却发现了其中的绝好机会，他毫不犹豫地购买了许多公司的股票，比如通用、比亚迪等。当美国的华尔街陷入一片狼藉的时候，巴菲特却兴致勃勃地开始自己的投资，他趁此机会买下了所有之前一直看好但却没机会买进的股票。

等到经济危机平息后，巴菲特成为了最后的赢家，一跃跨入了世界首富的行列。

马云曾说："作为一个商人，我觉得危机中总会含有机会，我是以非常积极的态度看待金融危机的。"巴菲特发现了隐藏在经济危机中的商机，并以此跨入了世界首富的行列。其实，我们每个人都是可以的，只要你以积极的态度去看待危机，以敏锐的眼光发现其中的商机，那么，成功就是属于你的。谁说只有在顺境中才会有成功的机会，事实上，危机越大，机会则越多，在很多时候，我们在危机面前一败涂地，那是因为没能发现其中的绝好机会。

在生活中，好事与坏事是可以互相转化的，甚至，一个好事里面有可能隐藏着坏的契机，而坏事里往往隐藏着良好的征兆。当危险来临的时候，不要失去信心，而是善于看到机遇和光明，这样，你才能求得更多的机遇。那么，你所遭遇的坏事有可能就变成了好事。

敢于冒险，为成功创造机遇

俗话说："不入虎穴焉得虎子。"很多时候，机会并不是等待而来的，而是需要我们自己创造的。当然，创造机遇是需要担当风险的，否则，机会不会白白等着你。在晚清时代，胡雪岩就是一个敢于冒险的高手，在冒险的同时为自己取得了绝好的机遇，如此，才求得人生的大富大贵。在胡雪岩看来，商场就如战场，只要看准了时局的变化，就一定能找到商机，而一旦找到商机，就需要冒险的精神，否则，一切都是白忙活。有的人即使发现了机遇，但如果缺乏了一种冒险精神，迟迟不出手，那么，转眼间，机遇就到了别人的手里。

当然，冒险并不是有勇无谋，而是有勇有谋，在知道这件事不一定会成功的前提条件下，还是鼓起勇气去做，但是，在真正付诸实际行动之前，会制定一个妥善的方案，做好充分的准备，以此避免危险，如此冒险，才能为自己创造机会。相反，若是在走投无路的时候，慌忙采取冒险行为，那结果肯定会失败。

其实，早在胡雪岩在钱庄当小伙计的时候，他就开始了寻找机会，当然，与此同时的是冒险精神。当时，胡雪岩只是一个小伙计，无钱无权，不过，他却冒险将钱庄的五百两银票交给王有龄。按常理说，他似乎没有权力去这样做，毕竟钱并不是自己的，即便是看中对方将来定有所发展，可是，无亲无故，何以将这么大笔钱压在一个陌生人身上呢？在这件事情上，胡雪岩就是在冒险，用他的话来说就是赌。最后，恰恰是他的冒险为自己带来了巨大的受益，王有龄捐官成功，成为了他日后的靠山。

太平天国大乱，王有龄在杭州被太平军攻破之后，为了避免受辱，保得一世清白，他自杀殉职。在临死之前，他托付自己的兄弟胡雪岩为自己洗刷耻辱。知道好朋友自杀后，他内心悲痛，胡雪岩明白其中深意，收复杭州是王有龄的遗愿，而有能力收复杭州的只有左宗棠的军队。在这之前，胡雪岩听说，左宗棠脾气火暴，疾恶如仇，一向自命清高，而且，胡雪岩知道，左宗棠似乎很厌恶自己，这时候，他不来找自己的麻烦就是好事了，怎么还会自惹麻烦呢？

可是，为了王有龄的遗愿，他愿意去冒险。不过，冒险肯定不是去送死，而是要创造成功的机会。于是，他先了解了左宗棠的性格脾气、爱好、为人等各方面的信息，并为此做了详细的计划。其实，当时的左宗棠确有置胡雪岩以死地的意思，不过，在见面时，胡雪岩的一句话救了自己的命，他对左宗棠说："我一生只会做事，从来不会做官。"原来，这话本是左宗棠的名语，听到这样的话，不想这位胡雪岩跟自己的观点一致，高兴之余，他已经忘记了之前的想法了。

就这样，胡雪岩不仅完成了王有龄的遗愿，而且，在冒险中创造了一个机会，那就是使左宗棠这位中兴名臣成为了自己的靠山。后来，在左宗棠的帮助下，胡雪岩穿上了黄马褂，建立起了庞大的白银帝国。

似乎，胡雪岩的每一次冒险都为自己求得了绝好的机遇。当然，他的每一次冒险都是经过深思熟虑的，在做事之前就进行了周密的策划，即使不能成功，也能全身而退。似乎，好运总是站在胡雪岩这一边，他的敢于冒险为自己日后的事业发展提供了良好的契机。抓住了结识左宗棠的机会，胡雪岩一跃成为了晚清时期最著名的红顶商人。

有人说："美国有很多讨论富人的书，都得出结论证明富人并不比普通人聪明，学识也不一定比一般人多。要说富人智商有多高，那纯粹瞎掰。这些富人之所以能成功，而很多智商、学识远远高过他们的人却成功不了，是因为富人们具有的冒险精神或是敢想敢做的精神确实比别人强。"或许，富人并不是成功的代名词，但是，他们无疑是成功的代表之一，而冒险精神正是推动他们成功的助推器。

王传福说："最关键的是要有冒险精神。"当比亚迪科技有限公司刚刚成立的时候，日本充电电池一统天下，国内的许多厂家都是买来电芯自己组装，这样利润少，几乎不存在竞争。经过一番思考，王传福将目光投向了含量最高、利润最丰富的电芯。如此冒险的想法，在国内还无先例。后来，比亚迪公司的镍镉电池销售量达到15亿块，排名上升到世界第四位。之后，王传福投入大量资金开始了锂电池的研发，很快便拥有了自己的核心技术，并成为摩托罗拉的第一个中国锂电池供应商。

如果说这是王传福的第一次冒险，那么，决定制造汽车将是其第二次冒险。在2003年，比亚迪宣布以2.7亿元的价格收购西安秦川汽车有限责任公司77%的股份，由此成为继吉利之后国内第二家民营轿车生产企业。在2004年，深圳市有200辆比亚迪制造的锂离子纯电动汽车投入出租运营，成为全国第一家电动车示范区，真正实现了尾气零排放。

因敢于冒险，适时抓住了绝好的机遇。在短短七年的时间里，王传福将镍镉电池产销量做到了全球第一、镍氢电池排名第二、锂电池排名第三，年仅37岁便成为享誉全球的"电池大王"，坐拥338亿美元的财富。

其实，冒险与机遇总是结伴而行的，要想抓住机遇，就应该有冒险精神。在生活中，常常有这样的人，还没开始做一件事情的时候，他们就会想：如果失败了怎么办？于是乎，为了不失败就选择了放弃。可是，等到别人成功之后，他们又会无奈地说："早知道，我也去做了。"机遇已经流失了才想到后悔，为时已晚。所以，在生活中，面对任何事情，我们都要有冒险精神，如此，才能抓住稍纵即逝的机遇。

善于发现机会，才能为己所用

胡雪岩常说："凡事总要动脑筋，说到理财，到处都是财源。一句话，不管是做官的对老百姓，做生意的对主顾，如果你想要人家腰包里的钱，就要把人伺候得舒服，人家才会心甘情愿掏腰包。"说到机会，胡雪岩这样说道："会做生意的人，除了精通取势用势外，还要特别善于发现机会，要能够很好地把握和利用机会，要学会把机会变成实实在在的银子。"的确，那些所谓的成功者之所以获得成功，并不是因为机会青睐于他们，而是他们善于去发现机会，进而抓住机会。而且，机会只有对于那些善于发现并且能很好地利用机会的人，才能成为机会，才能为己所用。培根说："善于识别与把握时机是极为重要的。"商场存在的机会并不少，但唯一缺少的就是发现，胡雪岩作为一个成功的商人，具备了一双"火眼金睛"，抓住了每一次商机，终成大事。在现实生活中，机会永远青睐于有准备、有把握的人，只要善于发现机会，其实，机会就在我们身边。

胡雪岩说："做生意要有机会，更要靠过硬的本事。"他善于将发现的机会，经营成一个实实在在的财源。

王有龄捐官回来后，得到了海运局坐办的官缺，就在上任时却遇到了漕米的麻烦，于是，他请胡雪岩帮助自己渡过难关。因此，胡雪岩有了一个奔走于杭州于上海的机会，当时，他所雇用的是阿珠家的船，而阿珠的娘恰好懂一些蚕丝生意，胡雪岩得到了一个请教的机会。他了解到，丝绸纺织需要大量的原料，洋人则需要从中国进口大量的蚕丝，这样看来，做外贸或者销给洋桩，都能赚大钱。在胡雪岩心中，有了做蚕丝生意的念头。

在帮助王有龄漕米的事情中，胡雪岩有幸结识了古应春和尤五。不久之后，胡雪岩又发现了一个机会，原来王有龄调任了湖州知府，而湖州正是蚕丝的主要产地。于是，胡雪岩这个丝绸行业的门外汉开始做起了蚕丝生意，将朋友古应春、尤五也拉了进来，合作大干一场。

其实，说到做蚕丝生意，信和钱庄的张胖子，以及丝行的老板庞二无疑算是沾点边。因为，张胖子经常往返于杭州和上海，似乎比胡雪岩更熟悉蚕丝生意，而有信和钱庄如此雄厚的资本，做生意自然是不用发愁的；再说说庞二，他可是蚕丝生意中的高手，却没能想到控制市场、操纵价格。而他们没有做的，都被胡雪岩做了，原因就是他们没能发现机会，因此也就错过了成功的机会。

胡雪岩发现了别人没能发现的机会，不仅发现了，而且还将其利用了起来。他利用阿珠家在湖州且熟悉蚕丝生意的关系，出资让阿珠的父亲在湖州开丝行；利用王有龄调任湖州知府的关系，着手生丝收购，又联系了洋商，结交了丝业巨头庞二，做起了蚕丝销洋庄的生意。这样一来，眼前的机会被自己所用，想不成功都不行了。

在现实生活中，许多人抱着“天上掉馅饼”的态度，坐等机会的到来，没承想，那些机会就这样眼睁睁地从手中偷偷溜走了。机会是需要发现的，而不是坐享其成，在我们身边，可能潜藏着无数的机会，你是否能成功，就在于你是否能发现，是否具有一双慧眼。一个人如果不善于发现隐藏在身边的机会，那么，上帝给你再多的机会，也是枉然。

有一个人信仰上帝，每天他都在为上帝祈祷祝福，希望上帝能够眷顾自己。在他看来，上帝应该随时随地地帮助他的每一个信徒，为了证实这样的想法，他做了一个大胆的决定：不会游泳的他拿着救生圈来到了海中央，看上帝

是否能给自己生存的机会。

做了一番祈祷后，他将救生圈扔掉了，他一边在水中挣扎，一边大喊：“上帝，救救我，救救我！”这时，过来了一条渔船，船上的人抛下了救生圈，对他说：“抓紧，我们拉你上来。”但是，他一边挣扎一边喊道：“不用啦，上帝会救我的！”原来，在他心底一直坚信上帝会来救他。

过了一会儿，来了一艘快艇，有人抛下了救生圈，告诉他：“抓紧，我们拉你上来。”但是，他还是放弃了求生的机会，他喊着：“不用了，上帝会来救我的。”快艇开走了，一会儿，又来了一架直升机，飞机上的人放下了软梯，大声对他喊道：“抓紧软梯，我们拉你上来。”那人拒绝了，依然喊道：“不用，上帝会来救我！”刚说完，他就沉了下去，淹死了。

见到了上帝，他生气地质问：“我每天都在祈祷祝福你，对你那么的忠诚，你竟然对我见死不救。”上帝笑着说：“我派去了两条船和一架飞机救你，但是，你却没能把握每次机会，这能怪我吗？”

发现了机会，而不选择把握机会，那么，最终的结果肯定是惨败。或许，一个人的成功是多方面的，但是，是否能发现机会，抓住机会，将机会为己所用，这对我们能否成功有着必然的联系。在现实生活中，并不存在什么幸运之神，机会也从来不主动敲响我们的门，机会从来都是属于那些有准备并敢于拼搏的人，他们发挥自己的能力来把握机会，并很好地利用机会。机会，本是无时无刻不存在，重要的是在于你是否具备一双火眼金睛。

与其待时，不如乘势

胡雪岩说：“做事情要如中国一句成语说的‘与其待时，不如乘势’，这样一来，那些许多看起来很难办的大事，竟能够顺顺当当地办成了，这就是因为懂得乘势的缘故。”与其等待机会，不妨乘势而行，这样，机会反而掌握在自己手中。在生活中，许多经验告诉我们，在一件事情的发展过程中，衰退有可能从高潮中出现，升势有可能在跌势中产生，如此一来，我们只有顺势而行，才能避开风险，也才能达到事情的尽善尽美。成功大师卡耐基说：“一个把握眼前机会的人，十有八九可以成功。”机遇来了，就应该抓住机遇，顺风而上，这样一来，成功的概率会大很多。那么，时机与形势到底存在着什么样的关系呢？得时，乘势得在时，不在争；机会大小在势，能否高额利润要看势有多大，势大机会就大。另外，时机与形势自有一番区别：“时，需要等待，是一种天道酬勤的等待；势，可遇而不可求。时，要因时而动，时动则动；势，要顺势而为，赚足趋势。”如此，才能乘势而行，也才能赢得最后的成功。在生活中，我们需要把握最好的机会，何谓最好的机会？那就是随着形势变化而产生的机会，出手要快，将机会变成实实在在的财源，当然，在这个过程中，更重要的一点就是要学会乘势而行。很多时候，我们总是在等待机会的来临，殊不知，形势已经变了，之前所等待的机会如今就在眼前，因此我们要学会乘势而行，抓住机会，方可成功。

胡雪岩帮助左宗棠筹办船厂就是乘势的结果，而在这之前，他对“乘势”别有一番理解。

在一次闲聊之余，左宗棠对胡雪岩说：“有句话叫‘与其待时，不如乘势’，许多看起来难办的大事，居然顺顺利利地办成了，就因为懂得乘势的缘故。谈到势，要看人、看事，还要看时。人之势者，势力，也就是小人势力之势，当初我几乎遭不测之祸，就因为湖广总督官文的势力，比湖南巡抚骆秉章来得大，朝中自然听他的，他要参我，容易得很。”

胡雪岩回答说：“是的，同样一件事，还要看什么人说。”左宗棠接口说：“也要看说的是什么事。以当今大事来说，军务重于一切，而军务之急，肃清长毛余孽，又是首要，所以我为别的事说话，不一定有力量，要谈入闽剿匪，就一定会听我的，你信不信？”在谈到筹办船厂的事情，左宗棠说道：“办船厂一事，要等军务告竣，筹议海防，那才是一件大事。但也要看时机。不过，我们必得自己有预备，才不会错失时机。你懂我的意思了吧？”胡雪岩

自然深谙其中之意。

果然，胡雪岩在借款筹办船厂的时候，找准了形势，一办就成。

一件事情的成功在于天时地利人和，其中的“时”就是时机，若是时机不对，事情自然会有所差池。我们常说：“此一时，彼一时。”其实，所道出的就是时势之妙。在很多时候，即使是同样一件事，你此时去办，有可能花了精力与财力都不能办好；而彼时去办，却是不办则已，一办即成。其中的玄妙之处在于，事情本身并没有改变，而是所处的形势变了。胡雪岩正是掌握了其中的奥妙，找准了形势发展的需要，促成了筹办船厂和向洋人借款的事情。

俗话说：“借得东风好行船。”东风所指就是势，若是没有东风，行船速度缓慢，有可能白花力气不说，还会耽误了行程；相反，若是有了东风，船就能顺势而下，节省了力气，也不耽误行程，简直是两全其美。在现实生活中，我们既要善于发现时机，还需要关注大形势的变化，有时候，形势一变，就可能生出许多机遇来，这时就要抓住机遇，顺势而上，做事自然是事半功倍。

老张很早就想经营养殖业，可是，在一个穷苦的小山村，谈何容易，比如说，养鱼，光是水源就是一大难题。无奈之下，老张只好作罢，日出而作，日落而息，耕种着自己那三亩田地。

去年，经常干旱的山村竟然迎来了一场暴风雨，下了三天三夜。一场大雨过后，山洪暴发，把老张家仅有的三亩田冲成了大坑，积满了十多米深的水。全家人见此情景，愁眉不展，感到生活没有了希望。老张围着大坑走了几圈，突然笑了起来，他对家人说：“这不是上天给了我一个大鱼塘嘛，既然不能种地了，那就养鱼呗。”说干就干，他先到一个养鱼专业户那里学习了养鱼技术，又借钱买来了鱼苗，年底，他还清了所有的借款，还净赚了一万多元。

从养鱼中尝到甜头的老张索性干到底，在第二年，又养鱼又养蟹，一年下来挣了好几万元，这可比以前土地经营划算多了。

老张因祸得福，实际上源于他乘势而上，如果没有那场山洪，他就圆不了自己的梦想；如果没有失去土地，他有可能还在土地上经营，那么，只能够温饱，哪能发家致富呢？本来，当形势未变的时候，即使花了大量的精力，也不能将事情做好；一旦形势有所变化，那些之前看起来困难的事情也变得简单了。所以，与其待时，不妨乘势，借着东风的力量，才能将船只划得更快更远。

先不必求成，而是等待时机

胡雪岩说："顺势是眼光，取势是目的，做势就是行动。"大多数商人都有这样的毛病：急功近利。毕竟，商人所有的目的皆是求利，在这样的心理上，他们很容易为了求利，而错过了最佳的时机。胡雪岩却不同，他说："先不必求利，先等待时机。"在做很多事情的时候，胡雪岩都是大手笔投资，旁人看了心疼，他却不以为然，在他看来，作为一个成功的商人，不应局限于眼前的利益，而是善于捕捉时机。做生意就是这样，有了投资，就不用愁回报，它定会在某个时机到来，这时候，就是自己辉煌之时。正是善于捕获机会，使得胡雪岩从一个小小的伙计跃身成为了红顶商人。在未出名之前，胡雪岩在左宗棠身上投入的财力简直是不计其数，真可谓是倾囊相助，在这时，胡雪岩完全将利益抛到了脑后，后来，终于等到了时机，在左宗棠的举荐下，胡雪岩被清政府赐封为"红顶商人"，而他自己也因此建立了庞大的白银帝国。胡雪岩经商成功的智慧，运用到现实生活中也是一样的道理。在生活中，做事应不急于求成，你越是着急，就越不利于事情的发展。反之，如果你先不急于求成，事情反而会朝着有利的方向发展。

在晚清时代，许多商人对打仗唯恐避之不及，都认为打仗只会让生意人吃亏。但胡雪岩却不这么看，在他看来，做大生意，最好的办法就是帮军官打胜仗。他说："只要能帮军官打胜仗的生意，我都做，哪怕亏本也要做。要知道这不是亏本生意，是放资本下去。只要军官打了胜仗，时势一太平，什么生意不好做？到那时候，你是为朝廷打败太平军出过力的，公家自会报答你，做生

意处处给你以方便。你想想看，这还能不发达？”做生意不必急于求成，而是等待时机，有了这样的看法，胡雪岩积极投入到帮助左宗棠军队的事业中，事实证明，最后，他真的得到了丰厚的回报。

胡雪岩在帮助军队筹集粮饷的时候，由于阜康钱庄资金有限，于是，胡雪岩打算寻找合作伙伴。在当时的情况下，若是寻找的伙伴财力越雄厚，那么，胡雪岩自己也就越受益。然而，出人意料之外，胡雪岩选择了财力一般的原大源钱庄，在旁人看来，胡雪岩应该选择信和钱庄：一方面信和钱庄资本雄厚，做生意下来肯定会大赚；另一方面，于公于私，信和钱庄都与胡雪岩有着密不可分的关系，之前早已经成了阜康钱庄的生意伙伴。

对于胡雪岩如此的决定，旁人感到很疑惑，就连档手刘庆生也说：“阜康和信和关系非同一般，你为什么不选信和来做？况且，若是与信和钱庄合作，生意肯定会大赚。而如果与毫无名气的原大源钱庄合作，万一失利怎么办？”胡雪岩却回答说：“先不必求成，我只是在等待时机，之前与信和钱庄合作了多次，彼此的关系也差不多了。而要想做大生意，我就应该结识更多的商家，如果这次我失利了，也没关系，毕竟我有了伙伴，这为日后成功赢得了更多的机会。”原来，胡雪岩有自己的小算盘，他希望将自己的生意做到最大，要做大生意，肯定是广结商界人士。借此这笔生意，且不论利益如何，这笔生意可以扩大自己的商业，无疑是在为自己的生意制造“机会”。

一个人要想成就一番大的事业，不仅需要乘势，更需要等待时机。在时不逢机的时候，唯有等待才是最好的选择。在那乱世年代，胡雪岩大力赞助左宗棠的军队，但他并不急于求成，而是静静等待。等到了太平天国运动被平息，他也就成为了有功之臣，在等待中积蓄力量，寻找时机，才能取得更大的成就。

在现实生活中，我们总想做一些事情，却往往做不成。有时候，因为条件不具备，或者一些障碍。在这样的情况下，该如何办呢？坚持去做，有可能会一败涂地，那么，就选择等待吧。暂时先忍耐一下，等待最佳的时机，如此，我们才能重新奋起。那些能够扭转困难的机会往往隐藏在我们没有注意的地方。假如我们能发现它、抓住它、利用它，那么，我们将有机会摆脱困境，获得成功。

在1992年的时候，严介和租赁了一家濒临破产的建筑公司。有一次，他兴奋地接下了一项业务，不过，接到业务后，他却发现这是一个被承包商转包五次的建筑工程。紧接着，通过对该业务进行了预测，他立即傻眼了，如果自己接下这个工程，至少得亏损五万元。很显然，这是一个没人敢接的工程，所以才落入了自己的手中，到底是接还是不接呢?

严介和心想：自己没有后台，也没有任何关系，如果自己现在只追求短暂的利益，而错失了机会，那么，以后很难做成功，再说，按自己现在这样的情况，在建筑业这个关系错综复杂的生态圈中，自己只能得到这样的业务了。这样想了，严介和决定接下这个任务，先不急于求成，而是等待机会。一旦自己将这笔业务做好了，机会肯定也会随之而来。

当工程完成之后，验收部门不相信这样的亏本工程会有好的质量。但检测结果令人瞠目结舌，所有指标都是优等。虽然，严介和亏损了八万元，但良好的质量却为他赢来了一次又一次的机会，随着业务的增加，他也成为了建筑业中数一数二的人物了。

严介和明知道那是一个亏损的工程，但如果他只是为了赢得短暂的利益，拒绝那个工程，那么，他也失去了一个良好的机会。严介和不急于求利，而是甘愿吃亏，以此等待时机。果然，事情正如他所想的那样，在接了那笔业务之后，许多机会都随之而来，而他自己也获得了最大的成功。

在生活中，凡事不能着急，挣扎、痛苦都是于事无补，这些对事情一点帮助都没有。不妨安静下来，等待重新的机会，有时候，伴随着不幸而来的，还有绝佳的机遇。在事情尚未成功的时候，智者眼里往往意味着这将是一个潜在的机遇，而愚者却对此无动于衷。所以，成功者从来不急于求成，他们就像猎豹一般默默潜伏，时刻准备着，伺机等待机遇重拾成功。

发现机会更要抓住机会

胡雪岩说："商机抓住了，就能带来滚滚财富；抓不住，财富就会从你身边悄悄溜走。"胡雪岩十分注重把握机会，在他看来，机会稍纵即逝，抓住了就可以成功。如果抓不住的话，以后有可能也不会有那样的机会，那么，自己就将与成功擦肩而过。在他一生的经历中，由于机会比较多，成功的可能性自然比常人大了一些，如此，他成为了红顶商人就不足为怪了。机会与成功本来就是密切联系的，但是，发现机会与抓住机会并不一样，只有抓住机会才能有可能成功。在现实生活中，有的人发现了机会，却犹豫不决，在左右为难中，机会也就消失了。所谓"机不可失，时不再来"，机会，并不是你想它来就来，也并不是你想抓住就能抓住，而是它来的时候要抓住它，否则，这次机会一旦错过，就没有重新再来的机会了，而胡雪岩正是抓住商机的高手。

在偶然的一个机会，胡雪岩了解到青帮替太平军护送军火。本来，这件事与他一点关系都没有，可眼光敏锐的胡雪岩看到了其中的工会。军火买卖一向利润丰厚，胡雪岩早就想从事军火生意了，而怎奈无处下手，如今太平军在上海购买军火，肯定是与洋商洽谈。想到了这里，胡雪岩想把这笔生意夺过来，于是，他急忙赶去与好朋友王有龄商量，王有龄听了，高兴地说："真是踏破铁鞋无觅处，得来全不费工夫，刚才抚台黄大人召见我，商议要海运局拨一笔款子购置五百条毛瑟枪，加强浙江绿营军的装备，我正愁差谁去经办，你若有兴趣，可应承下来。"

胡雪岩当即答应下来，马上请王有龄开了一张三万两银子的官票，然后收拾行装，雇了一条船，连夜赶赴上海。胡雪岩之所以这样匆忙，是因为他深谙生意场如战场，一不留神就会被别人抢占了先机。来到了上海，胡雪岩见到了青帮首领廖化生，说明了自己的来意，廖化生笑道："生意人人做，就看谁占先，凭胡先生的才能，这笔生意非你莫属了。"胡雪岩却表现得很谦逊："靠我单枪匹马，万难成功，还望老哥鼎力相助，事成之后，老哥可分三成利润，算是合伙生意。”廖化生当即答应了，就这样，在廖化生的介绍下，胡雪岩与洋商达成了协议。在这笔生意中，胡雪岩轻松获利五千多两银子。

敢为人先，牢牢把握眼前的机会，使得胡雪岩做成了第一笔军火生意，虽然有些风险，却为此大赚了一笔银子。所谓“生意人人做，就看谁占先”，谁抢占了先机，谁就成为最后的大赢家。从决定做军火生意，到真正与洋商洽谈，不过也是一两天的工夫，胡雪岩深知，自己稍有犹豫，机会就会变成别人了。于是，他马上将这笔生意做了下来，果然，结局尽在他意料之中。

在日常生活中，我们都有这样的经历：当车子快到十字路口的时候，准备拐弯，但前面的灯是绿灯，只有等红灯了再拐。如果你快到路口的时候，看到前面的是红灯，那就要抓紧机会趁灯还未变绿之前拐，错过了这个机会，就要等一阵子。红灯、绿灯的交替是频繁的，我们等不了多久就可以再有一次机会。但是，人生却只有一次机会，它从来不会给你第一次同样的机会。因此，在每一次机会来临的时候，紧紧抓住，不要放手，如此才能促成事情的成功。

小张是大连人，在她五岁时就开始接触日语。后来，在父母的资助下，24岁的小张远赴日本留学。当时，在日本留学期间，许多留学生纷纷成为了汉语家教。在这方面，小张的目标很明确，她坚定要做中产以上阶级家庭的汉语教室。她想：这样不但使自己的日语水平有所提高，更可以深入地了解日本文化。在平时与导师的交流中，小张将自己的想法说了出来，没承想，导师非常赞同小张的观点，建议小张以此作为自己的毕业论文议题。

过了没多久，导师兴奋地找到小张，说道：“你愿意到安培夫人家做汉语家教吗？”小张大惊：“安培夫人？”谁都知道，安培夫人可是首相夫人，到这样一个闻名的人物家做家教？原来，小张的导师与安培夫人是私交不错的朋友，而安培夫人对中国和中国历史悠久的文化有着浓郁的情结。由于对中国文化的热爱，首相夫人想要进一步加强自己的汉语水平，更多地了解中国文化。小张作为导师的得意门生，很幸运就得到了这个给首相夫人当汉语家教的机会。小张有些迟疑，导师说道：“这可是千载难逢的好机会，如果你拒绝了，可再也碰不到这个机会了。”小张明白，若是结识了首相夫人，肯定会对自己

以后的人生有莫大的帮助。这样想了，小张一口答应了下来。

试想，给日本首相夫人当家教，该是一次多么难得的机会。小张深知其中的道理，不拒绝，牢牢地抓住了这次机会，果然，在以后的求学过程中，安培夫人给了她一些帮助，而且，因为在日本留学期间给日本首相夫人当家教的经历，也使得回国后的小张名声大振。所谓“机不可失，时不再来”，当机会来临的时候，不要犹豫，不要矛盾，牢牢抓住机会，才是正确的选择。

在鸿门宴中，其实隐藏一个最好的机会，如果项羽下令杀掉了刘邦，就不会有后来自刎乌江的故事了，而历史也将被改写。但是，项羽本性优柔寡断，迟迟不肯下令，使得如此绝佳的机会失去了，最终，战败刘邦。

面对一个绝佳的机会的时候，如果你总是优柔寡断，迟迟不肯行动，下不了决定，最终只能是使自己失去了最佳的机会，让别人捷足先登，这样就会使自己与成功失之交臂。因此，面对每一次机会，要果敢，及时抓住机会，不要拖拖拉拉、犹豫不决。

第13章

历练身心，蓄积力量——做足准备的人生智慧

成大事者需要经过艰苦的修炼，养精蓄锐，历练身心，才能有所作为。胡雪岩出身于贫寒之家，早年只不过是一个在钱庄打杂的小伙计，不过，就是如此平凡的一个人却撼动了晚清商场，成为了有名的红顶商人。翻开历史，不难发现，胡雪岩的成功在于修炼，平日里养足精神，蓄积力量，到了关键时刻，定会爆发出前所未有的力量。那么，对于生活在现代社会的我们，应时时不忘修炼，因为只有万事俱备，才能作出一番成就。

成为一个善忍的人，你离成功就不远了

俗话说："忍一时风平浪静，退一步海阔天空。"一个人应该懂得忍让，其人生才能走得更远。在晚清时代，胡雪岩是一个懂得忍让的人，忍受别人的诬蔑、忍受东家的冷落，在忍耐之后，他终于成就了一番伟业。在现实生活中，许多有抱负、有才华的人，不懂得"忍"的运用，他们忍受不了等待时机的煎熬和痛苦，空有一腔热血却无处洒。忍，是一种博大的度量，更是一种长期的修炼。胡雪岩在晚清时代被誉为"红顶商人"，这无不与其深谙"忍"术有关。胡雪岩曾说："一个人要想通向大成，必须要有着不可想象的'忍'功能，能够在最苦的时候想到最甜的东西。"在经商过程中，他将"忍"的功夫发挥得淋漓尽致，无论面对如何厌恶的人，他都以笑脸相迎，凡事有分寸，从来不在人前丢面子，在他看来"这个世界上没有敌人"，并以"忍"化敌为友。平日里多修炼"忍"，让自己成为一个善忍的人，这样，你离成功就不远了，因为成功需要忍耐的陪伴。一个人有着强大的意志力，有着巨大的忍耐力，才能经得起生活中的反复波折，也只有这样，他才能在成功的道路上越走越远。

当时，胡雪岩不过是钱庄的小伙计，没有积蓄，哪里来的银票给王有龄呢？而且，还是五百两。原来，胡雪岩是自作主张将钱庄收回来的债款借给了穷困潦倒的王有龄，并打好了借条。后来，他再把事情一五一十地告诉了东家，本来，钱庄就是办理存款、借款的事宜，胡雪岩只不过是先将钱借给了王有龄，而且还打了欠条。按理说，这事做得虽有失考虑，但于理也还说得过去

可是，钱庄里的人却不这么看，当胡雪岩将自己借钱给王有龄的事情全盘托出之后，还拿出那张借条。店里的伙计却不以为然，说道："胡雪岩肯定是骗人的，像他这样精明的人，怎么会好心借钱给别人呢？"另一名伙计也说道："是啊，胡雪岩自身都难保了，又怎么会大方赠银给一个落魄的人呢？""对，肯定是他出去赌钱输了，然后就欺骗大家说借钱给别人了，店里怎么能有这样的伙计呢？"在伙计的议论声中，胡雪岩可谓是百口莫辩，此时，自己的名节受到了侮辱。东家听信伙计们的谗言，一怒之下，就将胡雪岩辞退了。

自此，胡雪岩已经被人们归入到了不能信任的行列。俗话说："好事不出门，坏事传千里。"一时间，胡雪岩的事情被传得沸沸扬扬，那些听闻此事的老板们纷纷将他拒之于门外。本来，胡雪岩从小所学的就是关于钱庄的本事，现在却没有施展的地方了。为了求生计，他只能给人家干苦力，后来，他流落到上海找朋友，岂料，朋友在这时也回老家了。盘缠用光了，他只能每天以烧饼和白开水充饥，在生活最困难的时候，他将自己的袍子也当掉了，也找不到什么长久的工作可以做，最狼狈的时候，曾在风日场所扫地挑水。

然而，一番痛苦的忍耐之后，就迎来了一片艳阳天。王有龄北上捐官成功，在他的做证下，胡雪岩洗脱了人们眼中"滥赌"的罪名，还清了所用的债款。就这样，胡雪岩和王有龄成为了生死之交，在王有龄的帮助下，胡雪岩创办了属于自己的钱庄。

在赠银给王有龄之后，胡雪岩不仅忍受着名节受辱，而且，还将面临着生活的苦难。虽然，胡雪岩在后来的日子中越过越顺利，不过，其早年经历却是"忍"中度过。就在胡雪岩在杭州钱庄当学徒的时候，那时，他所干的活不过是扫地、倒夜香这样的杂活，面对这一切，胡雪岩所做的就是"忍"。这样的"忍"并不是软弱，而是能屈能伸，或许，就是早年时期对"忍"的修炼，使得他在后面的道路中越走越顺利，并一跃成为鼎鼎有名的红顶商人。

所谓"忍字头上一把刀"，在生活中，只有那些懂得忍的人才能在其人生道路上谱写出更绚烂的乐章。无论是失业的窘境，还是名节的污损，都应该忍耐，不断修炼忍的功夫，等到你登上成功的宝座之时，便是你忍到极限之时。成功者善忍，不能忍就不会有伟大的事业，也就不能有所收获。暂时的忍耐并不是对困难的畏惧，而是成功背后的一种积累，凡事需要忍，这样，我们才不会乱了阵脚，才不会沉陷于失败的痛苦中。

小丽和小伟是一对恋人，现在，已经快进入谈婚论嫁的阶段了。对小丽来说，心中却有些担心。原来，她早闻小伟家人都比较势利，自己很担心一旦嫁过去，会受尽屈辱。小伟是一个大大咧咧的男孩子，听到女朋友说出心中的忧虑，挥挥手，安慰道："不会的，我妈妈最疼人了，你别太担心了，再说，还有我在啊。"另外，小丽妈妈也安慰她："结婚了，你跟他们就是一家人，对小伟的爸妈就像对我们一样，将心比心，你才能赢得家庭的幸福。"听了妈妈的话，小丽点点头。

小丽温柔美丽、贤良淑德，在她身上，几乎挑不出任何毛病。可结婚之后，小丽所担心的事情还是发生了。不管小丽表现得如何好，婆婆就是看不顺眼，她再怎么努力也换不来婆婆对她的一点儿好处。在这样的情况下，小丽想到妈妈的话，她没有气馁，用最大的忍耐和婆婆朝夕相处。有一次，在被婆婆无端责骂之后，小丽坦诚地说出了自己的心里话："我怎样做，妈妈您终究是不满意的，您希望我怎样做呢？您可以告诉我，而不是指责我。您知道，我很难过，很想得到妈妈的欢心……"在这一刻，本来凶悍的婆婆居然停住了指责，捂住了自己的嘴巴。

从这以后，婆婆收敛了自己的脾气，与小丽的相处也变得融洽起来，而这一切都源于小丽之前的忍耐。

面对婆婆无端地指责，小丽学会了忍耐，即使在被责骂之后，小丽却坦诚地表示"我很难过，想得到妈妈的欢心"，如此一番忍耐，令原本凶悍的婆婆感到了愧疚。终于，在一番忍耐之后，小丽赢得了婆婆的认可，同时，也赢得了家庭的幸福。

对我们而言，没有经历过生活，自然不会理解出生活的艰辛；没有真正地经历过挫折，自然不懂得选择快乐的角度。挫折一旦来临，就想要逃避这个世

界，这本是一种不负责任的做法，一切唯有忍。古人曰："百糖尝尽方谈甜，百盐尝尽才懂咸。"在生活的经历中，只有那些懂得忍耐的人，最后，他们才能放眼望世界，他们在忍耐苦难的过程中得到了修炼，而生活在挫折的打磨下也变得多姿多彩。

积累威望，声势是一种无形的财富

一个人若是要想有所作为，则需要借助一定的声势，毕竟，声势是一种无形的价值，是一笔无形的本钱。而且，平日做好了声势，来日用时就容易多了。晚清商人胡雪岩做生意，就十分注重声势，无论是经营钱庄，还是开药店，他都会把造声势放在首位，于是乎，他在晚清商场名声大振，成为了大名鼎鼎的红顶商人。声势是一种无形的财富，有了名声，有了威望，还愁什么事情办不好呢？一个人拥有了良好的名声和极高的威望，都会给其带来更多的成功的契机，对于声势，胡雪岩有非常深刻的认识，他常说："名气一响，生意自然就会热闹起来。"而且，在他做生意的过程中，总会把声势放在第一位，然后再考虑赚钱。其实，在我们现实生活中也是一样的道理，一旦自己有了名气和威望，还担心什么事情不能办好呢？所以，在平日的生活中，我们很有必要为自己营造声势，这样，一旦到了办事的时候，就派上用场了。

在晚清时代，胡雪岩可谓是一个声势极大的人，在商场呼风唤雨，不仅如此，还有官场如此坚实的后台。在清朝，赏赐黄马褂是一件十分了不起的事情，据史料记载"凡是领侍卫内大前大臣、侍卫，乾清门侍卫、外班侍卫。班领，护军统领，前引十大臣，皆服黄马褂。"由此可见，似乎只有皇帝身边的侍卫或者有着卓越功勋的文武大臣才有资格被赏赐黄马褂，然而，仅仅是商人身份的胡雪岩也被赏赐黄马褂，其名声、威望无不达到了最高峰。当然，这其中的渊源除了有左宗棠的推荐，还在于胡雪岩敢于在朝廷危难之际伸出援助之手。在胡雪岩看来，帮助官府，其实就是帮自己，哪怕自己倾家荡产，也会选择将那些钱财捐给朝廷，捐给军队。正是由于胡雪岩平日里的努力营造，才达到了“红顶商人”这样高的声势。为此，也为其带来了源源不断的火红生意，以及最高的商人美誉。

胡雪岩努力做好声势，可以从其做生意中看出。涉足商界，他从来没有放过任何可以扬名的机会。有时候，即使是牺牲自己的利益，他也会乐此不疲。或许，就是这样平日里的精心打造，才使得他的声势越来越高。

有一次，朝廷为了弥补军费和粮饷的短缺，决定由户部发行官票，这一政策的实施，许多钱庄自然会牵入其中。然而，认购户部官票无疑会带来很大的风险和挑战，而阜康钱庄的档手也认定此事不可做，不过，胡雪岩却不这样认为，他说：“凡事都具有两面性，不会总是占便宜，也不会总是吃亏，而做生意也是这个道理，买卖双方都是敌对的，不是你赢就是他输。”另外，在胡雪岩看来，帮助官府认购户部官票可以为阜康钱庄营造声势。同行大大小小的钱庄都心存疑虑，在这时，阜康钱庄勇敢地出来认购，其名声和威望都在同行中被显示出来了。就这样，刚刚开张不久的阜康钱庄，因认购官票一事而名声大振，当然，其中不得不说这是胡雪岩谋略的功劳。

在阜康钱庄刚刚开张之际，胡雪岩并没有局限于眼前的利益，而是从长远的角度来考虑，为阜康钱庄的声势赢得了良好的机会。一直以来，胡雪岩秉承“先做声势后赚钱”，是的，只有先将名气做起来了，才不用担心没有生意可做了。一个人要想作出一番成就，打造声势才是第一，这样才能赢得更多的成功机会。一个人只有具备了声势，身边的朋友才会慕名而来。因此，要想成功，就不妨从自己的声势下手，树立好的名声与威望，才会让你在办事过程中无往而不利。

声势，是一种无形的资产，而且，其树立的过程并不是一朝一夕的，而是需要长期的过程。当然，这就需要平时下功夫了，毕竟，声势这样的筹码，并不是你想拿出来就能拿出来的，因此，需要平日的精心打造，这样，来日用时才不恨少。在生活中，一个人的声势是自己打造的，但是，却是需要他人认可

的。当你的名声与威望都达到了如日中天的地步，那么，成功对于你来说也不过是指日可待了。

王先生早已经是名声在外，其实，在几年之前，他不过是一个商人，但是由于他平日里总是做慈善事业，于是，“王大善人”这样的美誉不经意间传了出去。王先生因做生意发家，如今已是身家数百万。平日里，他除了经营公司，就是做慈善事业。在短短三年时间里，他资助修建了一所中学和一所敬老院，不仅如此，还在贫困山区资助了三个大学生。在休息的时候，他还会亲自带着员工去敬老院、孤儿院拜访，并赠送礼品。当地政府对王先生的慈善事业可谓是如数家珍，或许，王先生并不是当地最富有的商人，但是，他却是最出名的一位。

有朋友对王先生的慷慨表示疑惑：“你这样为社会尽心尽力，有什么好处呢？”王先生笑了，说道：“我之所以这样做，源于两点：一是希望能真心诚意地为社会做些贡献，二是借此机会营造声势。你也知道，作为生意人，比较看重名声，在几年之前，我也是身家百万，可社会看重我吗？没有，现在我成了王大善人，不仅连政府，就是寻常百姓也对我赞赏有加，这就是不花广告费打造出来的名声。”朋友听了，醒悟了过来，连连拍手叫好。

这不，最近政府正在筹划建筑工地的投标活动，当听说王先生也要参加本次活动，政府当即决定将最后的标王内定于王先生。对此，市长说：“凭王先生在我们当地的名声和威望，这个面子无论如何都得给他，他做事情我们放心。”

在平日里，王先生专心于慈善工作，其实就是为了打造自己的声势，而这一切都是为以后做事打基础。毕竟，有了“王大善人”这样的名气，无论做什么事情，都不会受阻，哪怕是政府，也会卖他一个面子，这就是声势的作用。

俗话说：“人怕出名猪怕壮。”可能，这句话在过去的年代里比较适用，但在今天，它似乎已经失去了应有的价值。一个人若是没有名气与威望，就注定要受人冷落，注定就不能有一个好的发展。对于我们来说，声势就是品牌，一旦没有一定的声势来支撑，你就很难在社会上立足。

为富更仁，用善念盈润内心

胡雪岩说：“我最大的乐趣就是看到一个人被钱难倒，自己从口袋里掏出一把来递过去：‘拿去，够不够？’”他以极其简单的话语却道出了他那侠义的热心肠。说到商人，我们会联想到“为富不仁”，然而，胡雪岩这位成功的商人却不这样，一直以来，他以“仁义”二字作为经商的核心，乐善好施，还博得了“胡大善人”的名声。似乎，“为富更仁”用在胡雪岩身上更适合，他以善念来盈润内心，不断修炼自己，也正是如此，促成了他生意场上的辉煌成就。对每一个人来说，物质财富是必不可少的，但另外一方面，精神财富却也是不能缺少的。另外，做好事不仅可以丰富自己的内心，同时，还能够有效提高自身修养，如此看来，帮助了他人，于人于己都是很有好处的。有人说：“为富者，仁为重，富者欲仁于贫，心勿以为己富，平等相待。”的确，为富者须更仁，如此，自己的身心才能达到更高的境界。在现实生活中，并不缺乏富人，但是，许多人越是有钱，却越是一毛不拔。有的人虽说有家财万贯，但精神世界却是异常贫瘠，他们不懂得如何为善，如何施恩，在他们眼里，只有“利益”二字。这样的一些人，由于缺乏善念，使得其未来的道路也越来越窄，最后，只能将自己埋葬在财富之下。

说到商人，我们总是会想到“奸诈”这样的词语，似乎不奸诈的人是没有办法成为成功的商人的。不过，红顶商人胡雪岩的出现却打破了人们对商人的看法，“仁义”成为了他的代名词。在经商致富后，胡雪岩并不吝于眼前的利益，而是广施善行，处处打抱不平，行侠仗义。其中，我们就说说，在杨乃武与小白菜的不幸遭遇中，胡雪岩慷慨帮助的事迹。

当时，因为小白菜的丈夫暴病身亡，在这之前，有谣言说杨乃武与小白菜之间有奸情。后来，小白菜的丈夫因吃补品太多而七窍流血而死，至此，婆家就认定了是小白菜谋害了丈夫，于是，将她交给官府查办。不过，婆家认为谋害丈夫这样的事情是女流之辈无法做到的，于是，一口咬定有帮凶。小白菜

大呼冤枉，官府不查，用大刑逼供，小白菜无法忍受刑讯，只好说与杨乃武合谋，最后，两人含冤画押，被判死刑。

杨乃武的姐姐不相信他会做出这样的事情，于是，便上京告御状，却无人受理，被驱赶而回。姐姐仍旧不服气，想要再上京，可是，家里钱财已经用尽，根本没有办法再次上京。这时，胡雪岩听闻了此事，毫不犹豫地出手帮助，他赠送杨乃武的姐姐两百两银子，这银两成为了杨乃武姐姐上京救弟的急用钱。另外，为了争取京官对这一案件的关注，胡雪岩专门拜访了翰林院编修夏同善，向他诉说杨乃武、小白菜的冤情，希望他帮助重审此案。这时的胡雪岩已经相当有声势，他的介入使得案件有了明显的转机。

果然，夏同善不忘胡雪岩之托，多次访问大学士户部尚书，恳求御史去刑部查阅浙江审理的全部卷宗。后来，在大家的共同努力下，慈禧、慈安两宫皇太后亲下谕旨，重申此案，经过许多波折后，这案件才得以真相大白。

在整件事情中，都透出胡雪岩乐于帮助他人的那份热心肠，由于他有着特殊的声望和丰厚的钱财，才使得整个案件得到了昭雪的机会。随着杨乃武和小白菜案情的流传，胡雪岩的善名更是深入人心。当然，如此的仁义之心也为其赢得了生意的巨大的成功。胡雪岩身为商人，以求利为本，但是，却从来不牟取暴利。他一直信奉“君子取财，要取之有道”。不仅如此，他从来不忘本，在平日里喜欢帮助别人，在帮助他人的过程中，一方面得到了他人的尊重，另一方面还得到了心灵的满足。

李嘉诚说：“对其他需要你帮助的人有贡献，这就是内心的财富，是真财富。如果是金钱的财富，你今天可能涨，明天又可能掉下去。但你帮助了人家，这个是真财富，任何人都拿不走。”在现实生活中，许多人总是利字当头无仁义，其实，如果以仁义作为做人的基调，那么，你的未来之路将会走得顺畅得多。

许先生常说：“对企业家来说，慈善是一种品格，一种责任，更是一项终身的事业。其实，做企业和做慈善同样让人很有成就，做慈善更多了一份感动和温暖，也得到了一份心灵的欣慰。”

在这个城市，许先生只是一个小小的企业家，他常说："我所拥有的财富并不多，但是，我愿意竭尽所能地去帮助那些需要帮助的人。"因为怀着这样的善念，他无时无刻不将"帮助别人"挂在嘴边，并落实到行动上。

有一次，许先生出差在外地，路过一个天桥，看见一个小女孩穿着单薄的衣裳，蹲在路边哭泣。在这样大冷的天，却穿得如此轻薄，多可怜的女孩啊。许先生想着，马上带着女孩去超市买了棉袄、棉裤。在交谈中，许先生得知小女孩妈妈患了重病，爸爸杳无音讯，为了让妈妈活下去，她只好外出乞讨。可是，在雨中站了好几天了，连一个好心人都没碰到。许先生眼睛湿润了，他跟着小女孩来到了她们所住的地方，眼看着受疼痛折磨的年轻妈妈，以及贫困的家。许先生决定帮助她们，他掏出了身上所有的积蓄，又马上打电话将那位年轻妈妈送到了医院。

人们都说，像许先生这样好心的企业家不多了，许先生却说："人们常评价商人'为富不仁'，我想，作为一名成功的商人，应该为富更仁。"所谓"种瓜得瓜，种豆得豆"，如果你想有人帮助你，就应该学会帮助他人。反之，如果你只是一味地接受别人的帮助，那么，对方也会减少对你的帮助。

在生活中，人与人之间的帮助是相互的，只想获得，不想付出，这样的事情是不可能的。首先要学会帮助别人，哪怕你有了万贯家财，也不要忘记帮助他人，这样，为自己积累良好的关系与乐善好施的口碑，日后，你需要帮助的时候，才能随时找到帮助你的人。

做人要有担当，才能成大事

胡雪岩常说："无论是为官还是为商，都要有一种社会责任感，既要为自己的利益着想，也要为天下黎民着想，否则，为官便是贪官，为商便是奸商，这两种人，都是没有什么好下场的。"如此说来，胡雪岩是一个敢于担当，有

着强烈社会责任感的人。在汉语字典中，“担当”是作为动词出现的，意思是：接受并负起责任。当我们在说“做人有担当”的时候，并没有使用名词责任，主要是强调行动的重要性。对胡雪岩来说，责任不需要整天挂在嘴边，而是一种意识，更重要的是，付之于实际行动。胡雪岩的担当更体现在对社会、对国家的责任上，当自己获得成功后，他并没有忘记社会、家人，可能，谁也没想到，这样一个嗜钱如命的人，却乐善好施，将自己所赚的钱财回报社会，回报国家。在政府危难之际，他毫不犹豫，伸出援助之手，帮其渡过难关。在生活中，做人需要有担当，才能成大事。的确，一个人若是对什么都漠不关心，凡事都不能勇于承担责任，他怎么会承担社会所赋予的责任呢？这样的人不能受到人们的尊敬，自然也就不会受到成功之神的青睐。在生活中，我们须记住：做人有担当，方可能成大事。

胡雪岩还未涉足商界的时候，他就是一个敢于担当的人，体现在对自己所做的事情敢于承担。当时，胡雪岩私自拿着钱庄收回的银票对王有龄倾囊相助，他也知道自己的行为很冒失，因此，在把银票借给王有龄之后，他就勇敢地向东家坦白了事情的经过，并愿意接受任何惩罚。不过，生气的东家并不相信胡雪岩的话，而是将他开除了，这时的胡雪岩心中虽有冤屈，但想到自己做事有失考虑，于是，他先向东家道歉，然后就离开了。后来，涉足商界后，胡雪岩更是将“担当”二字做得更完美。在做生意的时候，他十分注重诚信招牌，一直信奉“赌奸赌诈不赌赖”的做法，因此，在生意路上，他一路飙升，成为了闻名遐迩的巨贾。胡雪岩一直主张“做人一定要敢于承担责任，敢于担当，只有这样，才是成就大事业的气概”。

作为一个生意人，胡雪岩没有被利益冲昏头脑，而是时刻以一个博大无私的胸怀，投入到乐善好施中。他的担当，不仅深受人们的尊敬，而且，还助他成就了一番伟大的事业。做人有担当，才能成就更伟大的事业；做人有担当，才能享受美好的生活。成大事者，要敢于对自己所做的事情负责，需要有担当的精神。

在日常生活中，我们难免会有各种各样的责任需要承担。作为社会中的一员，应善尽义务和担当责任，才能在社会中立于不败之地；作为家庭中的一员，应尽到自己的责任，才能使家庭美满幸福。生活中，责任无处不在，无处不有，我们所需要做的就是做好自己分内的事情，做一个有担当的人，修炼身心。

1920年，一个11岁的美国小男孩在踢足球时，不小心打碎了邻居家的玻璃。对此，生气的邻居向他索赔13美元，当时，13美元可不是一笔小数目，可以买125只生蛋的母鸡。小男孩没有办法，只好向父亲承认错误，希望能够得到父亲的帮助。

不过，父亲却斩钉截铁地说："你必须对自己的过失负责，做一个有担当的小男子汉。"小男孩感到十分为难，说道："我哪有那么多钱赔给人家？"父亲拿出了13美元，对他说："这13美元我可以借给你，但是，一年之后，你必须还我。"男孩咬咬牙，答应了下来。

于是，小男孩开始了艰苦的打工生活，经过了半年的努力，他终于挣够了13美元，还给了父亲。这个小男孩就是后来的美国总统里根，后来，他在回忆这件事的时候，说道："通过自己的努力来承担过失，使我懂得了什么叫担当。"

小男孩从小学会了担当，长大了自然就会有责任心。长大后，里根真的成为了一个敢于担当的男子汉，而他的担当使其在政界获得了较高的赞誉。

威尔逊说："一个人的责任感与他的机遇成正比。"一个敢于负责人的人，无疑是一个深受人们尊敬的人，同时，也是一个被成功青睐的人。责任感对于一个人的成功是很重要的，一个人拥有了责任感，敢于担当，在这一过程中，不断修炼自己的身心，才能成功地把握更多的机遇，才能在人生的道路上获得成功。

敢想敢做，气魄成就梦想

每个人都有梦想，胡雪岩的梦想是做一个有钱人，然后再去帮助那些贫苦

的人。不过，与大多数梦想者不同的是，胡雪岩是一个敢想敢做的人。他比常人多了一份气魄，那就是敢于在出手时出手、敢于在冒险时冒险，敢想敢做，敢为人先的大气魄。因此，他才能成就出一番惊人的伟业，才会深受人们的尊敬。生活中并没有一帆风顺的事情，胡雪岩在生意场上的顺利发展，在官场中受青睐，无不与其敢想敢做的气魄有密切的关系。只有大气魄才能成就大事业，心中有什么梦想，就敢于去付诸实践，如此，我们才能将梦想变成现实。在胡雪岩看来，若是想成就一番大的事业，就必须有敢想敢做的气魄，而凡事畏惧是很难创造出辉煌功绩的。在现实生活中，许多人与成功失之交臂，原因并不在于其没有能力，没有梦想，而是缺乏做大事的气魄。心中有了梦想，本来是一件令人高兴的事情，但在他们看来却是一种负担，还没有开始起步，他们就想到了前途的诸多困难，于是，什么理想、抱负都搁浅了下来。等到头发花白的时候，才意识到自己已经在庸庸碌碌中过了一生，心中悔恨交加，怎奈人生从来都是直播，只好作罢。

当时，胡雪岩连一两银子的本钱都没有，只不过是一个钱庄贫困的小伙计。不过，在这时，他已经有了自立门户当老板的想法了。这在旁边的人看来，是多么滑稽，不过，这正是胡雪岩的成功所在。因为对钱庄的生意比较了解，便想着开办钱庄，如此敢想敢做的气魄，显示了他与常人不同的聪慧与胆识。

成功涉足商界后，胡雪岩却不甘于做一个小老板，而是善于拓展自己的人脉。在经商过程中，他不断发展与官僚、江湖势力、洋人以及下层百姓之间的关系。而且，胡雪岩不仅仅限于开一家钱庄，在有了商业根基之后，他先后涉足了丝绸业、典当业、药店，而且都取得了显著的成绩。而这一切的成功都源于其做大事的气魄，敢想敢做敢为，以气魄成就了当初的梦想。

胡雪岩是一个商人，他的人生梦想是什么呢？在一次闲谈中，他对好友王有龄说：“说到我的志向，与众不同，我喜欢钱，越多越好。”在说到钱的时候，他双手聚拢，做了一个搂钱的姿势。王有龄笑道：“你快钻到钱眼里了。”胡雪岩听了，反而不笑，正经地说：“不过我有钱不是拿银票来糊墙壁，看看过瘾就算了的，我有钱是要花出去的！世界上最痛快的一件事，便是看到人家穷途末路，无钱逼死英雄好汉，刚好遇到我身上有钱，我会说：‘拿去用！够不够？’”在后来的日子里，他以此到处施善，追逐当初的人生理想，并乐此不疲。

当时，胡雪岩不过是一介平民，在那个风起云涌的年代，其心中的大志与敢想敢做的大气魄，成为了其成功的动力，推动其坐到了红顶商人这个位置。在胡雪岩的经商过程中，常常会遇到困难与挫折，但拥有大气魄的胡雪岩并没有望而却步，而是迎头而上。有了大的气魄，才能铸就大的事业，否则，你将失去更多可以成功的机会。

哲人说：“你想成为什么样的人，你就能成为什么样的人。”无论在什么时候，我们都要以这句话来鼓励自己，逐渐让它成为一种习惯，最后，他们发现，自己真的成为了当初自己想要成为的那种人。在很多时候，决定我们人生命运的绝不仅仅是能力、环境和外在条件，更取决于我们内心的想法。当你有了某种信念，你的命运会因自己的想法而变得好或者坏，这是一种潜意识的力量。敢想敢做，气魄会成就我们的梦想。

在一次作文课上，老师给出的题目是：我的梦想。一个小朋友飞快地写下了自己的梦想，他希望自己能拥有一座占地十余公顷的庄园，在庄园里有小木屋，烤肉区，还有休闲旅馆。然而，这个梦想到了老师手里，被画上了一个大大的红叉，并要求重写。小朋友感到很不解，老师说：“我要你们写下自己的梦想，而不是这些如梦呓般的空想，我要实际的梦想，而不是虚无的幻想，你知道吗？”小朋友据理力争：“可是，老师，这真的是我的梦想啊！”老师生气地说：“不，那不可能实现，那只是一堆空想，我要你重写。”小朋友不愿意妥协：“我很清楚，这才是我真正想要的，我不愿意改掉我梦想的内容。”老师摇摇头：“如果你不重写，我就不让你及格了，你要想清楚。”小朋友坚定地摇摇头，不愿意重写，那篇作文他只得到了一个大的“E”。

然而，30年过去了，老师带着一群小学生来到了一座很大的庄园，享受着绿草，舒适的住宿，以及香味四溢的烤肉。就在这里，老师遇见了庄园的主

人，就是那位作文不及格的学生，如今，他实现了自己儿时的梦想，老师惭愧地说："30年来为了我自己，不知道用成绩改掉了多少学生的梦想，而你，是唯一坚定自己梦想，没有被我改掉的。"

小男孩敢想敢做，最终，他真的成就了自己的梦想。在生活中，不要让任何人偷走你的梦想，梦想根植于内心，那是我们最初的梦想，哪怕虚无缥缈，哪怕不切实际，但是，它依然烙上了我们的印记。重要的是，我们不能失去那份气魄，那种有了梦想就去追逐的气魄，不管别人如何看待，只要自己坚持，世事就能完美。

参考文献

[1]方言.胡雪岩:做天下人的生意[M].北京：华文出版社，2016.
[2]林学武.胡雪岩全传[M].武汉：华中科技大学出版社，2014.
[3]张晓琨.胡雪岩经商的智慧[M].北京：中国工人出版社，2013.
[4]布衣.晚清首富胡雪岩[M].呼和浩特：远方出版社，2015.